河北冰雪文化产业发展策略研究

康翠迪　杜　浩　周婧婷　著

河北大學燕趙文化高等研究院
INSTITUTE FOR ADVANCED STUDY OF YANZHAO CULTURE,HEBEI UNIVERSITY
成果文庫

河北省文化产业发展研究中心
系列成果

河北大学出版社
·保定·

河北冰雪文化产业发展策略研究

HEBEI BINGXUE WENHUA CHANYE FAZHAN CELÜE YANJIU

出 版 人：朱文富

责任编辑：刘 婷

韩卫东

装帧设计：杨艳霞

责任校对：陈浩苏

责任印制：常 凯

图书在版编目（CIP）数据

河北冰雪文化产业发展策略研究 / 康翠迪，杜浩，周婧婷著．-- 保定 ：河北大学出版社，2023.2

ISBN 978-7-5666-2087-3

Ⅰ．①河… Ⅱ．①康… ②杜… ③周… Ⅲ．①冰上运动－体育产业－产业发展－研究－河北②雪上运动－体育产业－产业发展－研究－河北 Ⅳ．① G812.722

中国国家版本馆 CIP 数据核字 (2023) 第 012111 号

出版发行：河北大学出版社

地址：河北省保定市七一东路 2666 号　邮编：071000

电话：0312-5073019　0312-5073029

邮箱：hbdxcbs818@163.com　网址：www.hbdxcbs.com

经　　销：全国新华书店

印　　刷：涿州市般润文化传播有限公司

幅面尺寸：170 mm × 240 mm

印　　张：16

字　　数：252 千字

版　　次：2023 年 2 月第 1 版

印　　次：2023 年 2 月第 1 次印刷

书　　号：ISBN 978-7-5666-2087-3

定　　价：39.00 元

如发现印装质量问题，影响阅读，请与本社联系。

电话：0312-5073023

序

2022年2月，我国成功举办了第二十四届冬季奥林匹克运动会，北京也成为首个举办过冬季奥运会和夏季奥运会的“双奥之城”。冬奥会不仅让我们看到了一个个勇毅勃发的奥运健儿，还让我们看到了冰雪运动在全世界的影响力和号召力。

冰雪运动不断发展，对冰雪文化的传承和创新表现在人们勇敢顽强的意志品质和巧借自然的创造精神。冰雪文化源于人们适应严寒环境的生存需求，体现了人类长期在冰雪环境下生产生活的精神体验与趣味追求，具有季节的约束性、自然的创造性、广泛的参与性、艺术的实践性等特点。

古往今来，人们对冰雪的喜爱总是溢于言表。人们赏雪、戏雪、吟雪，用诸如“白雪飘扬”“漫天风雪”“雪花飞舞”“轻舞飞扬”等词语来描绘雪花飞舞的形态，用“玉琢银装”“白雪皑皑”“玉树琼枝”“冰天雪地”等词语来记录雪景的壮观。除了描绘雪景的文字，还有与“雪”相关的寓言故事，如“囊萤映雪”体现了晋代孙康的勤奋好学；“程门立雪”见证北宋杨时对老师的尊敬；“卧冰求鲤”讲述了晋人王祥冬天为继母在冰上捕鱼的故事。据记载，我国冰雪运动始于宋代，《宋史·礼志》中记载的“冰嬉”是有史料考证的古代冰雪休闲活动。至清代乾隆年间，冰雪运动逐渐丰富起来，形成了冰滑子、冰车、跑冰鞋、转龙射球、轱辘冰等多项冰雪运动。斗转星移、时空变迁，冰雪运动的文化内涵日益丰富，它强调了开放、合作、包容的创新意志和纯净、无畏、勇毅的精神品质，不断丰富着当代人的日常生活，滋养着当代人的精神品质。

近年来，我国不断尝试冰雪文化的创新性利用和创造性转化的新模式，如国家跳台滑雪中心的“雪如意”、速滑馆的“冰丝带”就是冰雪文化的一种新的体现形式。此外，我国众多的艺术表现形式中也巧妙地融入冰雪元素，如冰雪秀《幻境极光》为观众提供冰雪环境下的视听体验；利用版画雕刻工具在冰表面进行肌理处理创作出的独特冰版画；运用数字化技术对《冰嬉图》中的人物进行活化展示，生动再现了图中冰雪比试的现场。这些探索实践进一步推动人们在传承创新冰雪文化的道路上行稳致远，积极发挥冰雪文化广泛的参与性，推动冰雪文化产业发展。

河北省作为冬奥会的承办地之一，充分借助冬奥会的发展契机，出台了一系列与冰雪文化产业相关的政策，如《河北省冬季运动发展规划（2015—2022年）》《河北省体育发展“十三五”规划》《关于支持冰雪运动和冰雪产业发展的实施意见（2017—2022年）》《群众冬季运动推广普及计划（2016—2020年）》《河北省冬季运动发展规划（2015—2022年）》《河北省冰雪产业发展规划（2018—2025年）》等，为河北省冰雪文化产业的发展贡献了智慧与力量。

本书以河北省冰雪文化产业为研究对象，以构建“一核、两区、三带”冰雪文化产业发展新格局为研究内容，对河北省不同地域冰雪文化产业发展状况进行了深入调研，根据河北省冰雪文化产业的发展现状，对其发展中存在的问题及未来发展方向，从资源保障、技术保障、资本保障、环境保障等方面给出了合理的建议。

康翠迪

2023.2

目　　录

绪　论

一、研究缘起

2018年2月25日，随着韩国平昌冬奥会落下帷幕，冬奥会正式进入北京时间周期。自2015年7月，北京市联合河北省张家口市成功获得第二十四届冬季奥林匹克运动会举办权后，这场冬奥会就成了继2008年北京奥运会之后中国人民期待的又一次国际盛会。随着2022年冬奥会的举办，环境资源保护、地区品牌形象塑造等工作得到一定发展。其中，作为促进经济发展的重要推动力的文化产业更是得到了各方的密切关注。文化产业作为舶来词，诞生于20世纪的欧洲，最早出现在由霍克海默和阿多诺所著的《启蒙辩证法》一书中。文化产业这一词语自诞生以来就不仅用于描述一种特殊的文化存在类型，还有着丰富的经济层面的意义。随着文化产业研究的不断深入，国际上出现了众多关于文化产业的概念和定义，这里我们使用在国际上得到普遍认可的通用定义，即文化产业就是按照工业标准，生产、再生产、储存以及分配文化产品和服务的一系列活动。

2000年以来，世界各国在文化产业发展层面不断探索，并将文化产业逐步上升到国家战略层面，各国都采取不同的激励手段促进本国的文化产业发展。举例来说，我们的邻国日本就在文化产业方面下了很大的功夫。日本早在20世纪90年代就已经提出了“文化立国”的口号，从国家战略高度上重视文化与文化产业的科学布局，使得日本在文化产业领域获益良多。目前，日本在二次元、动漫、游戏等文化产业领域已经牢牢占据全球领先地位，日本政府更是将动漫作为一种特殊的外交策略，即“动漫外交”。此外，韩国在文化产业方面走出了一条不同于日本的符合自身民族调性的路子。在中国大陆流行的韩剧、韩星等文化符号，输出着韩国人的审美取向、生活观念和文化流行趋势，吸引着众多青年人追随“韩流”。再说说文化产业巨头美国，其文化产业领域产生的经济效益每年占全美 GDP 的 18%～25%，甚至成为美国第二大支柱型产业。反观我国，文化产业作为一种新兴的朝阳产业，在全民精神文化建设、优化当前国家产业布局、提升经济发展水平、发掘潜在经济增长动力、增强国家软实力等诸多方面有着重要的作用。党的十八大以来，我国的文化产业逐渐成为国家重点发展的一个领域。在以习近平同志为核心的党中央的深切关怀下，在全国各级党委的领导下，在社会各界的共同努力下，文化产业领域呈现出一片欣欣向荣的景象。我国的文化产业发展正处于重大的战略机遇时期，在国家政策的支持下展现出强大的成长潜力和发展韧性，但是不可否认的是，我国文化产业发展之路才刚刚起步，必然面临着众多的问题。站在新的历史起点上，在新形势的要求下，我国需要进一步增强文化自信，坚持创新驱动，加快推动我国文化产业的转型升级，尽快实现文化产业成为国民经济支柱产业的战略目标。

冰雪文化产业是文化产业的一个重要组成部分，但之前并没有受到足够重视。随着 2022 年北京冬奥会申办成功，冰雪运动、冰雪体育成为国家重点发展的领域，获得了广泛的关注。近些年，与冬奥会相关的众多行业如雨后春笋般大量出现，冰雪产业链条也在加快完善。冰雪文化产业逐渐借“高端大气”的体育运动、专业赛事走进了公众视野，让更多人了解到其丰富的形式和内容，为更广泛的人群提供视听娱乐、游玩体验等。2018 年 9 月 5 日，国家体育总局公布《带动三亿人参与“冰雪运动”实施纲要（2018—2022 年）》，更是明确提出大力推广普及群众性冰雪运动、助力建设“健康中国”、奋力实现“带动三亿人参与冰雪运动”的目标。政府明确制定了在冬奥会前推动冰雪文化产业发展的各种路线图，以确保在成功举办冬奥会的同时，引领我国的冰雪运动走向世界更高水平，不断加强国家冰雪文化产业的综合实力，助力实现文化产业成为我国国民经济支柱性产业的目标。2020 年 1 月 5 日，《中国冰雪旅游发展报告（2020）》由中国旅游研究院经过详细调查与研究后向社会公布，报告数据显示，2018 年至 2019 年冰雪季中国冰雪旅游人次达 2.24 亿，冰雪旅游收入约为 3860 亿元，同比分别增长 13.7%、17.1%，冰雪旅游休闲娱乐正在加速成为一种人民群众喜闻乐见的休闲方式。冰雪文化产业与旅游产业的融合，是冰雪旅游能够得到长足稳定发展的重要保证。

说到冰雪文化产业，首先不得不提的就是冰雪资源的分布情况。正所谓，靠山吃山，靠水吃水。如果没有相应的资源基础，想要发展冰雪文化产业会遇到“巧妇难为无米之炊”的状况。想要确定冰雪资源的储备情况，就需要考虑当地的自然地理条件。自然地理条件是制约当地冰雪文化产业发展的重要因素，影响着冰雪资源的储备能力，具体包括海拔与山体角度、气候、降水量等多方面。结合上述因素可以得出，我国高纬度地区中拥有丰富的山脉地形条件的东北、西北地区是冰雪资源较为丰富的地区。张瑞林在《我国冰雪体育产业商业模式建构与产业结构化》一文中对我国的冰雪资源进行了十分详细的研究。文章认为，“我国东北地区大兴安岭、小兴安岭，华北地区太行山脉，西北地区天山山脉，西部地区横断山脉，均具有优越的地形条件，且气候适宜，降雪量较为充足，这决定了东北、华北、西北三大区域以及西部区域（云南省）是发展冰雪产业最为适宜的区域”。资源决定了我国东北、西北地区等山地和高纬度地区在发展冰雪文化产业方面上的优势，但是我国不同区域的经济发展水平却在一定程度上限制了当地冰雪资源的开发和冰雪文化产业的发展。“从资源基础方面可以确定，北京、内蒙古、黑龙江、吉林、辽宁、河北、新疆以及云南将是未来我国冰雪产业发展的重要区域。其中，黑龙江、新疆以及云南冰雪资源相对丰富，依靠‘资源密集型’冰雪产业发展模式，获得了国内冰雪产业优势地位。但是，这三个地区区位经济基础相对较弱，导致冰雪资源实际开发利用效率较低，甚至出现了资源无序开发的状况。此外，冰雪文化的重要性也是不能忽视的，拥有深厚冰雪文化积淀的地区，其冰雪文化产业的潜在消费人群更加庞大，有利于助推冰雪文化产业发展。”

论及冰雪文化，其在我国有着悠久的历史，在北方地区更是有着扎实的文化积淀和群众基础。在很长时间的发展过程中，北方各个省级行政区在发展冰雪文化产业方面展现出不同的发展路径。有些地方，如黑龙江省的哈尔滨，着重发展冰雪旅游与观光业，成为世界四大冰雪文化圣地之一；而吉林省的查干湖冬季捕捞更是名声在外。与其相比，河北省虽然也拥有丰富的冰雪资源储备，但是在相当长的一段时间内并未真正找到合适的冰雪文化产业发展道路。正因如此，冰雪文化产业在河北省经济转型过程中被列入重点关注的领域。具体可根据河北省的地形图对省内的冰雪资源和储备情况进行分析。《河北冰雪消费现状调查：从“初级道”滑向“高级道”》一文中对河北省的冰雪资源进行了详细的概括：“河北省冰雪资源丰富，地形地貌齐全，温度适宜，在冰雪资源分布上形成一个‘T’形结构。”这个“T”形结构生动概括了河北冰雪资源的分布现状。“T”形的一横主要指的是从北京到张家口再到承德一线的河北北部地区，这里地形条件突出，降水量和山坡坡度十分适宜冬季的冰雪留存。张家口崇礼地区在冰雪体育运动方面发展较为突出，在冬奥会申办成功后更是迎来了新一轮的发展机遇。除了崇礼之外，张北、赤城等地的冰雪条件也非常优秀，但囿于资金和知名度的困境尚未得到充分的开发。“T”形的一竖主要指的是南部的太行山一带。这里的纬度相较于张承一带并不具有优势，且每年只有在隆冬腊月才会有较为丰富的冰雪资源，全年有着200多天的无冰无雪期。针对这里的条件，可以参考我国南方等地和美国亚斯平等地对冰雪资源开发利用的情况，冬天冰雪资源较为充足的时间以雪场和冰场开发利用为主，夏天则开发徒步探险、山地穿越等项目。

具体来说，河北省的冰雪资源受地形、气候、降水等影响，分布差异明显，其中开发条件最为成熟的是张家口市。张家口的滑雪场主要集中在崇礼，在赤城、沽源和张北也有零星分布。崇礼位于蒙古高原和华北平原的交界处，地形纵横交错，有将近30多座海拔在2000米以上的山峰。崇礼全境森林覆盖率高于华北北部平均水平，全年平均气温低，冬季昼夜温差较大，自然降雪量高，被称为“中国雪都”。在崇礼东部、东北部，不管是坡度、坡向，还是坡面、垂直落差等，都适合冰雪运动的开发与发展。此外，崇礼地处坝上与坝下地区的过渡地域，山峦纵横、沟谷交错，山谷多为西南至东北走向。县域西南低、东北高，呈簸箕形，南北不足百里，落差达1300多米，年平均气温

3.7 ℃，年平均降水量 483.3 毫米。① 崇礼的冰雪资源质量可与黑龙江和吉林两省大部分山地林区相媲美。

然而，发展冰雪文化产业仅仅有相应的自然资源储备是不足够的，在拥有自然资源的基础上形成独特的冰雪文化才能够助推冰雪文化产业获得长足发展。从历史上看，河北省长久以来形成的冰雪文化相对比较薄弱，辐射和拓展能力也比较差，长时间以来的条块式发展使得京津冀在冰雪文化上存在割裂的情况。例如，在北京地区，冬季盛行的运动主要集中在冰文化范畴，包括溜冰、冰雪橇、滑冰等；在雪资源丰富的河北张家口地区，因为地势地貌的原因积雪量丰富，逐渐发展出当地独特的雪文化。借由 2022 年冬奥会的带动作用，京津冀地区的冰雪文化获得前所未有的发展机遇。但是，我们也应该充分认识到，任何文化的形成与发展都是一个历史的积淀过程，是由所在地区内的人民在生活和劳作中逐渐形成与固定下来的，是一种深入人心的价值观和思想认同。之前，冀中南地区民众对于冰雪文化的理解还存在很多问题。在冬奥带动下，各种形式的冰雪宣传工作提上日程，面向机关事业单位、学校师生的各种冰雪培训也迅速启动，冰雪文化的传播使对冰雪文化陌生、不理解的现象有了很大的改观。2019 年下半年，河北省内诸多高校开展了各种别开生面的冰雪运动会，目的是落实教育部等四部委《关于加快推进全国青少年冰雪运动进校园的指导意见》的精神，同时也是对省委、省政府“到 2022 年全省参与冰雪运动群众达到 3000 万人”的目标要求的响应，全省正在聚力加快推进冰雪运动的普及与发展。② 河北大学、河北师范大学、石家庄铁道大学等省属学校积极举办冰雪运动会，开启了冰雪文化进校园的进程。但是，真正的文化是深入人心的，在河北省冰雪产业大发展的今天，广大群众心里植入冰雪休闲运动的价值观并形成冰雪文化消费的习惯才是冰雪文化真正的繁荣。

冬奥会作为一场国际运动盛会，会给举办国家和城市带来前所未有的发展契机。奥运会的举办离不开经济活动的支持，相较于夏季奥运会，冬奥会举办

① 周路菡：《京张联合申办冬奥会影响几何》，《新经济导刊》2015 年第 5 期。

② 《关于举办河北师范大学首届冰雪运动会的通知》，http://sdgtb.hebtu.edu.cn/a/2019/11/25/393CCE90C22146628EFEBD68B7E41E7A.html。

对当地城市的气候要求更高，经济依赖程度相对较小，适宜中小城市举办。包括俄罗斯索契冬奥会、韩国平昌冬奥会，都是在冰雪资源充足、城市体量适中的条件下举办的。冬奥会和夏奥会相比能够更好地以点带面完善城市冰雪产业的布局。① 北京—张家口冬奥会的成功申办，最直接关联到的是冰雪体育运动产业。近些年，我国在冰雪运动项目竞技中并不占优势，2018 年平昌冬奥会只取得了 1 金 6 银 2 铜的成绩。相较于冰雪运动发达的欧美国家，我国在现阶段面临冰雪体育运动人才储备不够、起步发展较晚等多方面的困境。为了在家门口举办的北京—张家口冬奥会上取得好成绩，我国近些年来在发展冰雪体育运动方面逐步加大投入力度。

冬奥会带来的刺激作用并不仅仅局限于发展体育运动产业这一方面，还以点带面，带动冰雪自然资源的开发和完善，促进整条产业链的发展。作为人文资源的冰雪文化也借助冬奥会的契机获得长足的发展。冬奥会是国家向全世界开放的窗口，作为一场国际性的盛会，能够吸引全世界热爱冰雪运动的人的目光。2008 年北京奥运会，中国向世界展示了一个自信、强大的形象。在此期间，中国的品牌形象和文化也漂洋过海传递到更多的国家与地区。面临新的机遇，北京—张家口冬奥会如何有效向世界展示中国形象、塑造中国冰雪品牌是需要长足考虑的。已成功举办 2022 年冬奥会，赛场主馆、奥运村、交通运输等基础设施建设已经完工，但冰雪装备制造业还在持续发力，在冰雪文化基础上叠加发展的冰雪艺术、冰雪旅游、冰雪运动、冰雪赛事、冰雪品牌处于蓬勃发展中。相较于“硬”产业能够在具体的时间段前完工，基于冰雪文化的多种“软”产业难以量化完成的具体时间。冰雪文化产业的建设是一场需要时间来铺垫的、能够提供长足发展动力的产业。

说到中国的冰雪文化，多数人想到的都是在东北地区。东北地区的确拥有着无可比拟的冰雪资源，哈尔滨冰雪节更是世界“四大冰雪节”之一，在国际上有着很高的知名度。靠近北京、天津两大直辖市的河北张家口却一直名不见经传，长久以来并未获得广泛的关注，冰雪文化相对来说则显得薄弱，产业化

---

① 孙葆丽、孙葆洁、徐子齐：《夏奥会、冬奥会与经济互动之比较》，《上海体育学院学报》2019 年第 6 期。

的发展也处于刚开始的状态。2022 年北京—张家口冬奥会的成功申办将河北省张家口带到了全国人民和全世界人民的视野中。2019 年，河北省人民政府办公厅印发的《河北省冰雪产业发展规划（2018—2025 年）》明确提出："将立足于培育河北经济新的增长极，以冰雪场馆设施为基础，加快形成'冰雪体育运动、冰雪装备研发制造、冰雪旅游、冰雪人才培训、冰雪文化'为核心的冰雪全产业链，加快形成'2344'冰雪产业发展新布局，努力打造世界冰雪体育运动的胜地、世界冰雪旅游目的地、世界冰雪装备制造的聚集区、世界冰雪人才培养基地、世界冰雪论坛会展的高地，实现全国领先、世界一流，建成冰雪产业强省的发展目标。"① 作为冰雪产业重要组成部分的冰雪文化产业是河北省建成冰雪产业强省的重要支撑，在 2022 年冬奥会举办之际，国家和河北省出台了诸多利好政策促进冰雪文化产业发展，但是真正实现冰雪文化产业高质量发展需要站位高远的规划与设计。

二、冰雪文化产业发展的重要意义

《京津冀协同发展规划纲要》（以下简称《纲要》）② 发布实施，标志着京津冀协同发展这一国家发展规划已经从顶层设计的阶段开始步入实质性推进阶段，这无疑给河北产业转型升级、创新发展带来重大机遇。在京津冀协同发展的大背景下，讨论河北的产业转型升级就不能将视线局限在河北省内，必须要具有更广阔的视野，要将河北产业发展置于京津冀协同发展的分析框架中，按照京津冀协同发展的内在逻辑展开讨论。习近平总书记在对河北的批示中明确指出："要把河北的未来发展，与环渤海地区崛起、京津冀协同发展有机结合起来，充分利用毗邻京津经济圈的相对比较优势，充分挖掘河北现有潜力，形成新的经济增长极。"按照《纲要》要求，京津冀协同发展的战略目标主要是五个方面：一是破解首都发展面临的突出问题，优化提升首都核心功能，探索

---

① 《〈河北省冰雪产业发展规划（2018—2025 年）〉出台明确构建"2344"发展新布局》，http://www.hebsport.gov.cn/faguichanye/gzdt/2018/0530/9796.html。

② 邓琪、金煜、饶沛：《京津冀协同规划纲要获通过》，http://politics.people.com.cn/n/2015/0501/c1001-26935006.html。

一条中国特色解决“大城市病”的路子。二是打破行政分割，推动京津冀优势互补、一体化发展，探索区域协调发展新机制。三是完善城市群形态，优化生产力布局，打造现代化新型首都圈。四是加强生态建设和环境保护，促进经济社会与人口资源环境协调发展，探索区域可持续发展的有效途径。五是增强京津冀综合实力和整体竞争力，提高对周边地区的辐射带动力，为促进环渤海地区和全国转型发展做出更大贡献。概括起来，京津冀协同发展，最根本、最核心、最重要的目标就是建设具有国际竞争力和重要影响力的现代化新型首都圈，打造环渤海地区创新发展的新引擎，辐射和带动全国发展。

在确定了河北省在京津冀协同发展战略中的重要地位后，我们需要对省内的产业现状进行客观分析和梳理，以便于根据《纲要》要求，尽快并且精准地确定河北省产业升级和创新发展的方向。就规模而言，河北省的经济体量（按照每年的生产总值比较）在京津冀中虽然不能称为主导，但也居于主体地位。以 2019 年的全国 31 省份 GDP 排行榜来看，北京市以 35 371 亿元居于第 12 位，河北省以 35 104 亿元的经济体量位居第 13 名，而天津则以 14 104 亿元的经济体量排在第 23 位。由此可见，河北省的经济体量在京津冀占有 41%的比重，如此的经济规模，决定了河北在京津冀产业发展中的主体地位，也决定了河北产业转型升级对京津冀地区产业整体升级的重要性。河北省的产业层次如果在整体上能够较快实现提升，这将在很大程度上助力京津冀地区产业的整体升级。从这一角度思考，河北省的产业升级与产业布局的科学合理规划，将会影响京津冀协同发展战略目标的达成。客观来看，京津冀目前的产业结构属于一种垂直分工的格局，河北省的部分产业是接受的京津淘汰的落后产业，并长期处于产业链底端。如果还是按照既往的发展理念，接受从京津淘汰的落后产业和技术转移，这种线性的发展理念只能在京津完成产业链条升级之后通过技术转移和产业扩展才能推动省内的产业升级，这一进程将会十分缓慢。因此，近期河北省产业转型升级的重要思路就是打破既往被动和线性的发展理念，主动突破京津冀既有的产业垂直分工格局，推动产业分工向垂直分工和水平分工并存过渡，进而向以水平分工为主转变。只有这样，河北产业才能尽快向更高水平迈进，京津冀也才能实现更高水平的协同发展。要实现这一目标，在过去京津冀各自独立发展的背景下几乎是不可能的，《纲要》的发布实施和协同发展的加速推进，为实现这一目标提供了条件。一是，将河北定位为全国现代商贸物流重要基地、产业转型升级试验区。一方面，河北有可能通过打造高水平商贸物流载体和高开放度贸易平台，加快发展高端商贸和物流产业，形成服务整个区域乃至全国的商贸物流产业优势。另一方面，产业转型升级试验区的发展定位并未限定河北的产业发展方向，而是为河北推动传统产业向中高端迈进、发展战略性新兴产业提供了操作空间。二是，北京非首都功能疏解，为河北发展高端产业提供了机遇和可能。北京创新资源密集，拥有全国四分之一的高校、三分之一的国家实验室、二分之一的院士，现代服务业发达，生产性服务业总产值占全市生产总值的50%以上，其中金融、信息、科技三大服务业总产值占地区生产总值的30%以上。随着北京非首都功能疏解进程加快，必将有大量教育、科研、医疗、信息等服务机构向河北转移，这不仅直接推动河北服务业规模扩大和水平提升，而且可能形成乘数效应，吸引更多的高端要素向河北集聚，提高河北高端产业发展的支撑力。三是，逐步形成与京、津水平分工的产业发展格局。虽然河北传统产业比重较大，但经过多年发展，河北在电子信息、新能源、新材料、生物产业、高端装备等高新技术产业和战略性新兴产业领域已形成很好的基础，建成了一批发展水平和集聚能力较强的产业园区和平台，已经具备成为京津冀地区高端制造业重要支撑区的基础和条件。只要思路清晰、方向明确、措施得当，河北省完全可能在部分高端产业发展上形成局部优势，逐步形成与京、津水平分工的产业发展格局。

当前，河北产业转型升级的主要困难在于，发展高端产业所必需的优质产业资本和人力资本依然在持续流出。如果这种状况不能尽快改善，产业转型升级将是一句空话。河北省想要走出转型发展的困境，必须要抓住京津冀协同发展的宝贵机遇，主动拥抱转型发展。

2017年国家设立雄安新区，以高标准建设一个国家级新区，作为承接北京非首都功能区的主要集散地。其实在此之前，京津冀的协同发展红利已经惠及了河北省。2015年1月，中国奥委会在瑞士洛桑向国际奥委会提交了由北京市和张家口市联合申办2022年冬奥会的报告，报告中明确了北京市负责冰上项目比赛，河北省张家口市崇礼县负责雪上项目比赛。2022 年冬奥会由北京和张家口联合举办，这无疑给张家口这座冰雪旅游城市带来了发展机遇。打好冬奥旅游这张牌，也有助于河北省软实力的增强。2022 年冬奥会的举办，一方面让举办地张家口备受世界人民的关注，提高了当地冰雪旅游业在国际上的地位。另一方面，也有助于世界人民对中国各地域的民族文化有更多的了解，从而对中国冰雪旅游发展起到推动作用，激发河北省冰雪旅游的“热效应”，全面提升旅游品牌形象，推进旅游业发展。冬奥会的举办对河北省冰雪旅游业乃至整个地区经济的增长都有重大影响。此外，作为京津冀协同发展的一项主要成就，2022 年北京—张家口冬奥会给河北省的产业转型升级之路指明了新的方向。河北省冰雪旅游起步较晚，冬季旅游一直处于淡季，不温不火。其原因主要在于，河北省既没有东北那种具有冰雪特色的城市，也没有南方那种气候宜人的小城，缺乏具有季节特征的旅游产品，因此河北省冰雪旅游一直处于缓慢发展状态。这次冬奥会的举办，无疑给河北省冰雪旅游发展注入了新的活力。

此外，构建冰雪文化品牌是发展冰雪旅游的一个重要环节，而冰雪品牌文化涉及文化产业发展领域。相较于起步较晚的冰雪旅游，河北省在冰雪文化产业方面可以说存在着更大的空白，这一领域作为河北省产业结构转型的重要领域，目前仍旧属于尚待开发的蓝海，亟须从宏观层面上进行总体规划和开发。目前，北京与河北都已将冬奥会的举办植入到整体的产业结构调整、区域分工协作等战略布局中，将“京津冀协同发展”贯穿到冬奥会的始终，并努力实现城市生态环境改善、经济发展和社会进步紧密结合，实现奥林匹克运动与城市发展良性互动和共赢发展的目标。2022 年冬奥会举办后，亿万中国人对参与冰雪运动的热情更加高涨，这种新兴的局面对河北冰雪旅游等方面带来深远影响，为河北省以后与世界更全面地接轨和同步发展奠定坚实的基础。

首先，要想提高河北省冰雪旅游的知名度，就必须用文化带动河北省冰雪旅游。文化是一个品牌的灵魂，有了灵魂，冰雪旅游才能“活”。像北京的故宫、长城、胡同，就是用文化传承地域特色，以文化优势吸引人们前来参观旅游。河北省冰雪文化的打造也应如此，通过积极开发和创新冰雪特色来提高冰雪旅游产品的文化气息。除此之外，通过借鉴东北地区冰雪旅游发展的成功经验，如哈尔滨冰雪大世界、太阳岛雪雕博览会、哈尔滨冰灯游园会、松花江冬泳等，有助于河北省设计出符合自身特色的冰雪产品，进而打造各种冰雪旅游精品，推动冰雪文化品牌成为河北省旅游业的品牌之一。其次，在冰雪文化资源配置方面要进行宏观调控，改变原有的小、乱、差以及各自为营的局面，把产业链紧密地结合起来。河北省冰雪文化主题多为仿制品，没有自己的灵魂，因此，在未来发展中应该深入挖掘冰雪文化内涵，进而打造自己的文化主题，突出河北省的地域文化特色。同时，通过整合产品从开发、生产到包装等整个流程，统一进行创新型规划，强化冰雪文化资源特色，设计出消费者喜爱的产品，从而创造更大的效益，促进河北省冰雪旅游市场的繁荣。我国 2022 年冬季奥运会申办成功后，习近平总书记指出："要把推动冰雪运动普及贯穿始终，大力发展群众冰雪运动，提高冰雪运动竞技水平，加快冰雪产业发展，推动冬季群众体育运动开展，增强人民体质。"① 同时，中共中央办公厅、国务院办公厅在《关于以 2022 年北京冬奥会为契机大力发展冰雪运动的意见》中，提出了普及冰雪运动、发展冰雪产业、实现冰雪运动跨越式发展等方面的重要指示，为努力实现"三亿人参与冰雪运动"的发展目标提供了行动指南。冰雪文化是世界性区域生态特色文化，冰雪文化产业是在冰雪资源开发的基础上形成的特殊资源型产业；同时，该产业也是一项综合性产业，包含一系列与冰雪文化相关的产业发展内容。我国冰雪文化产业起步较晚，且在发展过程中存在着一些问题，因此目前仍处于发展的初级阶段。关于我国冰雪文化产业存在的问题，据研究发现，主要表现为以下方面：南北方的自然环境差距较大导致冰雪运动与冰雪文化的普及程度差异明显；对传统冰雪文化缺乏保护，导致部分文化丢失；冰雪文化产业链尚未形成；冰雪专业人才极度匮乏，后备力量不足；产业市场供给质量不高，缺少消费动力。2022 年北京冬奥会举办成功，给我国冰雪文化产业步入发展上升期提供了很好的机遇。自 2015 年我国获得冬奥会举办权之后，经过 4 年的改革与发展，我国冰雪文化产业已初具规模，形成

① 《聚精会神抓冬奥备战 加快冰雪运动普及提高》，《人民日报》2017 年 4 月 5 日。

了以冰雪文化为基础，叠加冰雪体育、冰雪旅游、冰雪电子产品等多方向、宽领域的发展态势。河北省在当前发展冰雪文化产业的重大机遇期，需要全面梳理国内外优秀的建设经验，一方面，为河北省产业经济转型提供新的发展方向，在冰雪文化产业方向上突围发展。另一方面，河北省在建设冰雪文化产业的方向上不断探索，能够在很大程度上弥补我国在冰雪文化产业全链条发展方向上的空白。基于以上原因，全面分析河北省冰雪文化产业的现状，并提出具体的发展策略势在必行。

三、文化产业及冰雪文化产业的相关文献综述

（一）文化产业的概念

21 世纪，产业结构相较于之前已经发生了巨大的变化，生产力的发展催生出许多新兴的产业门类。而文化产业作为一种重要的产业类型被世界上许多国家视为新世纪的朝阳产业，是应对传统产业转型压力，实现创新性发展的新的方向。早在 20 世纪，美国、英国、日本、韩国等世界发达国家就已经将发展文化产业、推动产业结构升级作为国家发展的一个重要的方向。面对传统产业增长速度减缓且给生态环境带来巨大压力的困境，我国的经济增长必须开发出新的具有潜力的增长点，推动文化产业的发展为产业结构调整提供了一种可能。2000 年以来，我国的文化产业得到了长足的发展，随着国家政策的支持，文化产业在我国北上广等地逐渐成为当地重要的支柱产业。但文化产业自提出以来，其定义就存在着说法不一的情况，五花八门的定义导致国内外学术界和业界在研究和探讨文化产业的时候难免出现认识偏差或分歧。因此，为了有效学习国外在文化产业发展方面的优秀成果，并内化为能够运用到国内生产实践活动的指导经验，就必须对国内外关于文化产业的相关研究进行界定，明晰文化产业这一概念的边界。

1. 国外文化产业概念综述

在国外，关于文化产业概念的研究中，大多数学者认为，“文化产业”作为学术概念首次出现在欧洲法兰克福学派代表人霍克海默与阿多诺合著的《启蒙辩证法》一书中。书中并未就“文化产业”的具体概念进行统一的定义，而

是将其作为一种否定的概念用以批判和否定资本主义社会的弊端。具体来说就是，在资本主义社会中，资产阶级借由先进的生产方式（印刷、复制等）来大规模地复制、传播和消费文化产品，这种大规模的传播其实是为了达成资产阶级钳制公众舆论和意见、输出自己阶级价值观并维护自身利益的目的。随着发展，“文化产业”脱离了单一的意识形态概念，而专门指一个新的产业类别，被广泛地应用在关于文化产业的运用实践和理论研究中。

英国作为走在工业革命前列的国家，在早期高速的经济发展过程中提前遇到了传统产业的结构性压力，即环境保护和发展速度、单位经济成本等方面的问题。这就要求其必须尽早探索新的产业类型以应对经济增长缓慢的问题。在这种背景下，英国政府是世界上最早将文化产业作为国民经济发展重点来进行扶持的。早在 1998 年，英国布莱尔政府就专门成立了文化产业发展特别工作小组，以负责全国的文化产业布局和发展策略研究。该文化产业发展小组也尝试对文化产业进行定义，即文化产业是源于个人创意、技能与才华，通过知识产权的开发与运用，具有创造财富和就业潜力的行业。

美国学者斯科特尝试从社会需求的角度对文化产业的概念进行界定，即文化产业是指基于娱乐、教育和信息等目的的服务产出和基于消费者特殊嗜好、自我肯定和社会展示等目的的人造产品的集合。① 通过这一定义我们可以看到，文化产业已经超越了传统制造业满足人们物质需求的范畴，而是通过将文化赋予到人造产品中，来满足人的精神需求。法国把文化产业定义为“传统文化事业中特别具有可大量复制性的产业”②。韩国把文化产业定义为“与文化商品的生产、流通、消费有关的产业”③。韩国对文化产业的定义进一步拓宽了文化产业的理论范畴，将与文化商品有关的生产、流通、消费等的经济活动都纳入了文化产业的范围。

澳大利亚学者大卫·索斯比综合了英国文化产业发展特别工作小组的文化

---

① Scott A J,“Cultural products Industries and Urban Econ-omic Development: Prospects for Growth and Market Contestation in Global Context”, Urban Affairs Review no 4(2004).

② 苑捷：《当代西方文化产业理论研究概述》，《马克思主义与现实》2004 年第 1 期。

③ 赵丽芳、柴葆青：《韩国文化产业爆炸式增长背后的产业振兴政策》，《新闻界》2006 年第 3 期。

产业定义后认为，文化产业就是在生产中包含创造性，凝结一定程度的知识产权并传递象征性意义的文化产品和服务。① 联合国教科文组织在《文化、贸易和全球化》中指出，文化产业这个概念是指那些包含创作、生产、销售“内容”的产业。荷兰文化产业委员会根据文化内涵和范围的不同，以及服务的政策目标的不同，从四个层面来定义文化产业。第一，文化产业是指以文化价值或文化意义为基础的生产活动。第二，文化产业是指艺术创作、传统的和现代的艺术作品、艺术展览和文化传播活动。第三，文化产业是指与商业运作、听众和观众规模以及文化和艺术作品的传播扩大能力有关的商业活动。第四，文化产业即指文化企业，把文化和艺术的创作看作是企业的行为。这四个层面的定义范围宽窄不一，但都是围绕文化这一中心词所下的定义。②

2. 国内文化产业定义综述

我国的文化产业发展从客观条件上分析是落后于欧美等发达国家的，同样的，关于文化产业的相关研究也处于起步阶段，对于文化产业的相关概念与定义有相当一部分内容是直接引用过来的。但随着发展，我国的文化产业已经初具雏形，对于文化产业包括定义、功能、特点在内的相关学术研究呈现出快速增长的态势。

首先，国家出台了一系列的相关文件对文化产业的理念进行了界定和梳理。2004 年，由国家统计局制定出台的《文化及相关产业的分类》中，文化产业被定义为：为社会公众提供文化、娱乐产品和服务的活动，以及与这些活动有关联的活动的集合。由这一定义我们可以看出，文化产业的核心功能聚焦于提供社会公众用以消费的文化、娱乐产品和服务的活动。文化部在 2004 年出台了《文化部关于支持和促进文化产业发展的若干意见》，该文件中文化产业的定义是：从事文化产品生产和提供文化服务的经营性行业。该文件鲜明地指出了文化产业的经营和服务属性。2006 年，北京市统计局、国家统计局北京调查总队联合制定发布了《北京市文化创意产业分类标准》，该文件将文化

① 安宇、田广增、沈山：《国外文化产业：概念界定与产业政策》，《世界经济与政治论坛》2004 年第 6 期。

② 国际统计信息中心课题组：《国外关于文化产业统计的界定》，《中国统计》2004 年第 1 期。

创意产业定义为“是以创作、创造、创新为根本手段，以文化内容和创意成果为核心价值，以知识产权实现或消费为交易特征，为社会公众提供文化体验的具有内在联系的行业集群”。

在国内学术界，我国学者针对文化产业的研究有着多种讨论，通过对国外相关学者成果的研究和对国内相关文件的理解，并结合我国文化产业发展的现状提出了多个角度的关于文化产业的定义。邓安球认为，文化产业是指为市场进行创造、生产、流通、销售具有文化含量的产品和服务的活动，以及与之有联系的各种支撑、参与等活动的集合。① 这个定义突出了文化产业的市场属性。胡惠林认为，文化产业是一个以精神产品的生产、交换、消费为主要特征的产业系统。② 这种定义的方式是在系统论的角度下进行思考的，其强调了将文化产业作为一种精神产品服务于人民生活。李江帆认为，文化产业就是国民经济中生产具有文化特性的服务产品和实物产品的单位的集合体。③ 在这个定义中，文化产品并不单纯指再造的人类产品，而是一种精神产品和服务产品的综合体，文化性成为其不同于其他产品的特点。

（二）冰雪文化及冰雪产业

1. 冰雪文化概述

作为一种特殊的文化类型，冰雪文化的发展从自然生成到如今的蓬勃发展，整个过程持续了数千年，留下了诸多不可磨灭的民族记忆。无论是北欧的冰原风情、阿尔卑斯山脉下的滑雪盛会，抑或是日本札幌的冰雪盛会，抑或是我国哈尔滨的冰雕大世界，都深深地镌刻着民族的烙印。冰雪文化的生成并不是一蹴而就的，而是在特殊的气候、环境条件下形成的一种独特的文化类型。冰雪文化的出现与当地的气候、山脉、降水量、山坡角度和方向等条件有着密切的不可分割的关系，借由这种独特环境形成的冰雪文化更是大自然赠予人类的宝贵财富。当然，冰雪文化光靠丰富的自然条件是不足以形成的，是处在这

---

① 邓安球：《论文化产业概念与分类》，《湘潭大学学报（哲学社会科学版）》2008 年第 5 期。

② 胡惠林：《文化产业发展与国家文化安全——全球化背景下中国文化产业发展问题思考》，《上海社会科学院学术季刊》2000 年第 2 期。

③ 李江帆：《文化产业：范围、情景与互动效应》，《经济理论与经济管理》2003 年第 4 期。

种独特环境中的人们经过日常生活中不断积累、探索、养成的习惯逐渐造就了冰雪文化的雏形。这种在当地形成的独特的冰雪文化有着很强的民族和地域特色，在区域的文化发展中有着十分重要的作用。并且，冰雪文化会随着经济社会的不断发展而渐进多样，不断地渗入到当地人民的日常生活中去。

我国幅员辽阔、民族多元、地形丰富、气候多样，每个地区都在当地特殊的气候条件下形成了独特甚至是唯一的文化类型。我国的冰雪文化主要集中形成在冬季冰雪集中、夏季海拔较高、经济和交通条件相对完善的地区。比如，在我国东北地区，冬季时常大雪纷飞，在这种环境下就形成了独特的冰文化和雪文化。黑龙江的哈尔滨因为常年举办冰雕艺术盛会而享誉国际，独特的冰雕艺术以及俄罗斯风情与中华文化的结合，使得哈尔滨冰雪节成为世界“四大冰雪节”之一。除此之外，吉林雾凇景象也是一种独特的气候条件下才会形成的冰雪世界中的奇观；查干湖的冬捕更是一个展现传统中国北方劳动人民生活和劳作场景的窗口，是一种冰上文化的继承与传递。冰雪文化的发展已经在历史长河中走过了很长的历程，已经形成了深厚的文化基础，并具有当地独特的文化底蕴，这种文化不应该被遗忘在历史的长河中。要把这些具有地域特色的文化传承下去，就必须深刻了解我国的冰雪文化，并对冰雪文化和与之相关的其他重要文化遗产进行保护和多元发展。

为了切实保护好这种独特的地域文化，实现在继承中发展、在发展中继承，就需要拓宽冰雪文化的研究路径，不断丰富冰雪文化的内涵。为了在发展中也能实现对冰雪文化、冰雪民俗文化的保护，就应该在对其继承和保护的基础上进行冰雪相关产业的叠加。为了更好地发展冰雪文化，就应该丰富冰雪文化内涵，整合冰雪体育、冰雪运动竞赛、冰雪教育、冰雪艺术节、冰雪旅游等，开发出更多关于冰雪文化的特色产业。

2. 冰雪产业

冰雪产业是指以相应的冰雪资源作为储备，并以此为依托进行的与冰雪有关的社会、经济、文化等多种活动，同时会产生出附带的社会、经济、文化效益。冰雪产业以冰雪资源为依托，以文化为根基，集旅游、娱乐、体育、制造等多领域发展，是一种有着较强经济辐射力的高附加值产业。随着我国东北、西北、西南等地区的冰雪资源被不断开发、利用，冰雪产业已经成为我国国民经济体系中区域经济发展新的增长点，这为冰雪资源丰富地区提供了一种传统产业结构升级的新发展路径。近年来，借着冬奥会的机遇，国内针对冰雪产业的研究逐渐升温，冰雪产业发展问题逐渐受到重视，研究成果逐渐丰富，国内的相关研究主要集中在冰雪旅游、冰雪体育旅游、冰雪体育、冰雪文化以及气候变化对冰雪旅游的影响等方面。

国外对冰雪产业的界定范围相对很窄，绝大多数的研究都是集中在冰雪产业中的滑雪产业、滑雪旅游以及冬季旅游等方面，注重滑雪旅游与环境的互动关系、滑雪旅游市场发展、滑雪旅游者的意愿以及滑雪旅游对地区经济的影响等方面，注重实地调查和个案研究，同时辅以计量经济和数理统计等科学的研究方法。而国内对冰雪产业的界定则非常宽泛，相关的研究包括冰雪旅游及其产业、冰雪体育、冰雪文化以及滑雪旅游等方面。

（1）对冰雪旅游市场的研究

对冰雪旅游产业较早的研究集中在滑雪旅游市场开发上。在国际上，阿维德·弗拉格斯塔德等人研究了冬季运动目的地的成功策略。鲁杰罗·塞纳吉研究了冬季旅游目的地的战略定位和效应。而在国内，吴必虎从年龄、教育、收入 3 个维度测算了中国大陆 31 个省、自治区、直辖市的滑雪旅游市场潜力。此外，还有学者对滑雪旅游目的地的竞争力及其构成要素进行研究。

（2）对冰雪旅游产业发展及振兴的研究

1990 年以后，冰雪产业的发展及振兴等问题成为学界研究的焦点。国外学者在以加拿大的滑雪产业为研究对象后，提出了开发新市场并建立适当的产品开发战略吸引新的滑雪运动消费群的理念。国内对冰雪旅游产业发展问题的研究主要集中在冰雪产业发展态势与演进、冰雪旅游隐性环境建设、冰雪旅游产业的可持续发展及竞争力、冰雪旅游的集聚发展及所带来的产业优势、区域性冰雪旅游业的发展等方面。

（3）对冰雪旅游产业环境影响问题的研究

随着旅游产业的发展，冰雪旅游产业对环境的负面影响逐渐引起了国内外学者的关注。如有研究者发现高山滑雪运动对苏格兰肯哥姆岩雷鸟的影响。在对阿尔卑斯山脉地区的高山滑雪活动进行研究后，研究者发现高山滑雪对当地鸟类的栖息地和繁殖情况产生了负面影响。高山滑雪等滑雪旅游和运动会对当地的动植物产生影响，其自身的发展在很大程度上也受制于当地气候环境。如何适应近些年气候的异常变化，并在此基础上调整冰雪旅游的发展策略成为学者们研究的课题。在国内，杨建明等人分析了全球气候变化对我国冬季冰雪旅游的影响。国外针对滑雪地生态环境的研究更为广泛，其中有代表性的研究有，卡米尔・贡塞斯分析了雪量的变化对瑞士冬季旅游的影响；斯特凡诺・巴尔比等人评估了欧洲阿尔卑斯山区冬季旅游适应气候变化以及改变旅游需求的策略。

（三）冰雪文化产业的研究综述以及概念界定

冰雪文化是世界性区域生态特色文化，冰雪文化产业是在冰雪资源开发的基础上形成的特殊资源型产业，也是一项综合性产业，包含一系列与冰雪文化相关的产业发展内容。推动我国冰雪文化产业的发展，有利于传承及弘扬冰雪文化历史，打造地域特色文化符号；有助于开发与宣传冰雪文化遗产，从而推动地区经济增长。因此，探寻我国冰雪文化产业发展的模式与路径，对加快国家冰雪文化产业发展、促进国家冰雪文化产业经济增长及扩大冰雪文化影响力具有重大意义。

我国冰雪文化产业主要是以冰雪文化旅游、冰雪体育赛事、冰雪休闲娱乐、冰雪装备器材、冰雪专业人才与冰雪创新科技产品等多业态融合发展的产业。我国冰雪文化产业目前的发展是以冰雪文化旅游、冰雪体育赛事及冰雪休闲娱乐作为核心主导产业，冰雪装备器材、冰雪专业人才两方面出现产业供需失衡现象。冰雪电子产品属于新兴冰雪文化产业内容，“互联网＋冰雪”逐渐在多媒体市场崭露头角，少量冰雪娱乐及冰雪运动产品正在投入市场使用中，大部分产品还在积极研发与试验阶段。

在对国内学者有关冰雪文化产业的相关文献进行梳理后可以发现，目前国内针对冰雪文化产业的研究仍旧属于少数，代表性的研究成果较少，研究的焦点主要在冰雪文化产业建设与发展方面，如冰雪文化集群化、生态化的发展，以及冰雪文化产业的开发，冰雪文化产业空间结构体系，等等。并且，大多数的研究出现时间主要集中在近些年来国家对文化产业高度重视后。2019 年《文化产业促进法（草案征求意见稿）》作为我国首部文化法面向全国征集意见。《文化产业促进法（草案征求意见稿）》明确规定了地方政府有着促进地方和区域性文化发展的相关义务，该法的发布也显示出国家在法律层面为文化产业的发展保驾护航的态度。文化产业在一部分发达国家，诸如美国、日本、韩国占据着相当重要的地位，甚至已经成为支撑国家经济发展的一个支柱性的产业类型。国外在文化产业方面的研究相当成熟，无论是在实证研究或是理论研究都有着相当多的研究成果。国外对文化产业的研究大多集中在产业理论和文化批判理论两个视角。但是，与整个文化产业研究的火热相比，国外学者对冰雪文化产业的研究较少，对冰雪产业着墨过多，导致目前仍未出现成熟的研究成果。通过对我国冰雪文化产业的相关研究文献以及最新研究结果进行梳理后发现，目前我国对冰雪文化产业的研究不是将冰雪文化和冰雪产业割裂开来的，而是将冰雪文化注入冰雪产业发展的各个领域内，实现深层的融合。虽然国内在冰雪文化产业的相关研究方面有着很多的方向与内容，但是综合梳理文献后发现，研究主要集中在两个层面。首先是站位高远，着眼在全国冰雪文化产业发展的布局或兼论策略与影响层面，这些文献角度更加宏观。其次是着眼于区域内的冰雪文化产业发展趋势和布局研究，从中观甚至微观角度考虑冰雪文化产业的发展策略。

1. 宏观层面

郜峰、周雅、郑宏伟在《我国冰雪文化产业发展现状问题与路径探寻》中，以全局视角梳理了我国冰雪文化产业的发展现状，综合使用了数据统计、文献调查、逻辑推理等多种方法，对我国冰雪文化产业发展趋势进行了探讨，并指出了我国在冰雪文化产业全局发展层面上的不足之处，包括冰雪文化普及度呈现区域差距、缺乏对传统冰雪文化的保护、冰雪文化产业链尚未形成、冰雪专业人才匮乏、冰雪文化产业市场消费动力不足等。通过对冰雪文化产业发展过程中存在的问题进行分析，文章提出了我国冰雪文化产业发展的路径以及对策，如普及与传承冰雪文化、建立健全冰雪文化产业链、建立完善的冰雪人才储备体系、借鉴国外优秀的冰雪文化遗产继承与保护理念、加强冰雪文化产业可持续性发展。王露露在《冬奥背景下我国冰雪文化的继承与超越研究》中对国内外冰雪文化以及冰雪文化产业的发展进行分析，点明了国外冰雪文化产业以冰雪运动为载体，我国的冰雪文化产业的相关研究主要集中在冰雪文化的继承与创新、冰雪文化产业与城市发展之间的关系上。抓住这次北京冬奥会带来的机遇，冰雪文化产业应当坚持绿色、可持续的发展路径，加强对冬奥会遗产的保护并实现后冬奥会时期的冰雪文化产业有机发展。于洪波在《移动互联网背景下传统冰雪文化产业转型的研究》中创新性地指出我国冰雪文化产业在发展过程中应当主动拥抱互联网，增强发展活力。文章指出，随着人们的生活逐渐步入移动互联和大数据时代，社会各界与世界的接轨显得更加频繁，转变传统的发展模式与视角能够最大化地进行资源共享。文章还分析了在传统发展模式中的冰雪文化产业面临着冰雪文化氛围不足、服务质量不高、经营管理落后等问题，指出：一方面需要借助移动互联网扩大冰雪文化的宣传，构建成熟的冰雪文化氛围并提升知名度，吸引游客的关注。另一方面需要运用移动互联网技术扩大营销渠道。蔡峰等人在《我国大众冰雪运动热现象的冷思考》中指出，在冬奥会的背景下，我国冰雪运动、冰雪旅游、冰雪文化产业的发展如火如荼，但是如此火热和迅猛的发展背后却隐藏着诸多问题。比如，我国冰雪运动群众基础薄弱，冰雪体育人口不足；场地不足，配套设施落后；专业人才欠缺，服务和市场管理水平落后；粗放式的发展导致冰雪资源的浪费与破坏；冰雪文化产业以及冰雪体育运动产业政策导向性明显，缺乏实际操作性的指导。该文章对于目前火热发展的冰雪产业领域来说显得意义非凡。随着冬奥会的成功举办，在加快冰雪文化产业发展速度的同时不能忽视发展质量问题。该文章也为本书对河北省冰雪文化产业发展进行策略研究提供了参考和借鉴。

2. 中观层面

冰雪资源受气候和地形等多方面的条件限制，因此其区域性分布特征较为明显。在我国形成了东北、华北、西北和西南山区的冰雪资源集中分布区域。在这种条件下，针对我国冰雪资源和冰雪产业的研究也主要集中在上述区域内。王凯宏在《中国北方冰雪文化产业生态化发展探究》中主要讨论了以黑龙江省和吉林省为代表的我国北方地区的冰雪文化产业发展存在的问题，包括冰雪文化产业法制建设还不完善、冰雪产业发展过程中的资源破坏和污染问题等。针对以上问题的分析，该文章提出：我国北方地区应当对冰雪文化产业进行合理布局；制定和完善相应的冰雪产业法规、条例；整合北方冰雪资源，形成“冰雪走廊”文化产业链；倡导冰雪景观的生态化建设。该文章创造性地提出协调整个北方地区的冰雪资源进行共同开发和统一布局的理念，并提出了在冰雪产业发展过程中注重环境保护的观念。但是文章在探讨我国北方地区的冰雪资源情况时，仅仅以冰雪产业发展较为发达的黑龙江省、吉林省为例，文章选取的案例并不具有普遍性，因此该文章的结论更适合我国东北地区。甘海霞《浅析中国南方冰雪文化产业应用发展趋势》一文，简要地分析了在冰雪资源并不充足的我国南方地区，面临着人与冰雪文化产业发展之间的矛盾。文章援引《2016 中国滑雪产业白皮书》的相关数据分析出我国南方地区的群众对冰雪体育、冰雪休闲、冰雪旅游和冰雪文化产业的消费动力和欲望高，但是冰雪资源并不充分，南方冰雪文化产业在发展过程中受到了环境、地域等因素的限制较为明显等结论，并提出引入社会资本助力冰雪文化产业发展的建议。

3. 微观层面

除了上述的以我国南、北方冰雪文化产业为分析对象之外，国内更多的关于冰雪文化产业的研究聚焦在以省级行政区为研究对象的更为微观的层面，而这类研究也成为各个省、市及相关区域冰雪文化产业发展的研究重点。这类研究的切口较小，站位也多集中在当地发展冰雪文化产业的需要。研究首先从当地的气候和冰雪资源入手，并梳理出独特的冰雪文化，然后结合当地冰雪文化产业的发展现状指出当前面临的困境，最后因地制宜地提出解决措施或提出冰雪文化产业的发展策略与布局调整建议，抑或是对该区域内冰雪文化产业发展趋势进行展望。张贵海在《黑龙江冰雪产业发展对策研究》中着重分析了黑龙江省冰雪产业的区域情况、行业情况及当前冰雪产业的供给情况，针对黑龙江省冰雪产业目前面临的体制机制问题针对性地提出了解决建议。即在黑龙江省建立冰雪产业保障机制，优化省内冰雪产业的发展环境；及时健全冰雪产业的完整产业链，完善冰雪产业体系，同时在对省内冰雪产业的科学布局方面也提出了相应的建议。蒋抒博在《吉林省冰雪产业发展现状及对策研究》一文中，首先介绍了吉林省丰富的冰雪资源、完善的冰雪运动设施、配套的基础设施优势，在关注吉林省已经打造出长春市、吉林市、长白山等一批冰雪品牌的同时，关注到当地仍然面临着冰雪文化产业链不完善、尚未形成完整的冰雪产业体系、产业经营管理理念落后、相关的冰雪产业人才不足等问题。据此，文章提出当地要在发展规划中加强对冰雪产业的重视，并为冰雪产业的发展提供政策支持。而在具体措施方面，文章建议做大做强冰雪核心产业以及相关产业，构建完善的冰雪人才培养体系，培育积极的冰雪文化氛围。除了上述冰雪资源充足的东北地区，在我国西南的四川省也依据自身的条件提出了适应性的冰雪文化产业发展策略。罗曼、陈波通过实地考察以及专家访谈的方式对四川省的冰雪文化现状进行考察与分析，并提炼出了四川省在发展冰雪文化层面存在的问题，形成《四川省冰雪文化现状与发展对策研究》。文章结合四川省的冰雪资源条件，创造性地提出，当地应以“轮转冰”作为发展冰雪文化的切入点，大力普及冰雪文化知识并积极推广冰雪体育运动，将民俗、地域和冰雪文化进行融合发展，打造具有当地特色的冰雪文化产业。除了上述省份之外，辽宁、贵州、新疆、内蒙古等多个省份也提出了适应当地生存与发展环境的冰雪文化产业发展策略。

四、研究框架

本书的主体内容可以分为四个部分，分别是中外冰雪文化产业发展概况、河北省冰雪文化产业的发展概况与开发路径、河北省部分地区冰雪文化产业的发展布局以及河北省冰雪文化产业布局与发展的策略。

第一部分就是本书的第一章内容，主要从国内、国外两个方面梳理了冰雪文化产业的发展概况。首先，介绍了世界冰雪文化产业的发展概况，在全世界范围内选取了4个具有代表性的国家作为分析样本。其次，对我国冰雪文化产业发展较好的地区进行了梳理。

第二部分包括本书的第二章、第三章、第四章，该部分对河北省冰雪文化产业进行具体分析，主要梳理了河北省冰雪文化产业的发展概况、存在的问题，并对河北省冰雪文化产业的未来发展进行了探索。

第三部分是本书的第五章，该部分内容是从冰雪文化产业的不同发展方向研究河北省部分地区的冰雪文化产业概况和发展路径。

第四部分即本书的第六章内容，对河北省冰雪文化产业的发展保障体系进行了具体分析，包括河北省冰雪文化产业发展保障体系的内涵、特征和内容。面向冰雪文化产业相关企业、政府、行业协会和传播媒介等不同主体，分析资源、技术、资本、环境等保障体系的发展对河北省冰雪文化产业的影响，并提出相关建议。

五、研究方法

（一）文献分析法

本书采用文献分析法，主要从收集、整理相关文献并对这些文献进行分析，一方面梳理目前最新的前沿理论知识，另一方面在学习前人的研究经验的基础上为本书的研究寻找理论支持。文献的主要来源包括“中国知网”、书籍、官方统计年鉴、政府官网、各大媒体的相关报道等。首先是大量查阅国内外与文化产业、冰雪文化产业、河北省冰雪资源分布等相关的著作、文献，形成丰富的知识储备和理论基础。其次是依托互联网资源，登录文化和旅游部、国家体育局、河北省人民政府网站等官方网站，收集汇总与文化发展特别是冰雪文化发展相关的政策法规性文件，借此总结出已出台的相关政策中关于推动冰雪文化产业发展的相关内容，分析政策趋势，为本书的研究提供政策内容保障。最后是利用各大互联网公司的搜索引擎，在互联网上搜集相关的新闻报道、官方出版的统计年鉴、冰雪文化产业发展报告等数据资料和知网上的相关学术论文与期刊文章，对我国文化产业发展情况进行全局梳理并逐渐深入到区域文化产业发展的策略研究方向上来。通过对已有文献的梳理，在积累基本理论知识基础上，逐步形成我国冰雪文化产业发展的全局概念，力求为本书的研究提供深厚的理论支撑。

（二）实地调查法

通过对河北省冰雪文化产业发展较集中区域进行实地走访调查，访谈相关负责人，并结合当地文化产业聚集区、文化创意园区的实际发展情况，了解当地冰雪文化产业发展过程中遇到的现实问题。通过实地考察具体的服务设施和了解发展现状，为本书的策略研究提供了具体的数据支撑。

（三）深层访谈法

深层访谈是一种非结构性的、直接的访问。在访问过程中，一个掌握高级技巧的调查员深入访谈一个被访者，以了解其对某一问题的认识、信念、态度和感情。该方法适用于了解复杂、抽象的问题。这类问题往往不是三言两语可以说清楚的，只有通过自由交谈，对所关心的主题深入探讨，才能从中概括出所要了解的信息。在具体操作过程中主要有电话预约采访、远程视频访谈和面对面直接访谈等多种方式。本书中主要的访谈对象为政府相关负责人、企业管理人员、当地群众代表等。首先采用电话预约采访和远程视频访谈的方式与上述访谈对象进行交流，了解清楚当地冰雪文化产业的发展情况以及在发展过程中遇到的问题，对访谈过程中叙述详细与深刻的访谈对象进行重点标注，并安排时间在实地调查的过程中进行面对面的再次访谈；通过直面交流有效了解当地冰雪文化的历史情况、冰雪文化产业的发展现状和发展过程中所遇到的具体问题，为针对性地提出河北省冰雪文化产业发展策略提供方向。

（四）个案分析法

河北省总体上拥有丰富的冰雪资源，但是各地市间在冰雪文化产业上的发展、冰雪资源储备等方面的情况却并不相同。虽然客观上存在的差异会导致各地市在制订冰雪文化产业策略上会不同，但是从宏观来看，发展模式上还是存在一定共性的。本书通过对河北省典型地区的冰雪文化产业进行个案分析，目的在于剖析出能够推广至全省的普遍性的发展模式，服务于全省的冰雪文化产业发展。

第一章　全球视野下冰雪文化产业发展态势

第一节　全球冰雪文化产业发展状况

有人说：你滑的不是雪，而是文化。纵观世界冰雪强国，冰雪运动与人民生活息息相关。在挪威滑雪是基本的出行方式，瑞士有200多个各具特色的滑雪圣地，冰球是加拿大的国球。在欧洲和北美的校园教育中，冰雪运动是其中重要的一部分。世界冰雪强国都有冬季运动强项。比如，北欧国家更侧重滑雪，拥有大大小小风格各异的度假滑雪场，让人们在享受滑雪乐趣的同时，可以品尝当地美食、领略美丽风景；加拿大人民更爱冰球，他们会在里多运河上热热闹闹地办冬庆节；日本可以说全民都是花滑运动的粉丝。冰雪运动不是简单的体育运动，它依靠自然环境而生，悄悄地与人民生活发生千丝万缕的联系，并使冰雪文化产业成为人类文化产业中的重要一部分。

冰雪运动与其他的体育运动不同，其早期的兴起依赖于自然气候和地势地形。根据世界冰雪运动研究者的推断，人类最早的冰雪活动应当是滑雪。2005年，我国新疆阿勒泰地区的牧民发现一处岩画，是“滑雪狩猎”的场景，据鉴定，此岩画属于旧石器时代晚期产物，已有近万年的历史。由此可见，滑雪在远古时代是人类生存的一项技能，在人类进化的过程中慢慢演化成一项运动，并不断丰富，从而形成现代的冰雪运动。

19世纪中叶，北欧的斯堪的纳维亚人的祖先在适应自然环境的过程中，逐步将冰雪运动运用于生活的各个方面，后来延伸到军事方面，再后来发展成一种娱乐方式。20 世纪 20 年代，冰雪运动在欧美地区形成蓬勃发展的趋势，冰雪运动与旅游结合愈加紧密。20 世纪 70 年代，冰雪产业在亚洲地区进入鼎盛时期，在全世界呈现全面扩张的态势，再加上传统项目与现代科技的结合，使冰雪运动在全世界已呈多样化升级发展态势，冰雪产业逐渐发展成为一个庞大的产业。

一、全球化视野下冰雪文化产业的历史

1. 冰雪运动的起源与兴盛

早在旧石器时代中晚期，人类在严寒和冰雪的自然环境中生存，需要不断地适应和利用自然环境。为了在雪地里捕捉猎物，将木板捆绑在一只脚下，另一只脚蹬地发力，这样可以利用雪进行滑行。之后，将两只脚都捆上木板，并利用树枝撑地来保持平衡，逐渐孕育了古代滑雪。据推断，滑雪是人类最早的冰雪运动。但关于冰雪运动的起源地，一直有不同的声音。有学者认为冰雪运动起源于北欧，有关学者在挪威的诺德兰郡勒多伊地区发现一幅公元前 2500 年左右的岩画，其描绘了一个人物形象在长雪橇上滑雪的场景。1924 年，在瑞典的卡夫拉斯克村发现了约公元前 3200 年的滑雪板。1938 年，在芬兰拉萨市发现了一只滑雪板和滑雪杖，经放射性碳素断代法鉴定，大约制作于公元前 3245 年。也有学者认为滑雪运动起源于俄罗斯，20 世纪 60 年代，在俄罗斯的东北部乌拉尔山脉发现了有 8000 多年历史的滑雪板残片。20 世纪中期，在我国新疆阿勒泰地区发现一处描绘滑雪场景的岩画群，经科学家和考古学家鉴定，这处岩画已有 1 万年以上的历史。2006 年，我国宣布《阿勒泰宣言》正式确认世界滑雪最早的起源地是中国阿勒泰。2015 年，来自世界 18 个国家的 31 位滑雪历史学家联名发表了《2015 阿勒泰宣言》，认同阿勒泰地区是世界上最古老的滑雪地域。

滑雪运动兴盛于北欧，源于其地理位置、气候条件和国家政策的支持等各种因素。北欧的山脉纵贯斯堪的纳维亚半岛，斯堪的纳维亚山脉曾受古代冰川侵蚀，地势比较平缓。在气候上，北欧绝大部分地区属于温带大陆性气候，冬季漫长，气温较低，夏季短促凉爽，为冰雪运动的发展提供了天然的地理条件

和气候条件。北欧国家人口密度较低，经济水平高，为冰雪运动发展提供了资金支持。挪威是5个北欧国家中地势最高的国家，是一个全民滑雪的国家。关于滑雪，在挪威有这样的一句俗语："挪威人是带着滑雪板出生的。"每年的10月到次年2月，挪威人民都生活在冰雪覆盖的世界里，冰雪运动成为挪威人民生活中不可或缺的一部分，当地因此逐步形成冰雪文化，这为挪威在冬奥会中多次摘取金牌奠定了基础。

滑冰运动起源于北欧的斯堪的纳维亚和日耳曼，后来经芬兰游牧民族传入瑞典、丹麦、荷兰等地，滑冰运动自此受到越来越多的关注。大约在13世纪，滑冰运动在英国就已经非常盛行。冰鞋最早的雏形是用木头制成，用于在冰面和雪上行走。在大英博物馆陈列有鹿骨制成的冰刀，可以绑在雪橇上或者人的脚上。据史料记载，我国北宋时期就出现了冰嬉运动，冰嬉运动在清代最为盛行。

2. 冰雪运动竞技全球化发展

随着社会的发展，冰雪运动已不仅仅是生活出行的方式，还逐渐演变成人们娱乐的一种竞技方式，其形式也逐渐多样化。第一次大型跳台滑雪比赛于1879年在挪威奥斯陆举行，当时挪威国王和1万名观众观看了比赛。到20世纪以后，冰雪运动在欧洲逐步盛行，竞技类比赛也由全国性转换成不同地区国家的比赛。1901年，斯堪的纳维亚国家举行了北欧运动会，并逐步形成传统赛事一直延续到1926年。随着参赛国家的增多，北欧运动会逐步演变成冬季奥运会。1908年伦敦奥运会将花样滑冰列入比赛项目，1920年安特卫普奥运会增添了两项冬季项目（花样滑冰和冰球赛）。1922年在巴黎会议上，时任国际奥林匹克委员会主席的顾拜旦极力争取冬季奥运会事宜，终于决定1924年在第八届巴黎奥运会前举行比赛，该比赛称为"第八届奥林匹亚德体育周"。当时冰雪运动并未作为传统的正式比赛，而是奥运会前夕的表演项目。参赛国家有挪威、芬兰、瑞典、瑞士、奥地利、美国、加拿大、法国、英国、意大利、比利时、捷克斯洛伐克、拉脱维亚、匈牙利、南斯拉夫、波兰共16个国家，参赛运动员共258人，其中女选手13人，男选手245人。项目有滑雪、滑冰、冰球和有舵雪橇。1925年，国际奥委会布拉格年会正式承认这次比赛的成绩和纪录，并将其作为第八届奥运会的一部分。有趣的是，由于秘书人员的疏忽，在会议记录中竟然误写为“第一届冬季奥运会”。后来，国际奥委会也由此而予以认可和追认，并决定以后每 4 年可以由夏季奥运会主办国优先承办同年的冬季奥运会。

随着国家间赛事的增多，对各类单项冰雪运动也逐步成立国际组织，最早的是 1892 年成立于荷兰的国际滑冰组织。1908 年国际冰球联合会成立；1910 年国际滑雪联合会成立；1913 年奥地利、德国和瑞士创建了国际雪橇联合会；1923 年国际雪车联合会在法国巴黎成立；1966 年国际冰壶联合会成立，1991 年改名为世界冰壶联合会。20 世纪 30 年代，滑雪运动风靡澳大利亚和新西兰，40 年代在智利和阿根廷日益普及，50 年代在日本开展得更为迅速。

2022 年 2 月 4 日至 20 日，第二十四届冬季奥林匹克运动会在北京和张家口举办，共有 91 个国家和地区共 2892 名运动员参加了 7 个大项、15 个分项、109 个小项的比赛。其中，北京赛区承办全部的冰上项目、自由式滑雪大跳台和单板滑雪大跳台项目；延庆赛区承办雪橇、雪车及高山滑雪项目；张家口赛区承办越野滑雪、跳台滑雪、北欧两项、冬季两项、自由式滑雪大跳台和单板滑雪的技巧类雪上项目。北京 2022 年冬奥会，挪威体育代表团以 16 金、8 银、13 铜的成绩位列奖牌榜第一；德国体育代表团以 12 金、10 银、5 铜的成绩位列奖牌榜第二；中国体育代表团位列奖牌榜第三，共获得 9 金、4 银、2 铜，金牌数和奖牌数创历史新高。

3. 中国的冰雪文化发展史

2015 年，来自全世界的 31 位滑雪研究学者联合发布了《2015 阿勒泰宣言》，认同我国新疆阿勒泰地区是人类滑雪运动的起源地。这份世界的认同源于阿勒泰汗德尕特乡的一处岩画。这幅岩画所在的洞穴深 1.7 米，宽 3.5 米，高 0.8 米，在洞穴正上方绘有 10 个人物，每个人物弯腰屈膝，抬头撅臀，手持单杆，脚蹬短小滑雪板。画面左边 4 位尤为清晰可辨，动作与现代滑雪动作基本相同。整个滑雪队伍自左向右非常有序地呈下凹状弧线排列。在距离弧线滑雪队伍右上方距洞穴顶部 40 厘米处绘一人物，正面而立，脚蹬短小滑雪板，头戴羽冠，一手叉腰，一手握狩猎工具正指向前方。在我国史料文献中，多有记载生活在阿勒泰地区的先民使用滑雪板。古代先民最早用滑雪板来狩猎，而后滑雪板又具有了交通工具的功能。20 世纪 60 年代，阿勒泰的邮递员和边防战士还脚踏古老滑雪板送信和巡逻。如今，阿勒泰附近的牧民用滑雪板来娱乐、健身以及竞技。

《山海经》曾记载："有钉灵之国，其民从膝已下有毛，马蹄，善走。"即讲钉灵国人民的膝下长着长毛，脚如马蹄，走起路来非常快。这其实很可能是穿着皮毛长裤、脚踏圆形滑雪板的人物形象。隋唐时期，拔悉密人会穿着滑雪板在雪原上追逐猎物。他们的滑雪板是一块前端翘起的长木板，下面用顺毛的马皮包住，下坡时速度可以超过奔跑的驯鹿；而上坡时，就把滑雪板解下，用手拿着前行。元代时生活在我国北方森林中的一些民族会拿着滑雪杖站在滑雪板上追逐山牛等猎物，未经训练的滑雪者可能会在下坡和疾驰时受伤，而熟练掌握滑雪技能的人能飞速奔走。他们还会将滑雪板连接起来当作运输工具，用来运送打获的猎物，用于运输的滑雪板很像雪橇的雏形。明清时期使用滑雪板的民族主要还有达斡尔族、鄂温克族、鄂伦春族。达斡尔族人的滑雪板叫"肯骨楞"，鄂温克族人的滑雪板叫"基恩勒"，鄂伦春族人的滑雪板叫"亲那"。这些滑雪板用松木、白桦木等制成，宽 10～20 厘米，厚约 3 厘米，长 1.3～2 米，前端翘起，中间略厚，配有绑脚的皮带，并用动物皮毛包裹底面。

关于滑冰运动，隋唐时期居住在蒙古高原的古代民族，已经踏着"木脚"或者乘着"木马"在冰面飞驰，追逐猎物。除了这种木质滑板，他们还会使用木杖作为辅助工具，每踏一下就能滑出百步，速度飞快，极具冲击力。生活在堪察加半岛的流鬼族每逢地面结冰后，就会穿上宽约 18 厘米、长约 2 米的滑板，外出狩猎。元代时，位于尼塞河上游的民族会把动物的骨头磨光，绑在脚底，踏着它在冰面上滑行。明清时期，尤其在松花江至黑龙江下游地区，出现了狗爬犁，主要用在冰上，作为当地人冬季最重要的出行工具之一。当地还有一种工具叫冰床，它主要由人力牵动，上盖木板，下镶钢条，用于交通运输或运动游戏。

近代中国的冰雪运动源于东北地区，与其特殊的地理和气候有关。东北在古代曾是蒙古族系人民生活的地方，留下了丰富的文化遗产。乾隆年间，武英殿版本的《皇清职贡图》一书，记绘了一位在今黑龙江、松花江、乌苏里江交汇处居住的赫哲族人的祖先滑雪时用弓箭射杀野兔的场景。自鸦片战争以来，东北地区历经战事、几经波折，其冰雪运动并未得到发展。在中华人民共和国成立以后，黑龙江和吉林两省开始出现规模性的滑雪场和滑雪队。1951 年，吉林省举办了我国第一次滑雪表演赛。1957 年，吉林省通化市举办了首届全国滑雪比赛，之后滑雪逐步成为全国冬运会项目。① 冰雪运动自东北地区逐步向其他地区发展。1996 年在张家口崇礼县，投资家郭敬利用喜鹊梁峰的有利地势开设运营的塞北滑雪场，是华北地区最早的滑雪场。塞北滑雪场所在地海拔 1600～2000 米，占地 10 平方公里，是华北平原与内蒙古高台地结缘的上部地带。森林覆盖面积达到 60%，地貌地形开阔平坦，冬季漫长，冬寒夏凉。天然雪滑雪期常年在 11 月下旬至次年 3 月下旬，可达 120 天。这为冰雪文化在华北地区发展打下基础，也为 2022 年冬奥会的举办做了铺垫。

4. 冰雪文化历经传承逐步形成产业

冰雪运动从最初单纯为方便生产生活，到成为一项竞技比赛项目，发展到如今已是完整的文化产业。将滑雪、滑冰运动与娱乐、休闲、旅游相结合，带动了冰雪装备制造、冰雪体育、冰雪旅游三大产业的发展。

冰雪运动是一项极依赖自然环境的运动，一个完整的冰雪文化产业链涉及诸多行业：造雪车、铲雪车等大型装备行业，滑板、冰刀、滑雪服饰等小型装备行业，等等。在追求冰雪运动刺激性的同时，保证安全是必要前提，因此除了衣服装备外，在大型户外滑雪场，还装有卫星设施系统、雷达等高科技设备，用来时刻保证运动者的安全。同时，因其户外运动的特殊性，可持续性滑雪馆也是当今建设冰雪运动馆的必需条件。近些年冬季回暖现象频繁，破坏了户外滑雪条件，可持续性已成为建设冰雪场馆的必要条件之一。

随着滑雪运动的大众化，发展滑雪旅游经济是大势所趋。欧洲各国在 20 世纪开始结合当地特色建设冰雪小镇，打造冰雪旅游度假村。欧洲滑雪小镇除了具有良好的基础设施及完善的医疗保障等配套体系之外，还拥有发展成熟的

---

① 张晓光：《我国东北滑雪文化的起源与发展》，《黑龙江社会科学》2008 年第 1 期。

高端酒店、餐饮住宿、零售等一系列服务产业，数量众多的滑雪装备制造及创新的运营商，举办滑雪嘉年华、冰湖赛马、雪上高尔夫、越野单车、四季旅游等丰富多彩的体验活动，构成了完整、成熟、多元化的冰雪文化产业链。①

二、全球化视野下冰雪文化产业的发展现状

（一）欧洲——冰雪文化产业久负盛名

自 20 世纪初，欧洲国家就开始设立同各项冬季运动的联名组织，促进欧洲各国间的冰雪运动交流。欧洲是冬季运动的起源地，在冬奥会中获奖最多。在以往的冬季奥运会中，有 14 届是欧洲国家承办，在欧洲境内举办的冬季单项运动的世锦赛更是数不胜数，欧洲各国在冰雪运动的赛事运营方面拥有丰富经验。

冰雪运动是欧洲人民生活中不可分割的一部分，冰雪文化也成为其国民文化的重要组成部分。开发冰雪旅游资源是欧洲发展冰雪文化产业的重要一环。在冰雪运动基础上，各国利用自身文化特色加以创新，培育出各具风格的冰雪特色小镇，打造了集休闲、度假、运动于一体的旅游景点，游客在特色小镇不仅可以体验各类滑雪活动，还可以深入了解特色小镇文化。在多年冰雪小镇的建设基础上，欧洲的冰雪制造装备产业也全球领先。总结欧洲的冰雪文化产业发展史，学习冰雪强国先进的冰雪经济、文化理念，对于我国发展冰雪经济具有很好的借鉴作用。

1. 冰雪＋教育，奠定冰雪国民教育基础

北欧冰雪强国的自然环境和特殊地理位置有利于其发展冰雪产业，此外，这些国家还极其重视自幼儿开始的冰雪教育。滑雪俱乐部无论大小，都有满足不同年龄阶段、不同滑雪水平的滑雪道。在芬兰、挪威、瑞士等欧洲国家，政府大力倡导冰雪校园教育。

芬兰有一句名言："教育是芬兰的国际竞争力。"滑雪教育也是芬兰校园教育中的一部分。芬兰各个滑雪场均设有冰雪儿童乐园，可对儿童进行托管，孩子在冰雪儿童乐园可以与冰雪亲密接触，为其之后接触冰雪运动打下良好基

---

① 孙慧杰、张津京：《欧洲滑雪小镇发展实践与启示——以法国、瑞士、挪威小镇为例》，《城市发展研究》2019 年第 5 期。

础。芬兰很多孩子从三四岁就开始学习滑雪。在芬兰滑雪场只要佩戴头盔，孩子就可以免费滑雪。在校园课程中，自小学开始就设有滑雪课程，每年的 2 月，还统一有一周的滑雪假期，热爱户外运动的芬兰人都会在此期间陪孩子去各地滑雪。儿童滑雪教育为芬兰成为冰雪强国打下坚实的基础。

瑞士作为高山滑雪强国，国内有上百所滑雪专业院校，分为联盟级别和学院级别。针对不同年龄阶段和滑雪水平有不同的学习方法。其中，联盟级别相对普适；学院级别等级较高，开始有滑雪风格上的区分。双板分为自由式、野雪、竞技 3 个专项，而单板是公园、野雪、雪道 3 个方面。瑞士的滑雪教练都是经过专业的授课训练、护理训练和救生训练，以及严格的统一考试评定持证上岗的。除此之外，每位教练都至少掌握 3 种语言。瑞士冰雪教育还融入课堂理论学习中，学生可以通过理论与实践相结合，了解冰雪运动，学习冰雪精神。2022 年瑞士洛桑承办青年冬奥会，瑞士青年冬奥会组委会主席伊恩・罗根表示：青年冬奥会的前期准备要围绕活动、创新、数字化 3 个主题来进行，通过举办有趣的活动让更多青少年融入进来，要不断创新跟上青少年潮流，要通过科技、数字化让青少年了解冰雪活动。

冰雪教育的普及化，让冰雪运动在欧洲成为一种国民运动。冰雪教育的专业化，为欧洲国家培育了众多冬季项目的世界冠军。

2. 冰雪＋旅游，差异化发展打造冰雪旅游品牌

随着滑雪运动的普及，欧洲冰雪旅游成为越来越多人的选择。在我国，很多旅游景点也以打造“北欧冰雪小镇”复刻版来吸引游客，可见欧洲冰雪旅游资源的知名度。在欧洲境内，冰雪旅游是很多家庭每年户外游的首选。在各具特色的冰雪小镇，独特的地域自然文化景观、周到的服务和创新体验是吸引游客的先决条件。游客在享受滑雪运动乐趣的同时还能感受不同的冰雪小镇文化。例如，瑞士阿罗萨滑雪场为儿童免费提供滑雪教练，蒙塔纳滑雪场专门设立女士雪道；奥地利因斯布鲁克冰雪小镇有其独特的中世纪哥特建筑和冬奥遗产；被塞马运河环绕着的俄罗斯维堡小镇、德国的梦幻小镇班贝格、勃朗峰脚下法国的霞慕尼小镇等都以其特色吸引世界滑雪爱好者的目光。欧洲特色的冰雪体验，不仅满足不同水平滑雪人士的要求，还在衣食住行等方面都展示着各

自独具特色的冰雪文化。

旅游业是瑞士经济发展的第三大支柱，作为地处阿尔卑斯山脉的内陆山地国家，差异化发展冰雪旅游产业是其经济发展的必需。瑞士境内有 200 多家滑雪俱乐部，每年接待 2000 万左右人次的游客，接待人数是其本国人口 3 倍之多。圣莫里茨位于阿尔卑斯山脉中心地带，是举世闻名的滑雪圣地，也被称为阿尔卑斯山最迷人的高山度假小镇，同时是冬季旅游的诞生地。关于这个诞生地，还有一个故事：1864 年，当地一家豪华酒店的老板说服了几个英国游客尝试留下过冬，承诺这里的冬季依然可以让人流连忘返，并且承诺如果不好玩的话一切开销由酒店承担，如果玩得开心回国可以为酒店做宣传。正是这次活动让这个小镇在英国贵族圈被熟知，成为英国贵族休闲度假的选择之一。这个阿尔卑斯山中的小镇拥有鬼斧神工般壮美的自然风光，展现出典雅的阿尔卑斯风格，其壮观的景色和独特的冬日体验吸引了欧洲各国人民前往。圣莫里茨小城也不断提升自身的独特性，在保护自然环境的基础之上，将文化、娱乐休闲进行叠加开发，使得游客流连忘返。圣莫里茨是世界最著名的“冬季运动天堂”，举办过两届冬季奥运会和 5 次 FIS（国际滑雪联合会）高山滑雪世锦赛。著名的冰湖赛马（White Turf）运动发源于此，每年冬季还有各类冰雪赛事和活动在此举办，如雪地马球世界杯、戏剧节、美食节等。

位于瑞士东南部格里松斯地区的另一个城镇，同样也闻名世界。它坐落在一条 17 公里长的山谷里，是阿尔卑斯山系最高的城市，它就是达沃斯。一年一度的“世界经济论坛”在这里举办，论坛聚集各国政要、著名企业家在此探讨全球热点和经济趋势，也促进了达沃斯滑雪经济的发展。作为欧洲大型的顶级滑雪胜地之一，达沃斯是欧洲人心中的“人间天堂”，这里有如诗如画的自然景色，有瑞士国内规模最大的滑雪场。在达沃斯，可以享受各种类型的冰雪运动带来的乐趣，6 大滑雪区域有约 300 公里的下坡滑道、100 多公里纵横交错的景观铁路网络、70 多公里溜冰跑道、面积 18 000 平方米的欧洲最大的天然溜冰场。正是这些惊人的数据，使达沃斯成为举世公认的“阿尔卑斯最佳滑雪地”之一。

芬兰拉普兰是圣诞老人的故乡，号称“欧洲最后一块原始保留区”。独特的极地风光和土著民族风情，使它成为旅游胜地。拉普兰每年 10 月进入冬季，一直要到第二年的5月才开春，整个冬季长达8个月，这为冰雪运动提供了极佳的自然环境。此外，拉普兰还是极光观测的最佳地点之一。1996年冬天在拉普兰省波的尼亚湾建成世界上最大的冰雪城堡。1100米长的城墙围着雄伟的冰雪建筑，整个城堡占地13 500平方米，建设用雪量为30 000立方米，被纳入吉尼斯世界纪录。这座城堡每年春天自然融化，每年冬季再邀请设计师进行不同主题的设计搭建。这座冰城堡内拥有冰雪餐厅、冰雪酒店、冰雪教堂、儿童游玩区等，游客在城堡内可以体验冰雪食宿和观看演出。冰床上铺有特殊材质的睡袋，躺在床上就可以透过屋顶上的玻璃观看极光。拉普兰还拥有世界上唯一运营、最大也是最早的破冰船，游客可以乘坐破冰船观看气势磅礴的冰海，体验船身扎破冰层驶入大海的感觉。

挪威是北欧最北端的一个国家，北部地区穿过北极圈，每到6月、7月可以看到午夜的太阳以及美丽的北极光，因而挪威有“半夜太阳国”之称。挪威有4000多年的滑雪史，是现代滑雪的起源地。滑雪是挪威国民生活中不可或缺的一部分，500万人口的国家拥有上千个滑雪俱乐部。挪威一位音乐家伊松赛特还将冰雪与乐器相结合，在奥斯陆的峡湾小镇，将一处山洞进行雕刻设计，打造出冰雪音乐会的场地。冰雪音乐会上所有的乐器均用冰雪进行打造，冰鼓、冰号、冰竖琴、冰吉他等各类乐器都曾出现在冰雪音乐会上，特殊的音乐会也吸引了世界各国游客的前往。

丹麦是安徒生童话的故乡，处处呈现着童话般的诗意和元气感，这里的冰雪世界就是童话般的世界。2018年，“马蜂窝旅行网”与芬兰、挪威、瑞典、丹麦4国旅游局联合发布了“2018北欧冰雪旅游攻略”。“马蜂窝”大数据显示，“滑雪”“极光”在冬季上升为北欧各目的地最热门的关键词。北欧国家面积小，交通便利，联合旅游攻略成为众多游客的选择。

法国是1924年第一个承办冬奥会的国家，冬奥会举办地在其著名的霞慕尼小镇。作为西欧领土面积最大的国家，其境内拥有24座海拔高于4000米的山脉。20世纪60年代，法国政府就已经颁布《冰雪规划》，大力发展冰雪产业。法国现在的冰雪产业已非常成熟，在国内拥有稳定的滑雪人群，是世界上第一大滑雪旅游入境国。法国有300多家滑雪场，有全世界公认的顶级滑雪场——高雪维尔雪场，也有适合家庭滑雪的 Méribel 滑雪场、风景怡人的伊赛尔谷雪场、被誉为世界最佳滑雪度假胜地的托朗谷滑雪场。每一个滑雪场在差异化发展的同时都拥有完备的配套设施。法国滑雪小镇发展有政府在整体规划、环境保护、核心基础设施建设等方面做保障，冰雪文化产业形成了完整、成熟的产业链。在滑雪设备开发、场地提供、餐饮住宿服务、滑雪教学、认证培训、医疗救援、赛事组织、普及推广等方面，法国都有专门的供应商。这些公司拥有的专业技术对滑雪产业发展和小镇建设有着重要推动作用。在滑雪场运营方面，法国实行独特的管理模式，几乎经营着欧洲所有的滑雪度假胜地。法国阿尔卑斯集团（CDA）是世界上最大的滑雪度假运营商，目前在法国运营着拉普拉涅（La Plagne）等 11 个世界一流的滑雪度假村。①

3. 冰雪＋制造，冰雪装备驰名世界（法国、德国、奥地利）

滑雪属于户外刺激性运动，运动时存在一定的危险系数，也是装备需求最多的一项运动。滑雪装备是每位滑雪人士的必需品，头盔、雪杖、滑板、手套、滑雪服，每一项都必不可少。

梳理全球十大滑雪服装品牌，来自欧洲的品牌占到七成。每个品牌各有特色，融入时尚元素，将科技与保暖相结合，把滑雪服装的功能性做到极致。通过网络资料对全球十大滑雪服装品牌进行梳理，情况如表 1 所示。

表 1　全球十大滑雪服装品牌情况

品牌名	创立时间	产地	特点
Halti（哈迪）	1976 年	芬兰	用芬兰最高山峰的名字为自己命名；以与顶级滑雪运动员和探险家的合作作为设计研发的核心
Lafuma（乐飞叶）	1930 年	法国	公认的产品线范围广、科技含量高的一线户外品牌；是最早与国际环境组织合作，将环保的可再生面料运用到产品中的户外品牌之一

① 孙慧杰、张津京：《欧洲滑雪小镇发展实践与启示——以法国、瑞士、挪威小镇为例》，《城市发展研究》2019 年第 5 期。

续表

品牌名	创立时间	产地	特点
Arc'teryx（始祖鸟）	1989 年	加拿大	公认的北美乃至全球引领型的户外品牌；服装系列，无论是硬壳还是软壳，几乎都可以用艺术品来形容
Salomon（萨洛蒙）	1947 年	法国	以生产滑雪系列产品而闻名世界，是多位奥运冠军的首选产品，是安全与专业的代名词
Phenix（菲尼克斯）	1952 年	中国	倡导“舒适”与“时尚”相结合的造型风格，几十年来成为众多极限户外运动世界冠军竞技装备的不二选择
Alpine（阿尔派）	1996 年	捷克	家庭户外文化的倡导者，其名字灵感来源于阿尔卑斯山脉
Northland（诺诗兰）	1973 年	奥地利	严守欧盟生产检测标准，保证产品的精致工艺与卓越品质，给予消费者全天候的舒适体验和全方位的保护
Kjus	1997 年	挪威	坚持采用最优质的物料及高科技进行制作，将先进的科技制造与流行元素和独有的高级剪裁设计相结合，研创出时尚性与功能性兼具的御寒服饰
Bogner（博格纳）	1932 年	德国	滑雪服装中的“Dior”，字母拉链头的首创品牌
Decente（迪桑特）	1957 年	日本	提供满足运动员真实需求的运动服装，引导社会对健康生活态度的认知

目前，世界滑雪装备排名第一的品牌是来自法国的 Rossignol，可提供冰雪运动的全线滑雪装备，可以说是一个冬季运动装备的王国。该品牌创始人 Abel RossignoL 在 1911 年制作的第一块木制雪板就荣获了运动项目装备的多项大奖。1924 年在法国境内举办的第一届冬奥会上，滑雪运动员就用 Rossignol 品牌雪板参加了比赛。1937 年，法国滑雪之父 Emile Allais 用 Rossignol 雪板成为世界冠军。20 世纪末，Rossignol 品牌经过收购不断扩张，成为一个拥有全套滑雪产品的品牌。在后继的发展过程中，Rossignol 品牌不断推陈出新，细分产品类型，根据滑雪者性别、年龄研发适合的滑雪装备，通过多年发展，该品牌在滑雪届已是专业和安全的代名词。现在该品牌的双板和单板销量位列全球第一，欧洲整体市场也占据了半壁江山。

Fischer 公司是设立于奥地利的一家体育用品公司，1924 年刚成立时该公司生产行李车、雪橇和滑雪板。1978 年 Fischer 公司重组，正式成立三个分部：高山滑雪、越野滑雪、网球。Fischer 现已是滑雪界与网球界的国际知名品牌，其卓越的革命性高科技技术使其产品在越野滑雪和跳台滑雪两方面有着不可动摇的霸主地位。该公司创造性地将用于航空制造业的复合板芯材料用于制造滑雪板，使得产品重量变轻的同时，还能保持产品所需硬度。利用这种材料制造的雪板，每副的重量仅有 1000 克，国际媒体将它称为“气体雪板”。在雪板制造上，Fischer 不断研发新的科技，1984 年高山雪板采用真空技术，越野滑雪板部分采用轻型的空气合成板芯结构制造。1986 年，Fischer 真空技术又有新突破，它将雪板的不同材料同时融于一体，这也是目前雪板层压融合技术的原型。1990 年的 ISPO 展销会上，Fischer 为世界带来奇迹——三维立体 C. A. D 滑雪板，获得法国技术创新奖。Fischer 公司制造的高山滑雪装备，每一年都给人们带来新的惊喜。2010 年，Fischer 向市场推出了其高端的 C 系列（C-Line）雪板和金三角（X-Rail）技术雪靴，C 系列雪板采用全碳纤维包裹及浮动弯曲可调技术。Fischer 公司在滑板制造上的创新，让其在世锦赛和奥运会上都有非凡的表现，2006 年都灵冬季奥运会，Fischer 以 72 枚奖牌的总数成为冬奥会上最成功的品牌。

（二）北美洲——享受冬日的浪漫与狂欢

在历届冬奥会奖牌排名中，美国和加拿大稳居前列。北美洲地跨热带、温带、寒带，气候复杂多样。北部在北极圈内，为冰雪世界。北美洲最冷月（1月）平均气温低于 0 ℃的地区，约占全洲面积的四分之三，这为北美洲北部的加拿大和美国的部分地区冰雪运动发展提供了自然条件。相较于欧洲，北美洲的滑冰运动项目较多。据记载，19 世纪初期，在加拿大的印第安人就有进行冰上运动。1855 年，加拿大金斯顿举办首次冰球比赛，后来冰球传入欧洲，逐步组成冰球联盟，形成联赛的大规模比赛。美国作为世界冰雪运动强国，其实力体现在冬奥会的辉煌战绩上，其冰雪产业的发展思路值得我们学习和借鉴。

1. 美国——成熟的冰雪文化产业链

(1) 冰雪运动全民化发展

美国人民对冰雪运动的热爱由来已久，冰雪产业渗透到美国人生活的方方面面。据统计，美国滑雪业年收入曾高达60亿美元（现折合约430亿元人民币）。根据美国冬季运动产业协会发布的冬季项目参与调查报告，2016年美国参加冬季项目的人数已经达到1930万人。其中，参加高山滑雪运动的人数最多，达到820万人；其次是单板滑雪参与者，740万人；还有自由式滑雪参与者540万人，雪地行走参与者400万人，越野滑雪参与者330万人，特里马滑雪参与者280万人。在1930万参与者当中，62%为男性，38%为女性。高山滑雪的参与人数最多，占了滑雪总参与人数的42%，其次是单板滑雪占比为38%，这两个项目的参与人数占了滑雪总人数的80%。冰球是仅次于滑雪和雪上滑板的另一个美国流行的冬季运动项目。

2010年1月初，美国有14个州政府、5个非政府组织和度假村开发协会参与开展“学习冰雪运动月”活动。在活动期间，这些州的高山滑雪场、单板滑雪场以及北欧两项运动中心向美国公众提供免费的或者低折扣的冰雪运动学习课程和免费装备。同时，这14个州的州长向公众发出呼吁，号召大家带着孩子们到户外去参加冰雪运动。国际滑雪巨星伦·普雷克担任此次活动的代言人，在美国全国广播公司的电视节目中向公众宣传冰雪运动，带动了美国大众对冰雪运动的热情。2011年11月，美国冰球大联盟和美国冰球协会联手在全美发起了“来打冰球月”活动，为美国各个地区、各个种族、各个阶层的青少年提供了打冰球的机会。美国的青年冰球社团、冰球俱乐部、职业冰球运动员和冰球爱好者们都积极参与了“来打冰球月”活动，47个州的430多个溜冰场为大约1万名青少年提供了免费的指导和服务。美国冰球大联盟、美国冰球协会和全美大学体育协会等社会组织也都不遗余力地推广冰球运动，为此发起和组织了多种多样的冰球推广活动，使冰球运动在美国越来越受欢迎，参与人数逐年增多。2014年2月，美国滑雪和雪上滑板协会首次推出了“全国冰雪俱乐部日”活动，主要目的是通过俱乐部来推动全美各地冰雪运动的发展，让更多的人参与到冰雪运动中。作为活动的一部分，美国滑雪和雪上滑板协会还通过社交媒体开展了“我爱俱乐部”比赛，参与活动的成员可以把与冰雪运动相关的照片、文字或视频链接到“我爱俱乐部”网站上，通过社交媒体多重传播，以吸引更多的青少年加入冰雪运动行列。此外，美国还建立了全国冬季运动教育基金会，以协助各组织让青少年进入冬季活动当中，培养健康的、长期热爱冬季运动的新一代。其使命是通过冬季运动来改善美国青少年的生活和身体素质，其目标是每年帮助 10 万名青少年参与到冬季运动中，增强他们的冬季活动能力。

（2）冰雪文化产业化，衍化新经济

冰雪运动的产业化、大众化发展，使冰雪产业成为美国经济发展的重要部分。世界公认十大滑雪胜地中有 3 个位于美国境内：美国科罗拉多州的阿斯彭滑雪场、科罗拉多州的维尔滑雪场、佛蒙特州的斯托滑雪场；北美三大狂欢节有两个是在美国境内举行，以冰雪的形式演化出不同的娱乐方式。美国还打造冰雪影视剧，让观众时刻感受冰雪皑皑世界里的乐趣。冰雪资源的再利用和产业化，使美国形成了冰雪旅游、冰雪狂欢节、冰雪电影等各式各样的冰雪文化，打造了不同的冰雪经济资源。

科罗拉多州位于美国西部、洛矶山脉东侧，西部地形以高山和丘陵为主，东部则是高原地形。全州平均海拔 2072 米，为美国 50 个州中地势最高的一个。作为冬季的滑雪胜地，科罗拉多旅游收入在各州中排名第 8 位。科罗拉多州拥有世界上公认的两大滑雪胜地，以及闻名世界的乌雷冰雪节。阿斯彭小城由采矿小镇发展而来，它与 4 座各具特色的滑雪山地相连，是一座典型的美式滑雪城，发展冰雪旅游较早，消费较高，受众定位是富人和专业滑雪运动员。这里有长达 500 多公里的滑雪道，且滑雪场内的滑雪道可供任何水平的滑雪人士选择。除此之外，阿斯彭小城也因举办多次世界级滑雪赛事而声名远扬。游客在此不仅可以享受冰雪运动的乐趣，还可以感受艺术的熏陶。同位于科罗拉多州的维尔滑雪场，被评为“全球五大全能滑雪胜地”之一。它是美国最大的独立滑雪区，拥有约 21 平方公里可供滑雪的场地。除了滑雪之外，维尔滑雪场还能提供丰富的休闲内容，如艺术陈列室、博物馆、乘坐热气球、乘坐狗拉雪橇、滑冰、曲棍球、机动雪橇驾驶和其他多种活动，丰富的体验项目使维尔滑雪场成为“全美最受人喜欢的旅游胜地”。科罗拉多州乌雷冰雪节将冰雪运动与极限挑战相结合，是北美洲最大的冰雪狂欢节，已经连续举办 20 年，吸引着全世界的攀冰爱好者。乌雷攀冰公园建造于自然峡谷中，有 14 个攀冰区域、多于 200 条路线和混合攀登地形，每年的活动持续 4 天，举办几十场互动活动，包括专业比赛（冰岩混攀比赛和 Hari Berger 速度攀冰赛）、为成年人和孩子准备的免费体验式攀冰活动和关于滑雪和登山主题的研讨会。

在美国东部的佛蒙特州还有一个具有新西兰特色的滑雪小镇——斯托滑雪小镇。斯托（Stowe）虽然只是佛蒙特州的一个小村，却有着“世界枫糖之都”的美誉。斯托滑雪度假村坐拥两座山峰，拥有上百条雪道和高台滑雪场。滑雪场内有 3000 多名滑雪教练，课程设置灵活。无论是初学者的基本功，还是高级滑手的专业技术都可以进行学习。在两座山的山头架有缆车，游客可以乘坐缆车达到最高峰，一路欣赏景色。同样，在斯托小镇，溜冰、越野滑雪这些运动需求也可以得到满足。除此之外，在这里泡温泉、做 SPA（水疗）、观看艺术表演都极其方便。

同被《国家地理》称赞的还有美国阿拉斯加冰雪节，被誉为“世界上最棒的冬季嘉年华”。它不像乌雷冰雪节设置极限运动挑战，而是以西班牙斗牛节为灵感，推出了别开生面的奔驯鹿活动，每年都吸引了许多选手参加。选手在满是白雪的大道上奔跑追逐驯鹿，享受街边观众的热烈掌声。阿拉斯加冰雪节还会举办曲棍球、雪垒球等趣味赛，让民众亲近冰雪，享受冰雪运动带来的乐趣。

(3) 利用冬奥会场址遗产，推进冰雪产业发展

美国是目前为止承办冬奥会次数最多的国家。1960 年第八届冬奥会在美国的斯阔谷举行，1932 年第三届冬奥会、1980 年第十三届冬奥会在美国普莱西德湖举行，2002 年第十九届冬奥会在美国盐湖城举行。

位于美国加州的斯阔谷是世界著名的冬季运动中心之一，它借冬奥会让更多人了解了自己。斯阔谷滑雪场拥有超大的缆车网络系统，每小时可运载 58 000 名滑雪者；177 条雪道，初、中、高级分布合理，满足不同滑雪人士需求。游客在斯阔谷滑雪场还可以享受全世界唯一的顶部—底部雪高尔夫球场带

来的乐趣，不仅可以体验雪上高尔夫的刺激，还能将太浩湖和周边内华达山脉的全景风光尽收眼底。多种多样激动人心的雪后休闲活动、各式各样的购物商场也让游客流连忘返。

普莱西德湖在一个只有 2700 多个居民的山城小镇，1932 年举办奥运会后，这座小镇一举发展成美国冬季运动的训练中心，并在 1980 年再次承办第十三届冬奥会。2002 年盐湖城冬奥会后，犹他州奥运遗产组织就如何拓宽犹他州奥运设施的利用范围做了重要的政策和项目调整。调整后的奥运设施吸引了更多的人群，尤其是 4～21 岁的青少年。犹他州在优化体育项目课程、培训教练员、设施布局、整合体育项目、娱乐和卫生服务等方面做了很大努力，在州政府的倡议和努力下，通过均衡、完整的冬季运动设施，给参与者提供了高质量的运动体验服务。2007 年至 2011 年，犹他州参与冬季体育运动的人数较之前增加了 1 倍，社区居民参与率明显提高，民众对奥运设施也增强了使用意识。

（4）美国——滑雪单板大国

在滑雪单板系列，美国品牌领先世界，产品深受市场的喜爱。滑雪单板全球十大品牌中，美国品牌占据七成。美国滑雪单板主要品牌如表 2 所示。

表 2　美国滑雪单板主要品牌

品牌名	创建时间	特点
BURTON	1977 年	全球单板滑雪品牌的开创者之一
GNU	20 世纪 80 年代	风格独特，采用波浪边刃技术和香蕉技术
Ride	1992 年	品牌下的 cleave edge、slime wall 等技术在单板品牌中遥遥领先
Nitro	1990 年	滑雪板是核心产品
DC	1993 年	产品技术性强，舒适感极佳，风格迥异
Rome SDS	2001 年	结合美国西岸文化，体现个性化的滑雪生活方式
Lib Tech	1989 年	着力研究滑雪板的硬件技术
Never Summer	1983 年	拥有“翘头拱弧”专利技术

BURTON，1977年创立于美国，是世界上第一家单板品牌及单板生产工厂，是全球领先的单板滑雪品牌，品牌产品从单板延伸到固定器、滑雪服、滑雪鞋等领域，市场占有额达到70%。1982年，BURTON在美国举办了世界上第一个国际级的单板赛事“US OPEN”，取得了空前的成功。也正是因为“BURTON”的不懈努力，单板滑雪U型槽和单板滑雪障碍技巧这两个项目成为冬奥会的固定项目。Burton同时赞助了澳大利亚、俄罗斯、芬兰、挪威、瑞典、瑞士、美国、加拿大、中国、日本等国家的国家队以及单独赞助了很多世界知名单板滑雪运动员。

GNU，20世纪80年代初创立，是Mike Olson在一个寒冷的冬天里幻想出来的。DANNY KASS系列是GNU的主打产品，风格独特，属于圈内公认的知名雪板品牌。该品牌还专为脚的尺码较大的滑雪人士设计了一些宽板子。

Ride，1992年由Roger Madison、James Salter、Tim Pogue联手创建，生产基地设在美国华盛顿州普雷斯顿。Ride是美国最大的滑雪板公司之一，集制造和销售于一体，设计的滑雪板、服装和相关配件处于行业领先水平。

Nitro，滑雪板是其核心产品。Nitro滑雪单板欧洲销量居第一位。品牌的设计中心和研发团队，从公司成立的第一天起，就全心地投入企业的新产品开发之中，志于创新。

DC，由Damon Way与Ken Block共同创办，并不断赞助和支持滑板、滑雪、冲浪等极限运动项目。DC的滑雪板技术性强、舒适性佳，并搭配有风格各异的图案，在雪地上极具吸引力，成为引领潮流的雪具。

Rome SDS，2001年创建，总部在美国的佛蒙特州，是全球成长最迅速的单板公司。它在单板滑雪领域的发展堪称传奇，带给滑雪市场的是世界上最前沿的设计理念，它极大范围地吸收滑雪产品各专业设计师、滑手、雪具店的建议，确保总是站在世界滑雪产品科技的最前端，把滑雪产品的设计和性能的进步推向新的里程碑。Rome用优秀的设计、开放的政策，结合美国西岸文化，向世界提供最彰显个性的雪板。

Lib Tech，以创新的设计理念而闻名，该品牌属于母公司Mervin Manufacturing旗下。Lib Tech的单板和滑板都是由纯手工打造。品牌着力研究滑雪板的硬件技术，为的是能给单板滑雪爱好者提供更容易控制且更安全的雪板。FLOW是以快穿固定器闻名于世的单板品牌，快穿固定器技术是该品牌最知名的一项专利技术，同时给用户带来了很大的便利。此外，FLOW产品具有最高强度-重量比的木芯结构，同时使用威士忌技术（玻璃纤维剪裁），消除了固定器脚跟和脚尖区域的抖动，同时让板头、板尾不受约束，大大提升了滑行体验感。

Never Summer（简称NS），创立于1983年，创立之初以质量和耐用性闻名于世，最令人称道的是其独特的“翘头拱弧”设计。Never Summer对其绝大多数产品提供为期3年的质保，大大超过其他同行品牌的1年质保期设定。为了不降低雪板质量，该品牌一直坚持在美国科罗拉多州丹佛市进行手工生产，因此赢得了消费者的口碑以及同行的尊敬。

2. 加拿大——冰球运动的王国

（1）冰球的王国，累积于日常的冰球文化

加拿大是冰球运动的发源地，冰球早已成为加拿大的国球。对于加拿大人民而言，冰球不仅仅是一项体育运动，还凝聚着加拿大人民的民族自豪感。在加拿大，从奥林匹克运动中心户外池塘湖泊，再到个人家后院，冰场无处不在。加拿大有完整的组织体系管理方式和提高运动水平的科学手段，通过加拿大冰球协会、冰球联盟、校际学校等不断孕育出冰球运动顶尖人才。加拿大冰球协会（Hockey Canada）是掌管加拿大冰球运作的最高机构，它与13个省/行政区的分支机构、加拿大冰球联盟以及加拿大校际体育组织一起合作，在各个层面上开展冰球运动，管理青少年冰球发展、全民冰球普及、国家队征召等冰球事务，还帮助球员转会，并且提供教育升学以及职业发展的机会。所办的联赛大部分由下属的分支机构按区域组织及管理。加拿大冰球联盟（Canadian Hockey League，简称CHL）管理青年职业联赛。CHL本身只是一个全国性的管理机构，它不直接运营联赛和管理球队。CHL下辖三大青年职业联赛，包含西部冰球联盟（WHL）、安大略冰球联盟（OHL）以及魁北克职业青年冰球联盟（QMJHL），WHL、OHL和QMJHL每年为NHL（国家冰球联盟）输送大量人才，是NHL新秀的来源地。

加拿大每个地区的冰球俱乐部每年都会举办地区联赛，5 岁幼儿即可参加比赛，两个年龄段作为一个分组，比赛不计分。完整的冰球运动管理体系和俱乐部联赛的方式不仅培养了孩子从小对冰球的热爱之情，也推进了加拿大独特的冰球产业文化发展。

（2）得天独厚的自然条件

冰球的诞生与兴起与加拿大的自然环境密切相关。加拿大地处北美洲的最北端，西临太平洋，东濒大西洋，因受西风影响，大部分地区属大陆性温带针叶林气候。东部气温稍低，南部气温适中，西部气候温和湿润，北部为寒带苔原气候。北极群岛终年严寒，北部最低气温低至－60 ℃，很多地区有 100 天以上冰雪覆盖期，这为冰雪运动提供了天然的气候条件。

加拿大拥有世界上最长的滑冰场——里多运河。它建成于 1832 年，全长 202 公里，位于加拿大安大略省东南部，连接渥太华和金斯顿，在当时起着非常重要的运输作用。现在已是世界遗产，同时被吉尼斯世界纪录认定为世界上最大的天然滑冰场。在每年的 2 月，渥太华人民都会在冰冻后的里多运河举办冬季狂欢节，其中有冰雕展览、冰上曲棍球赛、雪鞋竞走、冰上驾马比赛等各式各样的精彩活动，狂欢节也逐渐演变成渥太华的冬庆节。

（3）丰富多彩的冰雪活动

冬季是加拿大人最喜欢的季节，对于冬季的喜爱体现在加拿大人开创的丰富多彩的冬日活动中。在加拿大的魁北克有世界上规模最大的冬季狂欢节，在尼亚加拉有闻名世界的冰酒节和冬季灯光秀，在渥太华的冬庆节上有中加结合的冰河龙舟节，在班芙冰雪节可以围着篝火喝酒、聊天、看酷炫的冰雕展，在黄刀镇冰雪城堡节可以感受艺术文化。

在冰雪条件的基础之上，加拿大人开创了丰富多彩的娱乐项目和比赛形式，形成庞大的冰雪文化产业。魁北克狂欢节是世界上规模最大的冬季狂欢节，也是深受加拿大人喜爱的民俗节日之一。它起源于 1894 年，当地居民为了在严寒的冬季找一个放松的方式，就精心设计组织一些冰雪类比赛，但在当时并没有形成特定的组织和活动形态。直到 1955 年，当地的商人发现，冬季举办比赛能够增加很多收入，是拉动冬季经济增长的好路径。此后，魁北克冬季狂欢节一年比一年盛大，不仅带来了很多商机，也逐渐成为魁北克市第三产业的一部分。现在魁北克狂欢节每年 2 月定期举办，活动时间为 10 天。当地人民会在节日来临前推选出一位“狂欢节之王”打扮成雪人，扮演“临时统治者”，向所有参与狂欢节的人们表示欢迎。其间，世界各国的冰雪雕刻大师汇集于此，以熟练的技术雕刻着一件件艺术品。冰雕和雪雕展览是狂欢节的一项重要内容，狂欢节还有划船比赛、越野滑雪比赛、轮胎滑雪比赛、大型滑车赛、狗拉雪橇赛、冰上赛马等各种体育活动，其中最吸引人的是圣罗伦斯河独木舟大赛和攀冰比赛。独木舟比赛在极低的气温下展开，参赛者除了要克服严寒，还要排除水面上的冰块障碍，这是一项极具体能及耐力挑战的竞赛。攀冰比赛也是一项极具专业性的竞赛活动，参赛者通过攀登层层冰柱挑战大自然。

尼亚加拉小镇，1796 年是加拿大的第一个首都，后移交给美国，但遭到美军的肆意破坏，归属加拿大后得到重建。2004 年，尼亚加拉小镇被联邦政府宣布为国家历史保护区。尼亚加拉半岛处于安大略湖和伊利湖两湖中间，尼亚加拉断崖横贯半岛，从安大略湖吹来的风携带湖面的水汽，遇到 300 多米高的断崖又返回湖里，形成一个温暖的小气流圈，将严寒的北风阻挡在外。尼亚加拉半岛地处高纬度，冬季严寒，非常符合冰葡萄酒的生产条件，是世界上极少数每年可以生产冰葡萄酒的地方。尼亚加拉一年一度的冰酒节将葡萄酒与冰雪巧妙结合，游客可以在巧妙雕刻的冰酒吧里品尝美酒、欣赏音乐，这种独特的体验吸引着世界各地的游客。

（三）亚洲——冰雪产业后来者居上

亚洲虽是地球上面积最大的陆地、人口最多的大洲，但因受所在地理位置和气候条件的限制，冰雪强国屈指可数。在亚洲冬季运动会上，一直呈现中、日、韩三足鼎立的局面，曾举办过 7 届的亚冬会，也都由中、日、韩举办。同样，中、日、韩在国际冬季运动领域实力也不容小觑。日本和韩国在中国之前已经承办过冬奥会，每届冬奥会上的成绩都在亚洲遥遥领先。作为中国的近邻，日本和韩国的冰雪产业发展经验值得我们学习与借鉴。

1. 日本——浪漫雪国

日本是亚洲第一个承办冬奥会的国家，在冬季运动项目中，日本也名列前茅。日本由于其特殊的地理位置，发展冰雪运动拥有天然的自然气候条件。冰雪文化也早已成为日本文化中的一部分，与欧洲国家不同，日本的雪似乎带着一些浪漫的气息，契合日本的文化。

（1）粉雪天堂

对于普通人来说，我们见到的滑雪场里很多都是机压雪道或者人造雪。在滑雪发烧友心中，拥有天然降雪中的粉雪的才是真正极品雪场。鹅毛大雪虽然看起来很美，但确实“大而不实”，因为其雪质松软、不够密实，所以缺乏弹性，很难给高速运动的滑雪者足够的支撑。粉雪则是降落过程中凝结核还没有充分冰冻变大就落到了地面的雪颗粒，雪的核心是冰晶，冰晶外面吸附着细小而密实的雪绒花，雪呈颗粒状。根据颗粒的大小，可以分为细粉雪、粗粉雪。细粉雪捧在手里像捧着面粉，雪可以从手指缝滑落。颗粒状的粉雪结实、饱满，颗粒和颗粒互相支撑，不仅不容易被碾碎，而且被挤压后还能像海绵一样恢复原状，给滑雪者反弹力。滑粉雪的时候，你会感觉脚下的雪像丝绸一样柔软顺滑，整个人会随着雪地的起伏而上下漂浮，如同飞翔一样。

日本是一个岛屿国家，四周被海洋包围，冬季海洋带来的水汽较多。也正是独特的地理位置和气候条件，让日本成为世界滑雪爱好者心中的粉雪天堂。日本北海道，处于北纬 40°以北，受海洋环流影响，每年有着惊人的降雪量，又因为受污染少，成为世界上著名的粉雪圣地。地域狭小的北海道拥有近百年的滑雪场，已经发展形成完善的冰雪旅游产业。

北海道除了优质的雪源，滑雪场还拥有完善的配套设施和服务。加之北海道的温泉以“深山密汤”而远近驰名，在雪山的怀抱中泡温泉，“冰火两重天”的特殊体验使游客流连忘返。北海道不同滑雪场按照不同规格、标准开设了各具特色的吸引游客的项目。坐落于北海道西南部的二世古滑雪场是北海道最有名的滑雪场，由四大滑雪场组成，分别是安努普力（Niseko Annupuri）、二世谷村（Niseko Village）、大比罗夫（Grand Hirafu）和花园（Hanazono），二世古滑雪场是发展最完善的滑雪度假村。滑雪场提供完善的交通和食宿服务，山脚下的摆渡车可以往返各雪场和酒店，在雪场内游客可以选择不同标准的酒店设施和餐饮服务，在雪场家庭娱乐区中可以购物、徒步活动，游客在此一周才可以体验完所有娱乐项目。北海道星野滑雪场被称作最浪漫的滑雪度假村，仿佛是宫崎骏笔下的梦幻美景。在这里可以看到冰教堂、俯瞰雪景的云端咖啡厅、晶莹剔透的爱丝冰城，以及日本最大的市内海滩——微笑海滩。

（2）现代雪祭发源地

日本是一个十分重视祭奠的国家，日本的“祭”指向神灵祈祷和祭拜祖先的仪式，现在已经演变成类似我国庙会的庆祝活动。日本是现代雪祭的发源地，在日本各地有很多民众自发的雪祭活动。雪祭活动中，民众不仅可以自发制作形状各异的雪雕，还可以品尝各类美食，因此雪祭是深受日本民众喜爱的活动之一。雪祭活动规模最大的是世界四大冰雪节之一的札幌冰雪节，其始于1950年，已经举办了70届。冰雪节期间，在札幌市的大通公园、真驹内公园、薄野三处都会展出大大小小的雪雕和冰雕。节日期间还会举行国际雪像比赛、文化展览，邀请日本著名的歌手、演员等在雪制舞台上进行表演，并由电视、广播媒体在全国进行实况转播。冰雪节期间，供娱乐的有雪滑梯、冰滑梯、雪橇、雪上高尔夫、雪迷宫等，供观赏的有千姿百态的珍禽异兽、蒸汽车和雪橇马车等。札幌冰雪节是一项世界性的活动，承担着国际友好交流的任务。2019年，为纪念日本和芬兰建立外交关系100年，大通公园用雪建起了壮观的赫尔辛基大教堂。新潟县的“十日町雪祭”，被认为是现代雪祭的发源。雪祭以“待雪为友，以雪为乐”为理念举办祭典，其间当地居民可以自己制作各种雪像，享受美食，开展雪上茶会，体验巨型冰雪滑梯。在秋田县横手市举办的雪屋节已有450年的历史，每年节日期间这里都会搭建起100多个“雪屋”和无数的“微型雪屋”。在堆砌起来的雪山里挖出的房屋叫作“雪屋”，“雪屋”内设有祭坛，孩子们供奉美酒与年糕来祭祀水神，以求水神赐予好水。雪屋中，孩子们还会操着秋田方言说着“请进雪屋来吧”“请品尝甜酒吧”招呼过往的行人。进到雪屋中，大家边品尝年糕和点心，边愉快地聊天。在冬日的夜晚，一盏盏在雪屋里点起的小夜灯别具风情。在山行县独特的气象条件下自然形成的树冰，形似怪物，被称为“雪怪”“冰怪”，俨然成了山行冬季的代名词。到了晚上灯光秀时间，原本白皑皑的树冰摇身变成光怪陆离的灯光秀世界。2017年举行的“国际树冰峰会”，向全世界展示了树冰的魅力。除此之外，青森县的“十和田湖冬物语”活动中，有“冬日烟花”、形式丰富的舞台表演和乡土料理品尝活动，有青蓝色的 LED（发光二极管）灯投射而成的隧道、光雪交融的大门、雪灯笼、少女像灯等展示，游人在此不仅可以欣赏美景，还能切实感受当地节日气氛。在岩手县的“盛冈雪灯祭”，由盛冈市民制作的冰雕、雪雕及小型雪屋随处可见。

(3) 发展花滑国民经济

提起日本的冰雪运动，最先让人想到的是日本的花滑运动。日本花滑男将羽生结弦近年来的大满贯，让更多人关注到日本的花滑运动。羽生结弦是亚洲第一位花滑男单奥运冠军，打破了欧美长达百年的男单花滑垄断历史。他是自 1952 年以来时隔 66 年第一位蝉联男单奥运金牌的选手，是史上继亚古丁之后第二位单赛季大满贯得主。日本的花滑一直位列世界前茅，早在 1992 年，日本女将伊藤绿成为亚洲第一个奥运花滑奖牌的获得者。

日本为了提高国内花滑成绩，在 1992 年成立了日本花滑的青少年训练营——“野边山训练营”。训练营每年都会聘请世界一流选手做教练，为 9～12 岁青少年进行为期 4 天的集中训练。这一训练营激发了日本青少年对花滑的热爱，也从中选拔出优秀的花滑选手，如荒川静香、浅田真央、纪平梨香、高桥大辅、羽生结弦、宇野昌磨等，为日本花滑造就了集团优势。

在日本，花样滑冰已经成为一项国民运动。花滑运动是一种柔性的体育运动，除了选手的精彩表现，配乐也至关重要。德国著名诗人歌德称花样滑冰为“运动的诗”，集曼妙舞姿和体育技巧于一身。能够使人达到视、听双重享受的运动与音乐的相互成全，造就了这一竞技运动无可比拟的美。

日本株式会社 CIC 董事长真壁喜久夫在 2002 年将花滑运动与古典乐相结合，创建了 Fantasy on Ice 品牌，以“立足日本、闪耀全球”为定位，以“世界顶级花滑阵容＋知名音乐人”为呈现方式，探索出了一套较为完善的演出形式和商业模式，提升了花滑运动在日本的普及程度，更是打造了花滑选手成长的摇篮。2019 年，Fantasy on Ice 开启了全球巡演活动，第一站便到访中国上海。

2. 韩国——温暖的现代雪都

（1）适宜温度的雪场

韩国与我国山东省相邻，纬度大致与我国山东半岛到江苏省位置相当，西边是我国的东海，东边是太平洋，属温带海洋性气候，气温变化幅度不大，即使在冬季受到强冷气流的冲击，也达不到酷寒的天气。独特的地理位置使韩国拥有雪的同时又少了丝寒冷，因此成为很多既怕寒冷又想观赏雪景的国际游客首选之地。

同欧美国家一样，韩国的滑雪场已经以度假村的形式发展，冰雪旅游受到国际游客的欢迎。滑雪场内拥有各种滑雪道和现代化便利设施，能够满足各个级别滑雪者的需求。同时，度假村内有完善的后勤保障措施，特色韩餐、温泉住宿以及人性化的管理受到游客好评。韩国大型度假村滑雪场主要集中在江原道地区。平昌凤凰滑雪场和龙坪度假村滑雪场承办了 2018 年平昌冬季奥运会中的诸多项目。龙坪度假村滑雪场是韩国境内的第一家滑雪场，由于度假村与滑雪道距离较近，因此成为众多滑雪爱好者的首选之一。洪川百玩第公园的游客以年轻人为主，它是韩国最早能够夜间滑雪的滑雪场，滑雪道的名字也为了迎合年轻人的喜好，分别取名“HipHop”“Techno”“朋克”等。这里的滑雪道较为曲折，滑行难度大，能够带给滑雪爱好者更加惊险刺激的兴奋感。“High1”滑雪场位于江原道，拥有 18 道分别从 3 个山头滑下的梦幻般的滑雪道，这里专为初次滑雪的游客开设的初级滑雪道也得到了广大游客的认可。乘坐缆车上到山顶，那里是一条长达 4.2 公里滑雪线路的起点。“High1”拥有 2 条世界杯滑雪大赛使用过的正式赛道，最特别的是还可以为残疾人提供服务。首尔作为韩国经济首都，其周边分布着小型滑雪场，这些滑雪场因为交通便利、路程短成为首尔及周边居民周末家庭滑雪的聚集地。其中有名的有抱川熊城度假村滑雪场、芝山森林度假村、阳智松林度假村滑雪场等。作为近郊滑雪场，它们虽小却五脏俱全，有的为不同水平的滑雪者提供不同的滑雪道，有的开设专门滑雪训练班，成为很多家庭假日学习滑雪的训练基地。位于京畿道广州市的昆池岩度假村滑雪场是首尔近郊规模最大的滑雪场，共有 9 条不同等级的滑雪道和 5 条超高速索道。这里最大的优点是采用人员限制制度（每天限制人员数是 7000 人），避免大流量人群，排队等待的时间不超过 15 分钟，在此可以享受一段悠闲的滑雪旅程。这里 70%以上的滑雪道是以初、中级滑雪者为对象建造的，并且度假村内的树林、生态河流、温泉等休养设施一应俱全，很受家庭团体游客的欢迎。

在中南部地区较为有名的滑雪场则是茂朱度假村滑雪场和伊甸园山谷度假村滑雪场。位于全罗北道茂朱郡德裕山国立公园里面的茂朱度假村滑雪场深受韩国本土及国外滑雪爱好者的喜爱。整个度假村依托德裕山的地形而建，与秀丽的自然景色相互衬托。尤其是起始于海拔 1520 米山顶的“丝绸之路”线路，长 6.1 公里的滑雪道难易适中，可以同时满足初、中级滑雪者的需求。庆尚南道神佛山海拔 1200 米处的伊甸园山谷度假村滑雪场是庆尚道地区唯一的滑雪场，从 454 米到 1495 米，有 7 面长度不同的雪坡，由初级 2 面、中级 3 面、高级 2 面构成。分支型设计使滑雪者无论从山顶哪个地方出发都可以在山脚下会合。所有的雪坡坡度都很合理，可以安全滑雪，3 架最新型超高速的缆车大大提高带客速度。

（2）以影视资源带动冰雪资源发展

韩国多处的冰雪资源受到游客关注，是因为明星及电视剧的影响，电视剧情节中唯美的画面吸引了大量的游客。人气韩剧《太阳的后裔》带火了太白山旅游资源，因剧中军队的军营基地就在太白矿场，电视剧火了之后，太白拍摄场地也一炮而红，各项旅游项目也纷纷启动，也让太白逐渐成为外国游客到访的景点。太白山雪庆典也受到更多游客关注。冰雪节期间，城市内主要街道和公园不仅有超大型雪雕作品的展览，同时雪花攀岩比赛、冰雪咖啡屋、星光节等以雪为素材的体验活动也为游客留下难忘的回忆。《蓝色生死恋》带火了平昌凤凰滑雪场。悲情剧《雪之女王》虽然不在韩国境内拍摄，但它让观众对雪的具象加深，对于雪景更加迷恋。《国家代表》则围绕 5 位原本对跳台滑雪一无所知的少年，讲述了一段为争取申奥举办地而刻苦训练见证彼此成长的青春励志故事。随着相关电视剧不断火爆，观众对于雪景更加期待与喜爱。

（3）独具特色的冰钓节

在韩国，冬日庆典中的冰文化同样受到民众欢迎，其中最著名的是世界四大冬季庆典之一的华川山鳟鱼节，山鳟鱼节被CNN（美国有线电视新闻网）选为“冬季七大不可思议之一”。华川因为具有冰冷的山谷风和干净的水质，每年冬季在韩国境内最先开始结冰。每年1月，华川以“未冻的人情、不化的回忆”为主题，举办冰之国度华川山川鱼庆典，它是韩国最盛大的冬日庆典活动。在这里，游客可以敲开厚达40厘米的冰，钓起在清澈透底的水中游动的山川鱼，以及体验“徒手捕捉山川鱼”等。除此之外，这里还举办拥有北汉江最上游Ⅰ级水的清净自然环境的代表华川形象的山川鱼体验节目，同时会有“冰车”“雪橇”“冰上足球”等体验节目和充满各种观光内容的冬季特色主题体验庆典。在这里还可以享受山川鱼的美味。除了华川山鳟鱼节，在江原道麟蹄郡内雪岳支流和内麟川的门户昭阳湖，以银色冰鱼为主题举办的“麟蹄冰鱼节”，以冰清玉洁的冰鱼、白雪皑皑的内雪岳景观以及1000多万平方米的冰面为素材，展现独特的山村文化。“冰鱼节”的主要活动有以冰鱼为主题的钓冰鱼体验及比赛。垂钓时，每人可搭个小帐篷，避免寒风。此外还有冰上保龄球、冰上足球、冰上高尔夫、雪地自行车等体育运动和雪橇、冰橇、雪雕展活动，以及当地丰富多彩的民俗活动、传统饼糕制作等各种体验活动。2010年，在首尔地区的清平开始举办“清平冰花松鱼节”，与南怡岛（以韩剧拍摄地而闻名海内外）和甲鱼岛（因举办爵士音乐节而出名）等旅游景点相伴，吸引了中国、日本及东南亚地区游客的到来，游客在此也可以体验到冰上钓鱼的乐趣与各类冰雪活动项目。

3. 中国的冰雪文化现状

我国近代冰雪运动从1949年后开始，在“发展体育运动，增强人民体质”的方针指导下，冰雪运动最早在东北、华北和西北等有条件的地区开展，当地纷纷举办冰雪运动赛事和群众活动。经过半个多世纪的发展，我国冰雪运动经过起步、成长、发展三个阶段，目前进入跨越式快速发展阶段。2015年7月31日，国际奥林匹克委员会主席巴赫庄严宣布：北京获得2022年第二十四届冬季奥林匹克运动会举办权。在冬奥会背景下，全民参与冰雪运动的热情空前高涨，同时政府出台了一系列政策和措施促进了我国冰雪文化产业的发展。冰雪产业作为新兴产业，依托我国独特的地缘优势和自然环境，在原有开发基础上逐步形成冰雪产业链。产业链上游环节主要为冰雪基础产业建设及装备制造，如滑雪场、旅游景区的建设，户外装备的制造；中游环节为冰雪产业的主要组成部分，包括冰雪旅游产业、冰雪体育产业等；下游环节为冰雪产业的营销及消费环节，主要涉及运营平台和消费者人群等。

2016年11月，国家体育总局发布《冰雪运动发展规划（2016—2025年）》，明确了大力普及冰雪运动、培养青少年冰雪运动技能、推广冰雪健身项目、指导大众冰雪运动的发展宗旨。借助2022年北京冬奥会东风，我国加快推动冰雪健身休闲业，积极培育冰雪竞赛表演业，创新发展冰雪装备制造业，冰雪产业迎来了新的发展机遇。2019年6月，工信部、国家体育总局等9部门联合发布《冰雪装备器材产业发展行动计划（2019—2022年）》，指出预计到2022年，我国冰雪装备器材产业年销售收入超过200亿元，年均增速在20%以上。2019年，国务院办公厅印发《体育强国建设纲要》，提出推进冰雪运动“南展西扩东进”战略，以及“带动三亿人参与冰雪运动”的目标。国家政策支持促进冰雪产业规模增长，使我国冰雪产业进入快车道。据《中国滑雪产业白皮书》统计，截至2019年底，全国770家雪场中，有架空索道的雪场达到155家，相比2018年的149家增长4.03%。国内滑雪场的滑雪人次由2018年全年的1970万，上升到2019年的2090万，同比增幅为6.09%。770家滑雪场分布于全国28个省、自治区、直辖市。其中，滑雪场数量排名前五的省及自治区为黑龙江、山东、新疆、河北以及山西。国内雪场全部压雪车数量约为629台。2019年，新增压雪车数量为88台，其中包括北京延庆冬奥会国家高山滑雪中心19台。进口新车合计61台，新增国产压雪车27台。

冰雪文化发展专项基金、冰雪文化公益专项基金、中国文学艺术基金会冰雪文化专项基金相继成立，为冰雪运动深入群众、开展全国性冰雪运动奠定资金支持。在下一节中，将会详细介绍我国各地区的冰雪文化产业现状。

第二节　我国冰雪文化产业发展状况

一、我国冰雪文化源远流长

在上一节提到，目前世界上发现最早的冰雪运动是在我国的新疆阿勒泰地区，距今已有1万多年。在唐宋时期，冰雪运动一度受到人们的喜爱。人们以壁画、成语、古诗词等文学形式记录冰雪活动的情景，这也逐渐成为我国冰雪文化最原始、最珍贵的一部分。

（一）千古流传的冰雪文化与冰雪习俗

古往今来，人们对雪的喜爱之情总是溢于言表，人们赏雪、戏雪、吟雪。提到雪，我们会想到“瑞雪兆丰年”。雪总是带着美好的寓意，古人用“白雪飘扬”“漫天风雪”“雪花飞舞”“轻舞飞扬”来描绘下雪的场景，用“玉琢银装”“白雪皑皑”“玉树琼枝”“冰天雪地”来记录雪景的壮观。

冰雪艺术始于民间，然后走入官府宫廷。据《辽史》记载，历代辽王朝皇帝，每年正月至解冰前，都到鸭子泺（前郭县查干湖）和渔儿泺（大安市月亮泡）举行“春捺钵”活动。辽主率文武百官、后妃、宫侍置御帐于冰上，拉毛网截鱼。辽主帐里，床前凿冰眼4个，中间一个透水，另3眼凿薄而不透水，以观鱼游弋。用冰制灯，也是始于民间然后走向宫廷。据《白茅堂集》载，清初湖北蕲州一位叫顾景新的诗人所写的《排冰箸雪中作灯》诗表明，在庭院中把冰雪堆积成型燃蜡烛于其中，在明末已经有过了。清代西清的《黑龙江外记》就记述了嘉庆年间齐齐哈尔地方人们制作冰灯的情况：“上月，城中张灯五夜……有镂五尺冰为寿星灯者，中燃双烛，望之如水晶人。”据《吉林外纪诗》记载，当时吉林地方人们用“矾水淋雪成冰”，“裁以作灯，夜燃烛放光”。清代诗人金德荣写有一首《巴里坤冰灯歌》，诗中写道：“朔风一夜结作冰，裁雪妙手抟为灯。以矾入冰冰不化，以烛照冰光四射。”可见以矾入冰可以提高冰晶的光洁度，冰灯还不易融化。冰灯的形状多姿多彩，式样翻新。当时各地就铸凿有寿星、八仙、观音、仕女、狮子冰灯，还有山原、楼阁、石壁、玉屏、几案等冰灯。

除了描绘雪景的文字，还有与雪相关的寓言故事，主人公在雪景中的故事被后世传为千古佳话。翻阅词典，我们可以在“囊萤映雪”中看到晋代孙康的勤奋好学，在“程门立雪”中见证北宋游酢、杨时对老师的尊敬。“卧冰求鲤”讲述了晋人王祥在冬天为继母卧冰捕鱼的事情，被后世奉为孝道经典。

在各地流传下来的冰雪习俗，多是将冰雪与人类生活相融的冰雪文化活动。雪祭是满族萨满教古老的祭祀大典之一，主要流传于满族先世黑水女真部中，分布地域广阔，黑龙江沿岸直至库页岛一带原始部落都行雪祭大典，主要形式是敬雪、拜雪和娱雪。其中娱雪包括走雪迷宫、闯雪阵、跳冰雪滑板、堆雪人、塑冰雕等。满族萨满教雪祭以物化的形式、隆重的礼仪展示了满族及其先世对冰雪的崇拜，具有浓郁的北方文化特色。其中的娱雪活动，蕴含和保留了满族古老的冰雪运动要素。

在清代满族妇女中流行一种习俗——“轱辘冰”，又叫“滚冰”“走白冰”。每年正月十六晚上，妇女们三五成群，手执灯笼，嬉笑着来到旷野。她们在冰雪上左右翻滚，口里诵唱着：“轱辘冰轱辘冰，腰不痛腿不疼。”“轱辘冰轱辘冰，身上轻一轻。”接着，在冰雪上嬉戏取乐。该活动俗称“脱晦气”，又叫“走百病”（“走白冰”的谐音），人们认为“轱辘冰”能滚走疾病和晦气，带来健康和运气。

汉族传统民间文艺活动“背冰亮膘”源于山西南部的永济市，原本是一种祭祀活动。1853 年 5 月，太平天国将领林凤祥、李开芳率部两万余人从扬州出发北伐，一路上突破清军的堵截，经过安徽、河南等省来到山西的南部。一天，北伐的太平军遇到险情，前有清军的火龙阵阻挡，后有追兵逼近，在这种危急的情况下，永济首阳长旺村的村民相福禄自告奋勇，率领 200 名精兵，化装成绵羊，将冰块投入火阵，为北伐的太平军打开了通路。为了纪念此事，长旺村每年正月十五前后举办“背冰亮膘”活动。“背冰亮膘”活动参与者沿着黄河岸边行进，一边是汹涌澎湃的黄河，河床中滚动着冰凌，一边是岸边踏着鼓点、光着膀子的“背冰亮膘”队伍，真可谓是有趣之极。这种风俗代代相传，如今已成为当地的汉族传统文化活动。中华文明中独特的冰雪文化与冰雪习俗区别于西方，是我国冰雪文化产业中独特的一部分。

（二）我国冰雪运动的竞技精神

我国冰雪运动竞技起步较晚，一直以来都在追赶欧美国家在冬季项目上的成绩。我国国家冬季项目运动员的运动精神也是我国冰雪文化产业中重要的一部分。

1924 年第一届冬奥会在法国举办，而中国代表团的身影首次出现在冬奥会上，是在 1980 年美国举办的第十三届冬奥会上，这据首届冬奥会整整隔了近 60 年。1988 年卡尔加里（加拿大）冬奥会上，我国运动员李琰在表演项目的短道速滑女子 1000 米项目中夺得冠军。1992 年法国阿尔贝维尔的第十六届冬奥会上，我国短道速滑女将叶乔波分别在 500 米和 1000 米的短道速滑项目中取得银牌，中国代表团打破冬奥会“零”奖牌的突破。2002 年我国短道速滑运动员杨扬在第十九届冬奥会上获得中国冬奥会的首个金牌。2010 年第二十一届温哥华冬奥会上，我国短道速滑运动员王濛打破世界纪录，一举斩获女子短道速滑 500 米、1000 米和接力 3 枚金牌。中国队包揽了当届冬奥会短道速滑女子项目全部 4 枚金牌。

我国运动员参加冬奥会获奖情况如表 3 所示。

表 3　我国运动员参加冬奥会获奖情况

年份	奥运会名称	获奖项目及运动员	奖牌总数
1992 年	第十六届法国阿尔贝维尔冬奥会	叶乔波 / 女子 500 米、1000 米速度滑冰银牌 李琰 / 女子 500 米短道速滑银牌	3 银
1994 年	第十七届挪威利勒哈默尔冬奥会	张艳梅 /女子 500 米短道速滑银牌 叶乔波 / 女子 1000 米速度滑冰铜牌 陈露 / 花样滑冰女子单人滑铜牌	1 银 2 铜

续表 1

年份	奥运会名称	获奖项目及运动员	奖牌总数
1998 年	第十八届日本长野冬奥会	安玉龙 / 男子 500 米短道速滑银牌 李佳军 / 男子 1000 米短道速滑银牌 杨阳 / 女子 500 米短道速滑银牌 杨阳 / 女子 1000 米短道速滑银牌 女子短道速滑接力队 / 女子 3000 米短道速滑接力银牌 徐囡囡 / 自由式滑雪女子空中技巧银牌 男子短道速滑接力队 / 男子 5000 米短道速滑接力铜牌 陈露 / 花样滑冰女子单人滑铜牌	6 银 2 铜
2002 年	第十九届美国盐湖城冬奥会	杨扬 / 女子 500 米短道速滑金牌 杨扬 / 女子 1000 米短道速滑金牌 李佳军 / 男子 1500 米短道速滑银牌 女子短道速滑接力队 / 女子 3000 米短道速滑接力银牌 杨阳 / 女子 1000 米短道速滑铜牌 王春露 / 女子 500 米短道速滑铜牌 男子短道速滑接力队 / 男子 5000 米短道速滑接力铜牌 申雪、赵宏博 / 花样滑冰双人滑铜牌	2 金 2 银 4 铜
2006 年	第二十届意大利都灵冬奥会	韩晓鹏 / 自由式滑雪男子空中技巧金牌 王濛 / 女子 500 米短道速滑金牌 王濛 / 女子 1000 米短道速滑银牌 李妮娜 / 自由式滑雪女子空中技巧银牌 王曼丽 / 女子 500 米速度滑冰银牌 张丹、张昊 / 花样滑冰双人滑银牌 杨扬 / 女子 1000 米短道速滑铜牌 王濛 / 女子 1500 米短道速滑铜牌 申雪、赵宏博 / 花样滑冰双人滑铜牌 李佳军 / 男子 1500 米短道速滑铜牌 任慧 / 女子 500 米速度滑冰铜牌	2 金 4 银 5 铜
2010 年	第二十一届加拿大温哥华冬奥会	申雪、赵宏博 / 花样滑冰双人滑金牌 王濛 / 女子 500 米短道速滑金牌 王濛 / 女子 1000 米短道速滑金牌 周洋 / 女子 1500 米短道速滑金牌 女子短道速滑接力队 / 女子 3000 米短道速滑接力金牌 庞清、佟健 / 花样滑冰双人滑银牌 李妮娜 / 自由式滑雪女子空中技巧银牌 王北星 / 女子 500 米速度滑冰铜牌 郭心心 / 自由式滑雪女子空中技巧铜牌 刘忠庆 / 自由式滑雪男子空中技巧铜牌 女子冰壶队 / 女子冰壶铜牌	5 金 2 银 4 铜

续表 2

年份	奥运会名称	获奖项目及运动员	奖牌总数
2014 年	第二十二届俄罗斯索契冬奥会	李坚柔 / 女子 500 米短道速滑金牌 张虹 / 女子 1000 米速度滑冰金牌 周洋 / 女子 1500 米短道速滑金牌 韩天宇 / 男子 1500 米短道速滑银牌 徐梦桃 / 自由式滑雪女子空中技巧银牌 武大靖 / 男子 500 米短道速滑银牌 范可新 / 女子 1000 米短道速滑银牌 贾宗洋 / 自由式滑雪男子空中技巧铜牌 男子短道速滑接力队 / 男子 5000 米短道速滑接力铜牌	3 金 4 银 2 铜
2018 年	第二十三届韩国平昌冬奥会	武大靖 / 男子 500 米短道速滑金牌 刘佳宇 / 单板滑雪女子 U 型场地银牌 韩聪、隋文静 / 花样滑冰双人滑银牌 张鑫 / 自由式滑雪女子空中技巧银牌 李靳宇 / 女子 1500 米短道速滑银牌 贾宗洋 / 自由式滑雪男子空中技巧银牌 男子短道速滑接力队 / 男子 5000 米短道速滑接力银牌 孔凡钰 / 自由式滑雪女子空中技巧铜牌 高亭宇 / 男子 500 米速度滑冰铜牌	1 金 6 银 2 铜
2022 年	第二十四届中国北京冬奥会	混合团体接力 / 短道速滑金牌 任子威 / 男子 1000 米短道速滑金牌 谷爱凌 / 自由式滑雪女子大跳台金牌 高亭宇 / 男子 500 米速度滑冰金牌 徐梦桃 / 自由式滑雪女子空中技巧金牌 苏翊鸣 / 单板滑雪男子大跳台金牌 齐广璞 / 自由式滑雪男子空中技巧金牌 谷爱凌 / 自由式滑雪女子 U 型场地技巧金牌 隋文静、韩聪 / 花样滑冰双人滑金牌 苏翊鸣 / 单板滑雪男子坡面障碍技巧银牌 李文龙 / 男子 1000 米短道速滑银牌 徐梦桃、贾宗洋、齐广璞 / 自由式滑雪空中技巧混合团体银牌 谷爱凌 / 自由式滑雪女子坡面技巧银牌 闫文港 / 钢架雪车男子单人铜牌 女子短道速滑接力队 / 女子 3000 米短道速滑接力铜牌	9 金 4 银 2 铜

注：1980 至 1988 年，在第十三届至第十五届冬奥会上，中国代表团未取得冬奥会正式项目奖牌。1988 年，中国运动员李琰在表演项目的短道速滑女子 1000 米项目中夺得冠军。

1963 年 2 月 24 日，当时只有 21 岁的中国速滑运动员罗致焕在日本长野举行的世界速度滑冰锦标赛上勇夺男子 1500 米冠军，并与王金玉一起打破了男子全能世界纪录，罗致焕成为第一个获得冰雪项目世界冠军的中国选手，王金玉成为第一位打破冰雪项目世界纪录的中国选手。我国第一代速度滑冰女子运动员的杰出代表刘凤荣，连续 8 次参加世界锦标赛，两次获全能第四名，获得过 40 多次全国冠军。

从冬奥会参赛情况可以看出我国冰雪运动竞技的发展史。20 世纪 80 年代，整个中国冰雪国家运动队在低迷状态，1980 年首次参加冬奥会时，中国队仅派出了 28 名男女运动员参加了速滑、越野滑雪和冬季两项的 18 个单项比赛。直到 1992 年，中国参加 34 个小项的比赛，并实现奖牌“零”的突破。我国的冬奥路越走越顺，这背后依靠着我国老一辈冰雪运动员不放弃的拼搏精神。冰雪运动受到季节与地域的限制，作为小众类体育项目，大众认知度低，人才选拔难，运动员主要来自黑龙江、吉林两省。当时的训练条件也极其艰苦，运动员要冒着－35 ℃～－40 ℃的严寒，顶着五六级大风，在户外河道或湖泊上滑冰。

2018 年的韩国平昌奥运会上，我国派出 82 名运动员，一共参与了 5 个大项、12 个分项、55 个小项比赛。这届冬奥会上，我国首次在 1 个大项、2 个分项、10 个小项上获得参赛资格。同年，全国政协委员、北京 2022 年冬奥会和冬残奥会运动委员会主席杨扬在“委员通道”接受采访时说，我国将争取参加 2022 年北京冬奥会所有参赛项目。我国冬奥项目上一直呈现“冰强雪弱”的局面，面对现实困境与竞争压力，国家队跨界选拔人才，积极向高水平国家学习探索，引进一流先进技术，开展计划性训练。

我国的冬奥史中，“冰雪精神”薪火相传，老一辈运动员的“乔波”精神是激励冰雪运动员不断前进的动力，也是我国普及冰雪运动、传递冰雪精神的重要基础。

二、我国冰雪文化产业发展现状

成功申办冬奥会之前，我国的冰雪产业主要集中在东北地区。全国冬季运动会由黑龙江和吉林两个省轮流举办。亚洲冬季运动会两次在中国举办也分别在哈尔滨市和长春市。冬奥会申办成功给我国冬季体育运动发展带来前所未有的机遇。国家2016年提出“冰雪运动西扩南展”计划，推动冰雪运动大众化，推动“三亿人雪上运动”的计划循序展开。

我国从文学、影视剧、旅游资源开发、教育等多方面发力，全力打造冰雪文化产业：围绕冰雪旅游资源，开发结合地域特色的冰雪小镇，普及大众化冰雪运动。全国倡导“冰雪进校园”，在各地从小学生抓起，广泛普及奥林匹克知识，以主题演讲、绘画征文、长跑接力、签名倡议等学生喜闻乐见的形式，组织开展各类奥林匹克主题校园文化活动，以此让学生接触冰雪运动、了解冰雪文化。在高校层面，开展冰雪教育，为冰雪运动储备人才。在影视节目方面，中央电视台推出《2018冰雪嘉年华》，北京卫视推出《跨界冰雪王之花样中国》《敬未来的你》，广东卫视推出《冰雪的游戏》，浙江卫视推出《大冰小将》，东方卫视推出《我们家雪屋》。国家体育总局冬季运动管理中心联合上海美术电影制片厂，结合中国传统文化，发扬中华体育精神，共同制作推出冰雪题材动漫影视作品《中国冰雪大扩列》宣传片，2020年《冰上荣耀》《冰雪战队》《冰上无双》《冰凌锋芒》《冰上时刻》等一系列冰雪影视剧，带领观众全方位了解冰雪文化。

本节结合地域气候、自然景观资源情况，介绍我国各地冰雪文化产业现状，为河北冰雪文化产业发展提供借鉴。

（一）我国冰雪文化发源地——东北地区

曲波老师的《林海雪原》艺术地表现了三五九旅在东北深山老林剿匪的故事，故事深入人心，北国风光也给人们留下深刻印象。东北地区是指黑龙江省、吉林省、辽宁省。由于高纬度的地理特点，冰雪与东北人民生活息息相关，东三省称得上是我国的冰雪之都。1959年，第一届全国冬季运动会在哈尔滨举办，直到2012年，冬运会一直都是在哈尔滨、吉林、长春之间轮流举办，东北地区连续举办了12届（第二届未举办）冬运会。我国早期冰雪运动员也主要来自东北地区，东三省是冰雪冠军的摇篮之地，杨扬、李琰、叶乔波、王濛、韩天宇、武大靖、赵宏博、申雪等均是来自东三省。东北地区以优越的自然环境优势和冰雪冠军文化氛围为基础，构建了完善的冰雪文化产业结构。

黑龙江省哈尔滨市每年开放冰雪大世界景区和开办太阳岛国际冰雕艺术博览会；吉林省专注于打造生态旅游路线，发展长白山冰雪旅游度假区，发挥都市冰雪集聚效应；地处东北南部的辽宁地区走个性差异化路线，将冰雪温泉旅游作为独特优势，使民俗传统文化与地域优势相结合。① 在《中国冰雪旅游发展报告 2020》中，哈尔滨—亚布力滑雪旅游度假区—雪乡是 2020 年冰雪旅游人气最高的路线，哈尔滨冰雪大世界是人气最高的休闲景区。地处东三省的长白山万达度假区、吉林松花湖滑雪场、吉林北大壶滑雪场、哈尔滨亚布力滑雪场都是国际级滑雪场。

关于吉林的冰雪文化，无论是查干湖冬捕文化、长白山冰雪文化、丝绸之路冰雪文化，还是与吉林人民息息相关的冰雪饮食文化，均是吉林冰雪文化中的一部分。冰雪的自然环境下，人民的衣食住行都与冰雪不可分割，日积月累形成独特的地域文化。吉林在发展冰雪文化时贯穿“绿水青山就是金山银山、冰天雪地也是金山银山”的理念，保持自身地域特色，通过冰雪＋旅游、冰雪＋餐饮、冰雪＋民俗形成自身发展的产业特色。吉林国际冰雪产业博览会自 2016 年开始举办，每一届的博览会围绕地域特色展开，向世界展示吉林的冰雪文化。博览会开设冰雪文化旅游、冰雪文化、智慧冰雪、冰雪长春等主题馆，并设有雪地摩托体验区、大型雪雕展示区、雪滑梯及攀冰赛事区、冰上活动体验区、滑雪体验区、越野滑雪区、雪合战比赛区、雪地足球场、除雪造雪设备展览演示区，以展览＋体验的形式让大众感受冰雪魅力。冰雪文化节期间，吉林省会邀请全省 40 余个演出团体、文化宫、艺术馆等，开展上百项文化展演活动，将吉林省文化产业、艺术团体、文物古迹、非物质文化遗产等成果呈现在公众面前。在宣传上，吉林省通过“微博”“抖音”等平台开设话题和挑战赛，带动网友参与，并通过直播的方式让网友参与吉林的“品文化”“学滑雪”“赏雾凇”“过大年”活动。2019 年 12 月，吉林雪博会以“冬奥在

---

① 杨璐、罗嘉司：《媒介环境学视域下我国东北地区冰雪传播策略研究》，《海峡科技与产业》2019 年第 2 期。

北京·体验在吉林”为主题，首次引入冬奥元素，备受大众关注。会场场馆外“冰墩墩”“雪容融”的雪雕与吉林地方特色民俗景观相得益彰，成了游客最爱的打卡地。吉林省冰雪资源借助雪博会，打造新型创意玩法，吸引全世界游客的目光。这些都推动着吉林打造出冰雪旅游名市、冰雪体育强市、冰雪产业大市，形成雾凇之都、滑雪天堂、温泉圣地等品牌。

辽宁省在东三省中的冰雪发展处于弱势地位，在冰雪自然资源上没有像黑龙江亚布力或吉林长白山、北大壶的滑雪场，在冰雪文化产业发展中也无哈尔滨冰雪大世界、吉林冰雪国际博览会一类的国际项目为其著名。辽宁省在冰雪文化的建构中，以打造全国冰雪赛事活动知名 IP（知识产权）为主线，通过线上线下相融合的方式普及冰雪知识，培育滑雪消费人群。截至 2019 年底，辽宁省拥有大、中、小型滑雪场 32 个，其中，14 家滑雪场拥有高级雪道 22 条。32 个滑雪场占地总面积达 712 万平方米，平均日接待滑雪爱好者能力达 6 万余人次。辽宁省有室内滑冰场 19 处，主要分布在沈阳、大连、鞍山和丹东，每年全省参与滑冰的有 30 余万人次。作为奥运冠军摇篮的辽宁，也为冬季项目培养了众多的人才，在参加北京冬奥会的国家队中，辽宁共有 91 名运动员、15 名教练员，分布在 6 个大项、12 个分项、近 80 个小项上，冠军之乡也是辽宁冰雪文化中重要的一部分。值得关注的是，辽宁省在 2020 年 6 月发布《关于加快推进冰雪运动发展的实施意见》。文件以 2022 年北京冬奥会为切入点，内容不仅涵盖了冰雪运动所包含的竞技冰雪、群众冰雪、青少年冰雪、冰雪产业、冰雪设施建设等领域，而且从政策设计和贯彻落实两个层面提出了明确目标、各项任务和具体要求。

东三省冰雪文化发展路径因地制宜、各有特色。在冬奥背景下，东三省联合发展，黑龙江省与吉林省、辽宁省与吉林省分别签订协议，加强在冰雪产业的合作，联合打造精品旅游项目。冰雪产业现已是东北经济振兴发展的重要产业。

（二）冰雪黑马——华北地区

华北地理范围包括北京市、天津市、河北省、山西省和内蒙古自治区 5 个省级行政单位，这其中就有因承办 2022 年冬奥会而备受瞩目的张家口市和北京市。作为2022年冬奥会的承办城市，它们的冰雪自然资源的优势和发展现状又如何呢?

在讲述河北和北京之前，先看看华北地区最北部内蒙古自治区的冰雪文化产业现状。内蒙古地形呈狭长形，东西长约2400公里，南北最大跨度约1700公里，总面积118.3万平方公里；横跨东北、华北、西北地区，内与黑龙江、吉林、辽宁、河北、山西、陕西、宁夏、甘肃8省区相邻，地貌以高原为主，大部分地区海拔在1000米以上。冬季中西部最低气温低于－20 ℃，东部林区最低气温低于－50 ℃。在内蒙古东部地区，冬季长达5个月。在地形上：内蒙古独有的森林、草原、沙漠地理环境与冰雪相结合形成了独特的地理景观。省内遍布的温泉与冰雪结合，满足游客的冰雪温泉体验需求。在文化上：内蒙古自治区人口由蒙古族、满族、回族、达斡尔族、鄂温克族、鄂伦春族、朝鲜族等48个少数民族和汉族组成，拥有深厚的民族文化和风情，生活在东部的鄂温克族、鄂伦春族、达斡尔族民族文化与冰雪资源相结合，赋予冰雪不同的民族特色，如当地结合民族文化大力发展雪地马球、雪地赛马、雪地轻驾马车等具有民族特色的体育项目。

内蒙古冰雪以文旅融合为核心实行差异化发展。以饮食、民俗、景区为特色吸引游客，发展有内蒙古文化特色的冰雪度假旅游；将冰雪旅游与蒙医文化相结合，形成冰雪康养项目；发展少数民族独有的雪上体育项目，形成极具地域特色的冰雪体育项目；同时设计开发具有地域特色的冰雪文创产品。现在内蒙古自治区各个市均有两家或两家以上的滑雪场供市民选择，滑雪产业链与冰雪旅游相结合，冰雪文化产业链日益完善。

2022年，北京地区承办了冬奥会所有的冰上赛事，北京市成为第一个既举办过夏季奥运会，又举办过冬季奥运会的城市。2015年申请冬奥会举办权成功后，2016年北京市首发了《关于加快冰雪运动发展的意见（2016—2022）》及7项配套规划，以群众冰雪、竞技冰雪、青少年冰雪、冰雪体育产业、冰雪赛事、冰雪场地设施和冰雪运动人才7个项目为着重点，打造完整冰雪产业链，构建冰雪文化氛围。政策利好形式下，民众的冰雪热情日益高涨，“冰雪进校园”“冰雪知识进社区”“冰雪文化展”“冰雪知识擂台赛”等基层冰雪文化系列活动有序开展，“北京市冬季运动会”“首都高校大学生高山滑雪比赛”“北京市青少年冰球俱乐部联赛”“全国大学生高山滑雪锦标赛”等非职业类冰雪赛事得到一一举办。“北京冰雪文化旅游节”独具特色，当冰雪与春节相遇，人们不仅能够感受到冰雪的刺激，更能体验到最经典的“京”味年。旅游节从元旦持续到元宵节，开展了新年庆典、庙会民俗、冰雪赛事、文博演出、购物美食五大主题系列活动，推出了 15 条北京冬季自驾线路，从体验京城年味、感受老北京民俗、参与冰雪运动、观精彩文博演出、品北京丰富美食等多种不同角度，设计出冰雪节庆体验、冬季中医养生、冰雪自驾休闲、冬日皇城民俗、冰雪红色旅游、冬季美食购物、冬季冰雪游学、冰雪文博演出、冰雪家庭亲子、冰雪冬奥体验等不同线路产品。“北京市冰雪博览节”则以国际化平台促进我国冰雪产业发展。

天津，早在 1881 年北洋水师学堂课程设置中就有滑冰科目。1905 年，中国第一个冰球俱乐部在天津诞生。1925 年，中国奥运先驱张伯苓担任校长的天津南开大学率先成立了“白熊”冰球队。20 世纪 50 年代到 80 年代中期，天津的冰上运动就已经普及到大中小学和市民当中。遗憾的是，冰球运动后续没有持续发展。2015 年，我国成功获得冬奥会举办权后，在“冬奥”背景下，作为京津冀成员的天津，从人力、财力、政策等方面加大对冰雪产业的扶持力度，基础设施建设、群众冰雪运动、冰雪文化展览、专业人才培养等多方面同时进行，开展冰雪＋竞技、冰雪＋文化、冰雪＋旅游、冰雪＋消费的多样化冰雪文化产业。

2018 年 6 月，天津市体育总局开启“迎冬奥·上冰雪”系列活动，推进 21 项冰雪运动进入天津各区。2018 年 12 月，天津举办北方小海南首届灯光冰雪文化大庙会。在群众冰雪运动方面，2019 年天津启动了冰雪进校园、进社区、进家庭、进机关、进部队、进厂矿、进农村的“七进”活动。此外，天津奥林匹克中心为大众提供免费冰雪运动场所。2019 年 12 月，天津举办了“冰雪情 津卫梦——新中国天津冬季体育暨冬奥会文化收藏展”，展示了新中国早期冬季体育、天津冬季体育的珍贵藏品。这其中包括 1943 年“延安溜冰大会”原版照片，1955 年全国冰上运动大会第一名奖牌，1956 年天津市冰上运动大会奖牌，等等。在人才方面，天津市组建了一批冰雪专业运动队，部分优秀运动员入选越野滑雪、钢架雪车等项目国家集训队，并在国内外高水平赛事中争金夺银。2019 年，天津市承办第二届中俄青少年冰球友谊赛，并派出一支由本土青少年组成的球队参赛。2020 年全国第十四届冬季运动会上，天津代表团派出 243 名运动员参加 11 个大项、87 个小项的比赛，另有 6 名教练员和 40 名运动员参加群众项目的比赛，这也是天津队伍的身影首次出现在全国冬运会上。天津的滑雪场主要集中在距市区车程两小时左右的蓟县，盘山滑雪场、毛家峪印象滑雪圣地、蓟州国际滑雪场、玉龙滑雪场等滑雪场各有特色。滑雪场处在风景优美的山群中间，周边名胜古迹环绕，为天津和北京城市人群提供了周末度假休闲地。

山西省毗邻京津冀地区，因居太行山之西而得名，西、南依吕梁山、黄河，北依长城。山西省拥有丰富的山地资源，地势东北高、西南低，海拔多在 1500 米以上；属于温带大陆性季风气候，冬季漫长，结冰期长。山西是我国文化旅游大省，是中华民族发祥地之一，被誉为“华夏文明摇篮”。适合发展冰雪文化的自然条件以及多年旅游发展经验为山西发展以冰雪为核心的冬季旅游项目奠定基础。

山西的旅游发展淡、旺季十分明显，一到冬天很多景区都进入疲软状态。发展冬季旅游是山西旅游发展中长期探索的项目，在 2006 年 12 月 28 日至 2007 年 3 月，山西太原小店区委在九龙国际滑雪场举办了首届中国・山西“雪舞龙城魅力小店”冰雪文化节，邀请国内外著名的滑雪、滑翔名将进行精彩的表演。活动期间，雪上竞技大赛、冰灯冰雕展、冰雪文化高峰论坛、魅力小店摄影大赛等一系列活动，吸引了当地人民和外来游客的积极参与。2013 年，山西首届冰雪文化旅游节以“大美芦芽山，冰雪汾河园”为主题在宁武芦芽山景区开幕。开幕式上，共展出 31 大类 300 多件冰雕和雪雕作品的冰雕展区成为最大亮点，展区面积约 20 万平方米，耗用冰块 14 000 立方米，人工造雪 6000 立方米。展区通过冰雕、雪雕艺术再现山西部分著名的旅游景点以及宁武县的秀美山川。旅游节同时还推出悬空村民俗体验游、天池泼水节、情人谷游园活动等一系列民俗文化体验活动。

我国成功申办冬奥会，为山西的冰雪旅游项目发展提供了机遇。山西各市在自有地势基础上打造滑雪场，各文化旅游景区新增冬季项目。在朔州右玉县西口风情冰雪嘉年华活动中，彰显西口文化和边塞风情的冰雕、雪雕随处可见，淋漓尽致展现晋商文化。冰雕动漫人物、冰上小火车成为儿童游客的最爱，夜晚灯光秀及西口风情的戏曲、歌舞等文艺演出活动受到游客高度好评。2019 年，山西云泉谷冰雪嘉年华活动中，设计有山西首家 7D（七维）光影动感玻璃吊桥、山体灯光滑道、地坑民俗四合院、海洋生态主题冰瀑冰挂群、忆童年展、风车花卉等项目。2019 年 1 月，第二届全国青年运动会单板滑雪项目在大同举办，来自全国各地的滑雪运动健儿在古都大同一展雪上风采，为大同冬季带来激情活力，同时也进一步带动了大同的冰雪旅游市场。截至 2019 年底，山西省 11 个市区建成近 50 家滑雪场，可供市民和游客滑雪。在群众普及层面，山西省“全民健身大拜年”系列活动——2020 贺岁·体育惠民·冰雪嘉年华启动仪式在山西省体育中心举行，旨在以体育惠民的方式，吸引广大民众参与冰雪活动，丰富民众的节日体育文化生活。山西的冰雪文化产业发展以冰雪旅游为核心，带动群众对冰雪运动的热情，同时通过承办冬季体育赛事扩大市场知名度。

河北作为冬奥会举办省份，备受社会关注。2022 年冬奥会有 7 个大项、15 个分项、109 个小项在河北张家口举办。2016 年 12 月，河北省举办了“健康河北 欢乐冰雪”主题系列活动，包括竞技冰雪赛事、大众冰雪活动、区域性冰雪联谊活动、传统特色类冰雪活动、人群冰雪活动、冰雪体育与相关业态融合发展类活动等六大系列冰雪活动 150 余项，规模空前，为河北省发展冰雪文化产业打下坚实基础。

河北省从承办竞技赛事、发展大众冰雪活动、打造地域特色冰雪活动、建设冰雪工业设备基地等角度全方位开展冰雪文化产业搭建工作。张家口市承办国际雪联自由式滑雪雪上技巧世界杯、第二届国际汽车冰雪漂移嘉年华、中韩自由式滑雪雪上技巧 PK（对决）赛等多项赛事、活动。石家庄、承德、秦皇岛、保定、唐山、邯郸、邢台、衡水、廊坊等市在自身冰雪文化产业发展基础上开展特色冰雪活动，均举办了特色冰雪节，在群众冰雪运动普及方面取得一定成果。例如，举办了兴隆县攀冰比赛、秦皇岛市冰雪爱情日主题活动、遵化家庭滑雪、廊坊冰雪亲子节、涿鹿县滑冰车和冰上陀螺比赛等活动。承德在其皇家文化基础上衍生承德鼎盛皇家灯会、皇家冰嬉节。2019 年，河北省举办了冰雪文化节、雪地音乐节、皇家冰嬉节、冰雪那达慕等区域性冰雪文化活动。张家口结合本地特色策划组织与冬奥相匹配，彰显长城文化、泥河湾文化、三祖文化等地区特色文化的活动，打造冰雪文化冬奥品牌。

在教育层面，河北省全省开展“冰雪进校园”活动，将冰雪知识从小学抓起，支持创建了 200 所校园冰雪运动特色学校，并通过网上平台进行线上冰雪知识竞赛。在大众冰雪运动普及方面，通过基础设施的完善和趣味冬日体育项目的举办，让群众爱上冰雪运动。

2020 年 6 月 3 日，河北省人民政府办公厅召开关于促进全民健身和体育消费推动体育产业高质量发展的实施意见政策吹风会，会议表示，河北省将拓展冰雪产业链，支持发展冰雪文化和冰雪旅游产业。会议提出：河北将培育张家口冬奥经济增长极，推动冰雪运动和冰雪产业在张家口落地生根，打造世界冰雪体育运动胜地、世界冰雪旅游目的地、世界冰雪装备制造聚集区、世界冰雪人才培养基地、世界冰雪论坛会展高地。到 2022 年，张家口市冰雪产业规模达到 600 亿元，辐射带动全省冰雪产业总规模达到 1200 亿元。本书后续内容以张家口周边市县特色文化和工业基础为核心进行研究，为河北省冰雪文化发展提出策略建议。

冰雪旅游是一项旅游休闲和体育运动相结合的项目，涉及多种行业，可以说滑雪场的任何一种设备和器具都代表了一种产业，滑板、滑雪服、缆车、造雪机、压雪机、眼镜、帽子等，每样东西都关联着相关产业。冰雪旅游对拉动周边地区的社会发展有着非常大的作用，依靠冰雪运动产业可以延伸出一系列冰雪产业链、产业集群，这是河北省发展冰雪运动与冰雪旅游值得关注的方向。

（三）冰雪运动的发源地——西北地区

西北地区在地理位置上包括陕西、宁夏、西藏、青海、新疆 5 个省及自治区，是我国少数民族主要的聚居地之一，极具民族风情。西北地区地缘辽阔，其土地面积约占全国面积的30%，人口仅占全国的7.3%。天山山脉、阿尔金山脉、祁连山脉、昆仑山脉、阿尔泰山脉、河西走廊都在西北地区，西北地区大部属中温带和暖温带大陆性气候，局部属高寒气候，冬季时间漫长，发展冰雪旅游项目具备天然的地理优势和气候优势。

新疆维吾尔自治区是我国陆地面积最大的省级行政区（占我国陆地面积的六分之一），是我国5个自治区之一，历史上是古丝绸之路的重要通道，现在是第二座“亚欧大陆桥”的必经之地。新疆的冰雪文化中蕴含着丰富的民族特色，不同地区冰雪文化又各具特点。2019年12月23日，乌鲁木齐第十七届丝绸之路冰雪风情节开幕，丝绸之路国际度假区联合国内四大滑雪场（度假区）（亚布力阳光度假村、崇礼万龙度假天堂、吉林北大湖滑雪度假区、陕西鳌山滑雪场）实行通票制。

新疆阿勒泰地区是目前世界上公认的滑雪发源地。阿尔泰山处在世界滑雪“黄金纬度”，有着备受滑雪爱好者青睐的“粉雪”，全年降雪期179天，积雪期长达134天，滑雪资源从当年10月一直延续到次年5月。漫长的冬季赋予了阿勒泰天然的奇特景观，游客可以去布尔津看雾凇，去喀纳斯赏天然水墨画，去福海围观热闹的冬捕，去野雪公园撒欢。2019年，第十四届新疆冬季旅游产业交易博览会在阿勒泰举办，其间官方推出10种奇特玩法：体验古老毛皮滑雪穿越秘境之旅，乘着直升机来一场越野滑雪，深入禾木雪域体验图瓦村民生活，在乌伦古湖踏雪寻鱼，体验民俗冰上运动，以冰雪场地为舞台感受桦林公园光影秀，等等。阿勒泰地区以打造“人类滑雪起源地 冰雪圣城阿勒泰”冬季旅游品牌为引领，推出了人间净土·喀纳斯、最美雪乡·禾木、西北第一村·白哈巴、城市里的滑雪场·将军山滑雪场等十大冬季旅游产品。

伊犁市主打冰雪“民俗体验”，伊犁州推出寒假历史文化研学游、彩色伊宁冰雪体验游、昭苏冬季探险游、“水墨巩留”冰雪自驾摄影游等各具特色的游览项目。游客可以在喀拉峻草原的冬宰节上品尝美味的手抓肉，在那拉提冰雪旅游文化节观看雪地叼羊、马儿雪原疾驰比赛。乌鲁木齐是第十三届全国冬季运动会的举办地，通过完善硬件基础设施和交通设置，发展冬季项目竞技赛事。乌鲁木齐通过承办丝绸之路冰雪马拉松赛、大众滑雪积分赛、雪地徒步活动等，提升群众参与冰雪运动的热情。

昌吉回族自治州主打“暖”字，利用古海温泉、五江温泉给游客“冰火两重天”的绝妙体验。在新疆天山天池第十八届冰雪风情节，游客既能领略元旦、冬至、元宵节的传统民俗，又能体验冰上龙舟、冰上保龄球、雪地足球等运动的激情。阿克苏重点开发峡谷探险游和冬令营、研学游，满足游客多元需求。巴音郭楞蒙古自治州重点推出 34 项冬、春季文化旅游活动，让游客在丰富的文化体验中感受冰雪魅力。

青海省气候以高寒干旱为主要特征，是典型的大陆性高原气候，在海拔 2000～4000 米的地区，日平均气温在 0 ℃的有 4 到 6 个月，4000 米以上的地区则要超过 6 个月，因此青海具有发展滑雪产业的优良条件，发展冬季冰雪旅游项目是青海旅游业一直努力的方向。在发展冰雪经济时，青海从上层建筑抓起，将冰雪经济与旅游、商贸、体育、民族文化相结合，整合岗什卡、玉珠峰、阿尼玛卿等自然资源发展冰雪旅游。多巴高原冰雪运动训练基地、岗什卡国家滑雪登山基地，通过举办专业冰雪赛事提升知名度。青海还通过建设高原冰雪、草原冰雪、沙漠冰雪、三江源冰雪等运动休闲特色小镇，举办百项大众化冰雪赛事，增进当地群众对冰雪知识的了解以及对冰雪运动的热情。

青海冰雪节自 2011 年开始举办，活动期间，通过冰上保龄球、冰上滚轮胎、冰上大力士、冰上自行车速度赛等趣味运动项目为广大冬季户外运动爱好者提供娱乐的平台。青海省河湟地区也逐渐兴起了冬季冰雪运动热潮，大通鹞子沟冰雪文化节、西宁城南奥斯陆冰雪季、海晏东大滩冰雪健身休闲运动会已连续举办多年，吸引着西宁及周边地区的广大冬季户外运动爱好者。乐都、湟中、共和等地也相继建设开发了冰上、雪上健身休闲运动项目，带热了当地体育消费市场。

西藏是一个奇特的地方，它将人文景观与自然景观完美地结合在一起。西藏是世界上海拔最高的地方，素有“世界屋脊”和“地球第三极”之称。西藏吸引着一批批游客前往，而冬日的西藏曾被 CNN（美国有线电视新闻网）评为“亚洲最佳冬季旅游目的地”。每年 10 月至次年 5 月，在西藏都能看到广阔的雪山景色。2010 年西藏开始创办冰雪文化艺术节，将冰雪节日与当地民族特色相结合。2019 年 3 月 25 日至 27 日，“冬游西藏”首届然乌来古冰雪节在西藏昌都然乌湖畔开幕，游客可以在此感受集视觉、触觉、听觉于一体的冬日休闲“盛宴”，在然乌湖畔翩翩起舞，融入热闹又有趣的藏式活动之中。

宁夏回族自治区，历史上是“丝绸之路”的要道，素有“塞上江南”之美誉。为培育冬季的旅游市场，自 2003 年开始，宁夏旅游局与银川市政府联合举办冰雪文化节，推广丰富的冬季旅游产品，滑冰、冰上垂钓、冰灯展、冰雕展等冰雪文化产品成为宁夏冬季旅游龙头产品。2017 年，宁夏成立滑雪运动协会，通过发动群众力量，组织滑雪比赛、陆地冰壶比赛等工作，吸收了数千名会员，在当地普及了滑雪运动，提高了群众对冰雪运动的热情。2019 年春节，宁夏体育局发布迎新春全民健身季活动目录，冰雪健身挑战日、冰雪嘉年华、青少年冰上运动会等冰雪活动成为主角，吸引了上万名群众的参与。同时，宁夏大力培养专业冰雪竞赛人员，为国家体育运动队输送人才。2019 年，在宁夏红色旅游基地固原举办的首届冰雪旅游文化节，将乡村文化、民俗文艺与冰雪相结合，展现了固原冬季文化旅游的独特美景和人文魅力。2020 年 1 月，全国青少年冰球邀请赛在银川举办，为宁夏的冬季专业运动赛事发展奠定基础。

陕西是西北省份中经济发展最好的省份，是我国旅游资源最富集的省份之一，文化积淀深厚，地上地下文物遗存极为丰富，被誉为“天然的历史博物馆”。20 世纪末，陕西铜川就创办了玉华宫冰雪艺术节，至今已有 20 余年的历史。玉华宫冰雪节将盛唐风貌、玄奘文化、玉华生态景观、陕西特色民俗灯会融汇于冰雪景色之中，通过声光电和全息影像技术将西游故事、大唐盛景在驻銮崖冰瀑再现，百余项的冰雪娱乐休闲活动让游客可以完美感受冬日项目的刺激与快感。2018 年，宝鸡太白县鳌山滑雪场举办了当地首届冰雪旅游季活动。陕西还推出了陕西首届冰雪旅游季暨太白县首届冰雪大会启动仪式、2018 首届中国大学生冰雪旅游音乐会、陕西省冰雪旅游联盟成立大会、太白县首届冰雪大会、陕西首届冰雪旅游季惠民活动、陕西各地市组织的冬季旅游等活动。在冬奥背景下，为助力陕西实现 500 万人上冰雪的目标，陕西因地制宜，从多方面推动冰雪运动普及，在全省范围内统筹修建冰雪场地，开展冰雪运动进机关、进校园、进部队、进厂矿、进农村、进社区、进家庭“七进”活动。在专业竞技方面，以雪橇、雪车、越野滑雪、冬季两项等雪上项目为重点，逐步扩大冰雪项目省优秀运动队规模，促进冰雪文化产业的发展。截至2019年底，陕西下辖的10个市均有2家或2家以上的滑雪场可供群众选择。

（四）冰雪战略的十字路口——华中地区

河南省是中华民族与华夏文明的发源地，是全国重要的综合交通枢纽和人流、物流、信息流中心，素有“九州腹地、十省通衢”之称，在冰雪运动“南展西扩东进”战略发展中也处于“十字路口”的重要位置。在这样的条件下，河南借助冬奥之风，促进了当地的冰雪文化产业发展。2016年，河南省发布群众冬季运动推广普及系列活动计划，包括“欢乐冰雪健康中原”河南省首届全民冰雪运动体验行、河南省冰雪项目指导员培训计划、校园冰雪计划、建立全省冰雪项目示范基地、冰雪宣传推广等计划，夯实了冰雪群众基础。在连续举办4届的“欢乐冰雪健康中原”系列活动中，通过设立在不同地点以及多地联办的方式，带动群众参与，据报道已有超过10万人参与到欢乐冰雪活动中。夏天的欢乐冰雪周，冬天的全民冰雪体验行、滑雪公开赛、冰雪进校园等各类冰雪活动的举办，丰富了群众业余生活。河南省《关于促进冰雪运动发展的实施意见》提出，要将冰雪场地设施建设与全民健身场地设施、“两场三馆”和城市社区15分钟健身圈建设相结合，改造提升存量滑雪场地，增加滑冰场地数量，推进冰雪场馆共建共享。在“跨界选才”上，河南省充分发挥自身特色，将武术、杂技人才与冰雪项目相结合，为国家队输送冰雪竞技人才。

湖北省是冰雪项目“南展”的重要基地，湖北省神农架因其海拔高度被称作“华中屋脊”。2004年，神农架滑雪场成为华中地区第一家滑雪场，对于难以适应北方寒冷气候又想尝试冰雪项目的游客，神农架滑雪场是首选之地。在北京冬奥会的契机下，群众参与冰雪项目热情高涨，神农架滑雪场也从最初的2万平方米扩展到20万平方米，将地区特色与冰雪结合，形成集娱乐、休闲于一体的滑雪度假区。湖北省冰雪项目发展重点是将冰雪运动与生态旅游、全民健身结合，引导社会资金进行雪场、冰场建设，吸引更多人参与冰雪运动。2018年，湖北省奥山国际冰雪运动旅游小镇开始兴建，目标是成为中国知名冰雪产业功能区、国家4A级旅游景区、华中地区冰雪运动中心、湖北旅游名镇、武汉市冰雪运动示范基地、武汉市2022年国家北京冬奥会人才培训基地。目前，湖北在神农架、咸宁、宜昌、黄冈、襄阳、恩施、十堰建设了20家左右滑雪场。

2015年之前，湖南省的冰雪市场几乎空白，在整体发展布局中，湖南省从青少年冰雪知识普及入手，2018年起开展奥林匹克教育，增加冰雪教学内容，促进冰雪运动在青少年层面的普及。没有气候优势条件的湖南，将室内冰上项目作为冰雪项目建设重点。截至2019年底，湖南在长沙、浏阳、郴州、常德4个市建成6家滑雪场。2020年，湖南省针对冰雪项目发展实际，印发加快发展冰雪运动实施意见，推动当地冰雪项目的发展。

（五）冰雪经济发展中心——华东地区

华东地区包括山东省、浙江省、安徽省、上海市、江西省、江苏省、福建省，多地处于我国东部沿海地区，是我国经济发展最强劲的地区。在气候上属亚热带季风型气候，并具有海洋性气候特点，全年气候温和湿润，从自然气候条件上不利于室外冰雪项目的发展。华东各省结合自身自然优势和地域文化特点，差异化发展冰雪项目，室内冰雪体育项目、冰雪＋娱乐的休闲方式是主要发展方向。

山东省从2017年起举办冬季全民健身运动会，在全省各地设置分赛点，实现三级调动，提高了群众对冬季运动项目的热情。两年间，冰雪运动的普及开展，使得冰雪经营场所数量和客流量、冰雪运动消费、装备配置、从业人数等冰雪产业发展指标均有所提升。青岛市连续多年举办青岛市的短道速滑比赛、U系列青少年冰球比赛，淄博市成立了冬季运动管理中心、淄博市冰球运动协会，枣庄也建成3个大型冰雪场馆，山东省在“冰雪＋体育”这条路上越走越畅。

浙江省的冰雪文化产业从“冰雪＋体育”“冰雪＋文化”等方面进行延伸，渗透到群众的日常生活中。2017年，浙江开始举办省级冰雪嘉年华，在全省不同地点设置冰雪运动赛点，让更多群众感受冰雪魅力。在“冰雪＋文化”方面，将冰雪资源与地域文化相结合，让大众更加了解冰雪运动的历史与发展。

在专业竞技方面，陆续组建多支冰雪运动队，涉及短道速滑、冰壶等项目，培养专业运动员。在“冰雪＋娱乐”方面，杭州在夏季打造室内冰雪游乐园，室内的冰雪王国与夏季的反差给市民带来新奇感。美中不足的是，室内人工所造的冰雪保存时间短，只能供短时间游玩。浙江省因地制宜发展冰雪文化产业，在适宜地区投资建设室外滑雪场，目前省内滑雪场超 10 家。

安徽省对原有大众休闲类综艺节目《男生女生向前冲》进行改良，更换赛道装置和闯关环节，打造出《男生女生向前冲——冰雪穿越季》节目，通过赛制讲解、邀请专业人士闯关，向大众普及冰雪知识。宣城基于白地镇地理和人文独特优势打造旌德县冰雪文旅城。在“冰雪＋文化”层面，2020 年安徽省举办“冰雪情、冬奥梦”活动，通过 4 个环节互动，向群众普及冰雪竞技历史与知识，带领群众体验冬季项目的乐趣。

上海是冰雪运动“南展西扩东进”战略枢纽，在冰雪运动人才培养、世界顶级冰雪赛事举办和集训基地后勤保障等方面具有良好的基础和发展空间，有着丰富多元的资源和开放发展的思路。上海与国家体育总局展开冰雪项目合作，共建冬奥竞技备战队伍，深化青少年冰雪运动项目合作，推动冰雪运动普及推广，大力发展冰雪运动产业。2018 年，上海启动“冰雪之星”项目，引入国际顶尖滑雪场运营团队，打造室内滑雪度假村，满足游客的一体化需求。该度假村成为全球规模最大的室内滑雪胜地，游客在度假村享受滑雪乐趣的同时，还可以欣赏到专业冰上表演和特色国际主题展等内容。

江西省发布《江西省冰雪运动产业发展（2019—2025）》，立足江西实际，提出了八大发展任务和两大工程建设目标。具体为“加快形成冰雪运动产业发展格局、积极推进冰雪运动场地设施建设、培养青少年冰雪运动技能、推广全民健身大众冰雪活动、推进冰雪运动社会组织建设、重点发展冰雪健身休闲业、积极培育冰雪竞赛表演业和推动冰雪运动与相关产业融合发展”等八大发展任务和“冰雪运动基础建设工程”“冰雪运动消费促进工程”两大工程。

江苏省加大冰雪项目跨界、跨项、跨季选材力度，组建冰雪运动专业队伍，努力推动冰雪运动发展驶入快车道。通过举办冰雪活动、发放冰雪消费券等形式，鼓励群众参与到冰雪运动中来，享受冰雪运动的乐趣。现全省已建有各类室内外冰雪场地40多个，场地面积总计近40万平方米，年接待冰雪游客108万人次。江苏省举办“江苏省滑雪旅游节”“江苏省冰雪嘉年华”、冰雪冬令营等各类冰雪节庆活动全年20多场次，丰富了群众的冬季生活。

福建省通过跨省合作、跨域选材，组建冰雪运动竞技专业队伍，以冰球、冰壶、滑冰、花样滑冰为重点发展项目；吸引社会资源，构建多元一体的竞技冰雪运动发展模式；扩大青少年参与冰雪运动的热情；发放冰雪旅游消费券，促进冰雪类消费；培育大众冰雪消费市场，通过运动嘉年华的形式吸引更多人关注冰雪赛事、加入冰雪赛事。

（六）冰雪产业发展异军突起——南方地区

在我国地域最南端的西南地区和华南地区，不具备发展冰雪运动的外部自然条件，却在冰雪项目上另辟蹊径，取得了一定的成绩。

南方地区发展冰雪运动最好的省份是四川省，在2005年，通过交流学习、联合培养的方式，四川与东三省在冰雪项目中展开了合作。在2018—2019全国青少年比赛中，四川冰雪小将战绩辉煌，短道速滑队取得7金8银1铜的成绩。通过不断地举办赛事和活动，冰雪运动逐渐融入四川人民的生活，受到越来越多人的喜爱。四川省体育局以全民健身为基础，以冰雪竞技人才培养为中心，以校园冰雪运动推广为核心，以各类冰雪运动赛事为引领，着力提升四川省冰雪运动的人口数量与质量，使冰雪运动与群众体育、学校体育有机结合，以加快四川省冰雪运动实现“均衡冰雪运动区域发展格局”目标。在娱乐休闲方面，在绵竹建西南一流的冰雪童话小镇，在全省各市建有十多家室外滑雪场供游客休闲。

重庆市承办“中国杯花滑比赛”、西南地区冰雪运动会等专业的竞技表演和比赛活动，让观众震撼的同时，也让西南人民对冰雪的热情再次提升。在华南地区，通过“冰雪＋科技”，实现一年四季室内滑雪滑冰。广州融创雪世界是华南最大室内滑雪场，拥有460米长的世界最长室内初级滑雪道，设有初学者道、初级道、中级道、中高级道4条雪道。

第二章　河北省冰雪文化产业发展状况

第一节　河北省冰雪文化产业发展概况

2022 年冬季奥运会是北京、张家口联合举办，是我国历史上第一次举办的冬季奥运会，也是我国继北京奥运会、南京青奥会之后第三次举办的奥运赛事。纵观我国冰雪文化产业的发展，相比于国际上一些冰雪大国，如瑞士、奥地利等，我国冰雪文化产业起步较晚，仍有很多短板需要补齐。此外，河北省冰雪文化产业的发展相比于我国冰雪大省，如黑龙江、吉林、山东等，仍有一些差距。在这种情况下，承办 2022 年冬季奥运会，对河北省乃至整个国家而言，既是机遇也是挑战。

在 2022 年冬季奥运会的积极筹备中，我国冰雪产业发展迅速升温，冰雪运动“南展西扩东进”发展格局加速形成。其中，河北省借力张家口这一 2022 年冬季奥运会的联办城市，致力于以张家口带动全省冰雪文化产业的发展。在 2017 年底，河北省已建成滑雪场 36 家，居全国第三位，仅次于新疆（44 家）和黑龙江（42 家）。省内的冰雪旅游也取得阶段性进展，据冰雪产业蓝皮书统计，在 2016 年至 2017 年雪季期间，河北省滑雪出票人次约 200.46 万，冰雪旅游的发展也带动冰雪产业链中其他产业发展，如滑雪装备、滑雪服等的研发制造业发展。此外，蓝皮书还指出，2017 年我国冰雪产业总规模约为 3976 亿元，并且处于快速发展阶段。

虽然河北省冰雪文化产业发展具有了一定的基础，但仍然存在一些不足和短板。在 2018 年河北省人民政府办公厅印发的《河北省冰雪产业发展规划

（2018—2025 年）》中提到，河北省目前冰雪文化产业发展的短板在于："一是冰雪产业基础薄弱，产业链不完整，冰雪企业大多处于成长初期，滑雪产业收入主要来自于滑雪场地及设施、器材的出租及衍生的旅游业等。二是参与冰雪运动的群众普及率不高，远低于瑞士、奥地利等冰雪产业发达国家。三是冰雪场馆总量不足，大型综合场馆少，经营模式较为单一，综合服务设施滞后，服务和接待能力不足。四是场馆运营管理、装备研发制造、运动技能培训等冰雪人才短缺，从事冰雪人才培养的高等学校、科研机构少，人才供需矛盾突出。五是滑雪旅游产品趋同，大多以滑雪运动体验为主，休闲度假型旅游项目较少，四季旅游产品尚未形成体系。"①

如何使得冰雪文化产业起步较晚的中国成为"后起之秀"，如何借助此次冬季奥运会的举办加快河北省乃至全国冰雪文化产业的发展，是现阶段需要考虑的主要问题。为找到答案，本章试图对河北省冰雪文化产业的发展历史进行梳理，追溯河北省冰雪文化产业的起源，从历史与现实的结合中摸索答案。

一、河北省冰雪文化产业发展的历史沿革

自古以来，有众多描绘雪景、赞美雪花的诗篇。例如，宋代诗人卢梅坡在《雪梅》中曾写道："梅须逊雪三分白，雪却输梅一段香。"再如，唐代词人岑参的《白雪歌送武判官归京》中描绘雪景的句子："忽如一夜春风来，千树万树梨花开。"毛泽东在《沁园春·雪》中的词句也是描绘雪景的壮大宏伟。我们试图从描写雪的诗篇中、从古籍中，挖掘河北省冰雪文化产业发展的蛛丝马迹。

通过查阅古籍以及"中国知网"等知识库的资料，本书将河北省冰雪文化产业的发展起源分为三类，分别是在生产劳动、节日活动以及大型冰雪运动中发展。

（一）河北省冰雪文化产业在生产劳动中发展

冰雪文化产业是一类新兴产业，是基于冰雪资源的开发而形成的一类特殊

① 《〈河北省冰雪产业发展规划（2018—2025 年）〉出台明确构造"2344"发展新布局》，http://www.hebsport.gov.cn/faguichanye/gzdt/2018/0530/9796.html。

的资源型产业。据考证，“产业”这一概念出现在工业革命时期，是伴随着大量以生产为目的的工厂的出现而产生的，科技的突破和进展，如钢的生产，促进了产业的出现与发展。而“冰雪产业”这一概念首先出现在国外冰雪资源发达的国家，在国内是以冰雪运动的形式首先出现在我国新疆阿勒泰地区，后随着奥运会的举办，我国内地开始重视冰雪产业的发展。“冰雪文化产业”是“冰雪产业”的下行概念，是指冰雪产业中与广义的文化相关的产业发展，如冰雪运动文化产业、冰雪旅游文化产业、冰雪装备的制造研发产业等与精神、物质相关的产业。

我国古代是农耕社会，人们日出而作、日落而息，整日“面朝黄土背朝天”地在田地劳作。“瑞雪兆丰年”，是古代劳动人民总结的一句俗语。意思是：今年天降大雪，预示着明年是丰收年。这句俗语是将冰雪与农业生产劳动联系起来的证明。类似的还有出现在河北地区的“大雪不寒明年旱”，意思是如果“大雪”这一节气当天气温比较高，导致水没有上冻，来年春天极有可能发生干旱现象，不利于收成。诸如此类的谚语、俗语数不胜数，古代“产业”这一概念并未出现，人们将冰雪作为农业发展的征兆。

此外，古代人们“重农抑商”，在职业排序时有“士农工商”的说法。因此，导致商业在古代的发展受到限制。而产业属于商业范畴，对于将冰雪与产业相联系的考证除了以上应用在农业领域的俗语、谚语以外，几乎没有涉及冰雪文化产业的资料。

（二）河北省冰雪文化产业在节日活动中发展

中国传统节日形式多样、内容丰富，是中华民族悠久历史文化的重要组成部分，包括春节、元宵节、清明节、端午节、中秋节、重阳节在内的多种节日。每种传统节日都有自己独特的庆祝方式，沿袭至今的有元宵节吃元宵，夜晚赏灯、猜字谜等活动；端午节吃粽子、赛龙舟等。本书通过查找有关节气的古籍，沿着节日活动这一脉络管窥我国冰雪文化产业的发展足迹。

我国东北地区位于北纬 40°以北，属于中温带，冬季漫长且严寒多雪，与同纬度的欧洲地区相比，因为位于西伯利亚强冷空气的出风口上，因此显得更冷。西汉《淮南子》曾记述域北苦寒，称：“北方幽晦不明，天之所闭也，寒冰之所积也。”此外，《永吉县志》载，“清道光二十二年（1842年）二月二日，吉林城垣大雪，高积二丈二尺有余，人民出入凿雪坍屋毙畜无算”，描述的是我国东北地区发生的雪暴灾害。东北地区环境严寒，雪资源丰富，因此成为我国冰雪运动发展较为发达的地区。

清代，冰雪运动由东北传入北京。据史料记载，早在努尔哈赤建立后金时，就多次举行冰上运动会。满族入关后，每年农历十月（而今正月）都要在北京北海太液池的冰面上检阅八旗兵丁的滑冰技艺。检阅时，每旗各遣200名滑冰高手，组成1600人的庞大阵容。检阅分两队，一队穿红马褂黄背心，另一队穿黄马褂黄背心。背上均插有8种颜色的小旗，与八旗的旗色相当。队员膝上裹着皮护膝，脚穿有冰刀的皮鞋。冰场上设有3座高大的牌楼，两队各自列成2路纵队，分别以曲线前进的方式穿过3座牌楼，形成一个螺旋形的大圈，场面蔚为壮观。乾隆皇帝热爱冰嬉，他在《冰嬉赋序》中称赞冰雪运动为清代“国俗”，并多次亲临冰场观看各种冰上活动。

除每年的冰嬉以外，元宵节（上元节）燃冰灯的习俗也已流传数百年。冰灯是北国独具特色的一道景观，源于古人驱魔逐邪、希冀光明的原始信仰。早年照明之用的冰灯多用铁桶冻水，火烤外部，便可取得空心冰罩，里面放置兽油所制的灯烛，冰灯即成。据史志载：清嘉庆年间，宁古塔一带“士大夫家，于冬日喜作冰灯，以矾水凝雪成冰，镂成仙人、观音等像”。发展至今，东北地区元宵节各地冰灯游园会也尤为热闹，虽是沿袭古俗，但已经演绎成隆重的大型古堡式冰雕展，冰雕内装存五彩灯，有的看上去像金碧辉煌的宫殿。冰雕展是东北最具特色的旅游项目。

近年来，元宵节赏冰灯也在河北地区流行起来。2019年12月21日，河北省石家庄市平山县沕沕水第八届冰瀑旅游文化节开幕，活动主题为“观崖冰瀑，赏彩灯”，在五颜六色的灯光照耀下，冰瀑美妙绝伦。赏冰灯、观瀑布成为沕沕水冬季的主要游乐项目与收入来源。冰雪文化节作为冰雪文化产业的主要组成部分，近年来在河北省的冰雪产业建设中发挥着越来越大的作用。

（三）河北省冰雪文化产业在大型冰雪运动中发展

2022年北京冬奥会成功举办为我国冰雪产业发展带来极大的机遇。相较欧美、日韩等国，我国冰雪运动的发展要稍迟一些。欧美等国多年前已将冰雪项目写入本国中小学的教学大纲，大多数学生从小便开始接触、参与冰雪运动，或者是有系统地开始冰雪项目的训练。对于他们而言，在冰上或雪上玩耍、运动是一件很简单和普通的事情，甚至是自己生活的一部分。而我国受地理位置和气候、降雪等客观因素的影响，参与冰雪运动的人口数量不多，相关的人才储备也较西方有明显的短板，推动冰雪运动进校园的活动也是在申奥成功之后才开始着手准备。

河北省冰雪文化产业的发展虽起步较晚，但是伴随着各大冰雪运动的开办而逐步发展，其发展历程大致分为三个阶段：冬奥申请之前，即2013年之前，河北冰雪文化产业起步发展，这一时期主要是冰雪基础设施研发、冰雪运动人才储备时期，全力为冬奥申请做准备。冬奥申请历时两年有余，从2013年6月初至2015年7月底，这一时期河北省冰雪产业生根发芽。国家、河北省政府及相关部门出台了多项有利于冰雪文化产业发展的利好政策。成功获得冬奥举办权之后至今是河北省冰雪文化产业发展的第三个阶段。从2015年8月初至今，河北省乃至全国冰雪产业蓬勃发展，政府除继续出台利好政策以外，还加大了对冰雪产业链的建设支持。从“冰雪运动进校园”活动的开展，到冰雪装备的研发制作，由内而外，自上而下，形成全民参与、推动冰雪文化产业发展的局面。

1. 冬奥会申请之前，冰雪产业起步发展

在我国冬季奥运会申请之前，冰雪文化产业的发展重心依然在冰雪运动文化上。中华人民共和国成立以后，我国冰雪运动文化的发展迎来了一个新的阶段，这在《申报》中也有所体现。学者谢振华在考察有着长达77年办报历史的《申报》中冰雪运动报道的历史意义时发现，“《申报》的冰雪运动报道向公众传达了‘冰雪运动’的概念，促进了‘冰雪运动’在上海的传播”。此外，谢振华还观察到，“《申报》冰雪运动报道还涉及西方冰雪运动与中国本土冰雪运动的不同，从而揭示两者存在的文化环境的不同”①。这一时期，群众活动和竞技项目成了我国现代冰雪运动文化发展的重要依托。改革开放以后，我国体育迈入了新的发展阶段，我国现代冰雪运动文化的发展也呈现出了新的特点。② 我国现代冰雪运动文化以多样的群众活动和竞技项目作为其持续发展的重要载体，在不断发展的过程中，更为强调在促进人的全面发展中的重要作用。随着社会的不断发展，现代冰雪运动文化以创新的形式与社会经济、文化、科技等领域展开了积极的互动。

具体到河北省，在冬奥申请之前，冰雪文化产业的发展集中在冰雪旅游业，其次是冰雪运动领域。2011 年 5 月 31 日，河北省政府第八十七次常务会议审议并原则通过《河北省现代服务业“十二五”发展规划实施意见》（冀政函〔2010〕56 号）。会议强调，要发挥优势、突出重点，积极培植现代服务业的增长点。其中要大力发展旅游业，打响红色旅游、皇家旅游、海洋旅游、生态旅游、冰雪旅游五大品牌，力争到 2015 年全省旅游业总收入在 2010 年的基础上翻一番。③

河北省每个地区的自然环境不同，冰雪文化产业侧重点也有所偏差。以此次冬奥会的主办城市之一张家口为例，早在 2006 年，张家口市政府官网发布了《2006 年旅游重点工作》的通知，该通知强调，将塞北滑雪度假区、万龙滑雪场、长城岭滑雪场作为精品旅游景区建设。同年，张家口旅游体育局提出了“依托资源优势，打造崇礼滑雪品牌”的倡议，旨在优化旅游环境，扩大招商引资力度，完善旅游基础设施及相关配套建设。张家口在发展冰雪旅游的同时也注重冰雪运动的训练，为冬奥会做准备。2009 年，万龙滑雪场以申办“冬运会”为主线，加大投资力度，加强项目建设，对滑雪场的各项工程进行全面升级，力争建成中国第一、亚洲前列、世界著名的国际冰雪运动基地和著

---

① 谢振华：《生成与指向：〈申报〉冰雪运动报道的历史考察与时代意义》，第十一届全国体育科学大会论文摘要汇编，2019，第 1402—1404 页。

② 孙葆丽、王月：《中国冰雪运动文化发展的历史回顾与未来展望》，第十一届全国体育科学大会论文摘要汇编，2019，第 1528—1530 页。

③ 《关于印发河北省现代服务业“十二五”发展规划的通知》（冀政函〔2010〕56 号），http://gov.hebnews.cn/2010-06/29/content_186470.htm。

名的旅游胜地，能够作为主要比赛场地满足“冬运会”的赛事需求。

石家庄市在冬奥会申请之前也做了大量的准备工作，但由于石家庄市的冰雪资源相对张家口而言处于弱势，因此与张家口注重冰雪旅游不同，石家庄将主要精力投入到冰雪运动人才培养方面，在之后的冬奥会申请与筹办期间，为我国冰雪运动输送了大量的人才与师资。

2. 冬奥会申请期间，冰雪产业生根发芽

2013 年 6 月 6 日至 2015 年 7 月 31 日，2022 年冬季奥运会申请期间，我国冰雪文化产业开始生根发芽。为了申办 2022 年冬奥会，我国政府打造沿北京—张家口—延庆一线区域，布局竞赛场馆和非竞赛场馆，建设 3 个相对集聚的场馆群。北京市区北部的奥林匹克中心区，主要承办冬奥会 5 个冰上项目；北京市西北部的延庆区，用作雪车、雪橇大项和滑雪大项中的高山滑雪比赛场地；河北省张家口市，承办除雪车、雪橇大项和高山滑雪以外的所有雪上比赛。

河北省张家口市依靠自身的雪资源优势，成为此次奥运会的主办城市之一。在申奥期间，河北省发布了百余条通知，鼓励省内，尤其是张家口市、石家庄市、承德市的冰雪产业发展。张家口市借助第二十四届冬奥会这一契机，致力于将自身打造成为京津的“后花园”。为统筹区域旅游资源，张家口市编制完成了《张家口旅游发展总体规划》《张家口滑雪大区规划》《鸡鸣山驿一体化规划》和《张家口市中心城区旅游发展规划》等。在冰雪文化产业发展上，打造以崇礼密苑生态旅游度假区等为代表的滑雪温泉大区，将冰雪文化产业的发展重心倾向至旅游、运动、科技建设上。

张家口市借助申奥成功的机遇，大力拉动本市旅游业的发展。通过申办冬奥会，有更多的人了解到张家口，张家口旅游业会有一个大的飞跃，第三产业在现有基础上也会快速提升。张家口旅游业尤其是冰雪旅游以“建设中国冰雪旅游城市”为目标，紧抓与北京联合申办 2022 年冬奥会机遇，加快推进景区交通、水利、电力、通信、环保等基础设施建设。此外，张家口在旅游业等方面加速对外开放，发挥国际市场的资源配置作用，用足、用好京津冀协同发展和京张联合申办冬奥会的历史性机遇，大力推动旅游产业与文化、体育、休闲、养生产业的融合发展，推进自身由旅游资源大市向旅游产业强市转变，全力打造中国冰雪旅游城市和中国优秀旅游目的地城市，全方位提升“大好河山张家口”旅游品牌和城市形象。

在冰雪运动上，张家口市政府一直依靠自身雪资源优势鼓励全民参与冰雪运动。早在2014年，张家口便成功举办了国际滑雪节、冰雪嘉年华等活动。在2015年的规划中，其首要任务便是全力以赴争取申奥成功。为此，除大力发展冰雪旅游之外，张家口市还将工作重心放到了“冰雪运动进校园、进公园、进万家”这一主要任务上，大力普及群众性冰雪体育运动，特别是引导更多的青少年喜爱和参与冬季冰雪运动，从而推动申奥宣传持续升温，打造开放、文明的城市和人文形象，营造全民支持申奥、参与申奥的浓厚氛围。在此基础上，张家口市政府及相关部门积极倡导“冰雪运动进校园”活动。在2015年1月6日，张家口崇礼县滑冰场正式建成并投入运营。滑冰场向学生推出半价优惠活动，同时还组建了一支学生滑冰队，由专业的教练对其进行培训指导，培养学生滑冰乐趣，掀起冬季冰雪运动高潮。

早在2014年5月15日，河北省政府就发布了题为《张家口市全力推进科技项目建设》的文件，文中提到，截至2014年5月，张家口围绕全市产业发展，谋划申报了张煤机磁驱动、河北伊诺拉曼技术成果转化、崇礼冰雪文化科技展厅建设等高新技术项目20余项。此外，张家口市科技局紧紧抓住京张联合申奥的重大历史机遇，充分发挥科技支撑引领作用，强力推进科技冬奥工作。主要有四个重要规划：一是打造崇礼生态技术示范县。牢牢把握生态涵养保护支撑区的基本定位，努力打造生态技术示范县，力争列入省科技厅和科技部支撑计划。二是大力支持环保产业发展，促进更多科技成果在环保产业中转化应用。三是延伸冰雪产业链条。积极支持引进建立冰雪运动装备制造企业，进行滑雪相关器具和服装的研发和生产，发展冰雪产业上下游及配套产业，延伸产业链条。四是建立冬奥会科研项目专项。在市级建立冬奥会科研项目专项，并争取国家、省支撑计划支持，全力支持冬奥会有关项目的技术研究与应用。[①]

3. 冬奥会申办成功后，冰雪产业蓬勃发展

自2015年7月31日获得冬季奥林匹克运动会举办权以来，我国冰雪文化产业进入了蓬勃发展的阶段。国家、河北省及省内冰雪资源较好城市的相关部门都出台了一系列政策鼓励、扶持冰雪文化产业的发展，努力使冰雪文化产业成为河北省经济新的增长点。

河北省政府、河北省体育局、河北省旅游局等机构依照各项国家政策，并结合本省冰雪资源特色，出台了一系列推动省内冰雪文化产业发展的举措。《河北省冬季运动发展规划（2015—2022年）》《河北省体育发展"十三五"规划》《关于支持冰雪运动和冰雪产业发展的实施意见（2017—2022年）》《群众冬季运动推广普及计划（2016—2020年）》《河北省冰雪产业发展规划（2018—2025年）》等文件，都为此次冬季奥运会的筹办以及冰雪文化产业的发展贡献了智慧与力量。

具体到河北省内有着冰雪资源优势的地级市，如张家口、石家庄、承德，这些城市依据自身长处在筹办此次冬季奥运会的同时，发展着自身的冰雪文化产业。张家口市作为第二十四届冬奥会的主办城市之一，其冰雪文化产业的发展必然会带动整个河北省冰雪文化产业的发展。2016年5月，张家口市人民政府印发《关于加快冰雪运动振兴发展的意见（2016—2022年）》。该文件提出当前阶段的4项目标——冰雪场地设施更加完善、冰雪运动人口形成规模、冰雪运动人力资源丰富、冰雪体育产业快速发展。

该文件安排部署了2016年及2017年张家口承办的主要冰雪竞赛活动，并借活动营造了与冬奥城市相匹配的冰雪运动文化氛围，为接下来冰雪文化的宣传奠定良好的群众基础。之后，2018年7月，张家口市人民政府办公室印发《张家口市冰雪产业发展规划（2018—2025年）》。该文件通过分析国际、国内、张家口市的冰雪产业发展现状，提出当前阶段张家口市冰雪产业的五大发展目标与四大产业布局。总之，张家口以冰雪装备研发制造、冰雪体育运动、

① 《张家口市科技局：多措并举推进科技冬奥工作》，https://kjt.hebei.gov.cn/www/xwzx15/sxkj/zjk36/138559/index.html。

冰雪文化旅游、冰雪人才教育培训等为重点，因地制宜、详细具体地制定了本市冰雪产业发展规划。

石家庄市是河北省的省会城市，其强劲的文化产业发展势头为全市冰雪文化产业的发展奠定了良好的经济、技术以及人力资源基础。河北省政府 2018 年 5 月出台的《河北省冰雪产业发展规划（2018—2025 年）》中提出“2344”冰雪产业战略布局，石家庄市在河北冰雪产业发展中具有举足轻重的地位。自 2015 年 7 月 31 日北京申请 2022 年冬奥会成功以来，石家庄市陆续出台了许多与冰雪文化产业发展相关的政策。2016 年 12 月，石家庄市人民政府印发了《石家庄市全民健身实施计划（2016—2020 年）》，2018 年 6 月 15 日出台了《创新冰雪运动发展体制机制的实施意见》，同年 12 月 26 日，石家庄市人民政府办公室印发了《石家庄市冰雪产业发展规划（2018—2025 年）》，纵观文件内容，可以发现石家庄冰雪文化产业发展的重点落在“冰”上。除发展冰雪运动、培养冰雪人才以及发展冰雪旅游、冰雪装备研发之外，石家庄还依据自身文化产业资源优势，提出创办中国·石家庄冰雪（体育）产业博览会、大力发展冰雪培训产业的目标。

承德市是河北省内著名的旅游城市，自 2015 年 7 月北京成功获得 2022 年冬季奥运会举办权以来，承德市便积极响应国家以及河北省的号召，为实现习近平总书记在申奥时提出的“三亿人上冰雪”的宏伟目标，制定了一系列发展本市冰雪运动以及冰雪文化产业的政策。在 2017 年 5 月，承德市人民政府办公室发布《承德冰雪运动旅游产业区规划（2016—2025）》，这是全国首个全市域创新型冰雪产业与冰雪体育旅游的专项规划。承德市紧紧抓住 2022 年我国举办冬季奥运会的契机，依托自身的旅游优势发展冰雪产业；在冰雪文化产业建设上，也依托各地区民俗文化优势，沿着“旅游＋冰雪＋文化”的发展思路，打造了一系列冰雪文化节、冰雪特色休闲区等具有自身特色的冰雪文化项目。

二、河北省冰雪文化产业发展现状

（一）冰雪＋文旅

近年来，河北省越来越重视旅游业的发展，已经连续4届举办河北省旅游产业发展大会。借助2022年我国举办冬季奥运会这一契机，河北省出台了多项政策助力冰雪旅游的发展，如2018年5月20日河北省人民政府印发的《河北省冰雪产业发展规划（2018—2025年）》，文件贯彻落实习近平总书记“冰天雪地也是金山银山”的重要讲话精神，以筹办2022年冬奥会为契机，加快推进全省冰雪产业发展，推动冰雪产业强省建设。该文件指出河北省冰雪旅游未来发展目标，“到2022年冰雪旅游人次达到4000万人次（含场馆四季运营，下同），冰雪旅游总收入达到1000亿元；到2025年冰雪旅游人次达到6000万人次，冰雪旅游总收入达到1200亿元”①。冰雪旅游成为河北省着力发展的产业，是河北省未来旅游业发展的新的增长点。

1. 冰雪文化发展现状

文化是一个民族的命脉，是一个国家深层次的思想，中华文化源远流长，河北省作为我国一个大省，具有悠久的历史文化底蕴，其中冰雪资源良好的张家口、石家庄、承德等地历史悠久，文化底蕴尤其深厚。现如今，旅游文化已经成为旅游业的核心思想，冰雪旅游也应注重冰雪文化的发扬光大。

据了解，河北省具有冰雪旅游设施的滑雪场30余家，并且每年都有雪场举办冰雪节，例如，万龙滑雪场所在的崇礼区每年举办“崇礼滑雪节”，石家庄清凉山滑雪场举办“清凉山冰雪旅游文化节”，秦皇古道滑雪场举办“冬季滑雪节”，等等。每场滑雪节的举办都以当地的文化特色为主，突出自身历史文化优势。

但是纵观河北省冰雪节，仍然存在冰雪文化特色不鲜明、未能形成冰雪文化品牌效应以及文化旅游产品聚集效应不显著等问题，这一点需要借鉴外省及国外的经验来改善。例如，可借鉴并称为世界四大冰雪盛会的哈尔滨冰雪节、

---

① 《〈河北省冰雪产业发展规划（2018—2025年）〉出台明确构造“2344”发展新布局》，http://www.hebsport.gov.cn/faguichanye/gzdt/2018/0530/9796.html。

加拿大的魁北克冬季狂欢节、日本札幌雪节、挪威的奥斯陆滑雪节。河北省应在将冰雪文化与本地特色文化相结合的基础上，挖掘燕赵文化中与冰雪旅游相关的资源，如传统节日、象征服饰、特色纪念品等资源，进一步凸显河北省冰雪旅游的差异性，以满足游客不同层次的需求。

此外，河北省在冰雪文化会展的举办上也开始发力。早在 2009 年 7 月 22 日，国务院常务会议通过了《文化产业振兴规划》（以下简称《规划》），这是继纺织、轻工等规划之后的第十一大产业振兴规划。该《规划》指出，国家将重点推进的文化产业之一，即文化会展。冰雪文化属于文化产业的一部分，因此也应大力推进冰雪文化会展的发展。

河北省张家口市的崇礼冰雪文化博物馆是河北规模最大的冰雪类博物馆。崇礼冰雪文化博物馆位于崇礼主城区城市中心广场，建筑面积约 6000 平方米，分为地上、地下两层，崇礼计划将冰雪文化博物馆建成全国最大的冰雪主题博物馆。博物馆展览内容共分为五个部分，分别是世界冰雪运动起源、世界近代滑雪纵览、中国近代滑雪纵览、崇礼滑雪发展历程和滑雪体验区。崇礼冰雪博物馆综合提炼山脉、冰川和雪的主要元素，以冰雪文化为载体，突出表现崇礼综合发展取得的成果，是崇礼冰雪文化浓缩的“纪念册”。游客通过参观崇礼冰雪文化博物馆，便可以了解崇礼冰雪文化的历史沿革与内涵。

不过，我国相比于其他冰雪大国，冰雪文化博物馆的建设尚处于起步阶段。河北省冰雪博物馆也仅仅有崇礼一处。“一枝独秀不是春，百花齐放春满园。”如何形成具有一定规模的冰雪博物馆体系，对于我国而言任重而道远。此外，如何兼顾冰雪旅游的整体发展与河北省独特的地方特色，兼顾冰雪发展的历史民俗与名人轶事，也是值得思考的问题。冰雪文化博物馆是向世界展示中国、展示河北省冰雪特色的重要窗口，我们应该抓住 2022 年北京—张家口冬奥会这一历史契机，建设国际一流水平的冰雪博物馆，致力于打造一处文化遗产。

河北省在冰雪文化博览会的建设方面也资历较浅，目前为止，河北省还没有举办过以“冰雪文化”为主题的博览会。冰雪文化博览会相比于冰雪文化博物馆而言，规模更加庞大，内容更加广泛，是展出者和参观者众多的展览会。

在这方面，可以借鉴哈尔滨连续举办 26 届的“哈尔滨冰灯艺术博览会”。哈尔滨冰灯艺术博览会自 1963 年创办，是目前世界上形成时间最早、规模最大，并已成为传统项目的大型室外冰灯艺术展，也是哈尔滨冰雪旅游的一大特色。河北省可以在借鉴哈尔滨冰灯艺术博览会的基础上，打造有着自身文化特色的冰雪艺术博览会。例如，河北张家口可以将全市的物质与非物质文化遗产中与冰雪相关的文化素材收集起来，以张家口的“滑雪”特色为主题，举办室外冰雪文化博览会。

2. 冰雪旅游业发展现状

2020 年我国全面建成小康社会，随着人们生活水平的提高，健身、娱乐、休闲成为人们生活中不可或缺的部分，旅游成为人们日常放松的主要方式。依据马斯洛的需求层次论可知，当人们能够解决温饱问题后，也会更加追求精神层面的享受。

2022 年我国成功举办冬季奥运会，这为河北省发展冰雪旅游带来新的机遇。正如上文所言，国家、地方相继出台了众多政策加速冰雪文化产业的发展，其中不乏支持冰雪旅游的政策性文件。例如，2016 年河北省出台的《“十三五”旅游业发展规划》，提倡大力发展休闲度假旅游产品，改善旅游产业设施，加快培育冰雪游、长城游等旅游产品。

旅游业是河北省近年来重点培育的服务类项目，冰雪旅游是河北省旅游业发展的重要增长点。自 2016 年至今，河北省连续举办了 4 届“旅游发展大会”（以下简称“旅发大会”），会议均重点强调了要加快河北省冰雪旅游业的发展，促进全民冰雪运动的开发，展现“经济强省、美丽河北”的形象。通过实地调研，我们以河北省三大滑雪场——张家口崇礼区的万龙滑雪场、石家庄的清凉山滑雪场及秦皇古道滑雪场为研究对象，从河北省冰雪旅游文化及产业方面分析了河北省冰雪旅游业发展现状。

通过研究发现，河北省的冰雪产业正在加大投入力度，冰雪游客数量也在逐年增加，产业设施及冰雪文化内涵也在不断拓展。冰雪旅游产业是保证河北省冬季旅游发展的必要条件，涉及衣、食、住、行、购、游多个方面，是冬季河北省经济增长的重要产业。2015 年，我国成功申请举办冬季奥运会，这无疑给河北省冰雪旅游产业的发展提供了巨大的契机。

但河北省冰雪旅游产业发展还存在一些不足。首先是冰雪装备和场地服务设施方面。自 2015 年我国获得冬季奥运会举办权以来，我国致力于研究国际顶尖水平的冰雪装备及设施零件的研究制造，但苦于我国冰雪产研起步较晚，与发达国家仍然存在较大差距。目前，我国一些顶级造雪机、压雪机等专业冰雪装备仍然依靠国外进口补给，自主研发能力较弱。

其次，我们在实地调研中发现，河北省冰雪场地的娱乐设施有马场、滑雪场及雪地摩托、温泉等，虽然每年这些设施相关创收量较为乐观，但是相应的存在产业单一的问题。冰雪场地周边的餐饮场所、电影院等公共休息场所虽有零星分布，但是仍然存在休息区域信息网络不畅、餐饮服务能力不足情况。在此情况下，冰雪度假村、民宿的建设也任重而道远。这些问题严重影响了游客的体验感，既不利于形成完整的冰雪产业链，也不利于河北省整体冰雪文化产业的发展。

河北省冰雪旅游产业虽然有以上不足，但是我们在调研中发现，场地的服务人员以及教练员态度亲和，针对游客的一系列保护设施相对完善，这体现了河北省冰雪旅游产业发展中对人力资源管理的重视。

（二）冰雪＋体育装备研发

冰雪文化产业的发展不仅需要政策的扶持与冰雪旅游业的发展，还需要相关产业链的融合发展，如体育装备制造业、全民健身和冰雪教育培训业等相关产业的共同发展。此次北京携手张家口承办 2022 年冬奥会，为冰雪装备制造业带来重大发展机遇。

河北省张家口市作为 2022 年冬季奥运会的联办城市，抓住冬奥会这一历史机遇，加紧推进冰雪装备产业招商引资。在实地调研中发现，张家口市谋划建设五大冰雪产业园，计划重点打造总面积约 2 平方公里的冰雪运动装备产业园，引进 50～80 家冰雪装备制造企业，包括造雪机、压雪机、索道等重装备生产企业，滑雪服、滑雪鞋等轻装备生产企业。

此外，在调研中发现，河北省一些企业已经挺进冰雪装备市场。例如，河钢集团宣工公司自主研发出了 SR400 压雪机，并且已经在崇礼银河滑雪场应用。属于民营企业的张家口市宣化宏达冶金机械有限公司研发出造雪机旋转支架，大大提高了造雪效率。

尽管如此，但由于起步较晚等问题的影响，我国冰雪装备制造业产业链仍然不够完善，许多专业性的体育装备研发依然依靠国外进口。张家口万龙滑雪场的宣传片显示，该滑雪场新增的造雪机、滑雪车等专业性体育装备，大多依靠从美国、日本冰雪体育企业进口。在一些边缘性体育装备，如雪服、雪鞋、雪板等轻装备，外国品牌也仍然是滑雪爱好者的首选。要克服这些困难，河北省乃至我国冰雪装备制造业都有很长的路要走。

1. 边缘性体育装备研发

所谓边缘性体育装备，主要指的是冰雪运动所涉及的轻装备，如雪服、雪鞋、头盔、雪镜、雪板等。随着 2022 年北京冬奥会热潮的高涨，河北省出台了一系列政策鼓励冰雪体育装备的研发。例如，2017 年河北省政府办公厅印发的《关于支持冰雪运动和冰雪产业发展的实施意见（2017—2022 年）》中提到，河北省当前的主要任务之一是提升冰雪器材装备研发制造能力，积极引进国内外高端冰雪装备制造企业，支持企业创建和培育自主品牌，着力建设以冰雪产业为特色的装备制造聚集区。

在相关政策的支持下，河北省一些企业加大冰雪运动轻装备的研发力度。据了解，张家口京禧体育器材有限公司与美国合作的雪板装备研发制造项目已经投入运营，该公司生产的滑雪板不但在国内销售，而且已经出口到韩国、日本、美国等地，研发能力不容小觑。

此外，河北省在服装制造业（包括雪服）方面研究制定了《河北省服装产业转型升级行动方案》，该方案明确指出，到 2020 年，培育 7 大特色产业集群、打造 5 个服装创意设计园区、培育 10 个服装知名品牌、培育十佳服装设计师、打造 1 个国内知名时装展会等发展目标。河北省服装制造业发展良好的邯郸市、辛集市有望成为雪服制造的重要聚集区，借助 2022 年北京冬季奥运会这一契机，努力打造属于河北省的雪服品牌。

要打造河北省的冰雪服装品牌需要解决两方面的问题。首先是服装的质量问题。在张家口崇礼万龙滑雪场的实地调研中发现，滑雪爱好者大多身穿外国品牌的雪服，如芬兰的 Halti、捷克布拉格的 Alpine 等，在被问及为何不选本土雪服时，大多数的回答是担心质量问题，同等价格更愿意选择国外品牌。其次是雪服涉及的技术问题。在欧洲，滑雪服的质量标准是适应－10 ℃的低温，日本是－8 ℃，而张家口等地冬季的室外温度能够达到零下十几甚至零下二十几摄氏度低温，国外的标准都不适用，急需建立开发自己的技术标准。此外，河北省一些为欧洲代加工雪鞋的企业负责人表示，欧洲人的脚型比中国人薄、窄、长，中国人如果穿欧洲标准的滑雪靴，就会感觉压脚面、夹脚，这些问题也是困扰我国滑雪爱好者已久的问题。

为解决这些问题，河北省应努力建立与国外品牌的合作，取其精华、弃其糟粕，借鉴并引进优良技术，改造并提升河北省边缘性体育装备的发展。

2. 专业性体育装备研发

所谓专业性体育装备，主要指的是冰雪运动所涉及的重装备，如场地建设所需的浇冰车、造雪机、压雪机、索道等装备以及冰雪运动所需的体育器械，如魔毯、雪地摩托等器械。习近平总书记在 2015 年北京获得冬季奥运会举办权时提出“三亿人上冰雪”的国家目标后，我国冰雪装备产业发展迅速，资本大量涌入，行业出现繁荣景观。随后，河北省政府印发的《关于创新冰雪运动发展体制机制的实施意见》中明确提出，到 2022 年将河北打造成为冰雪运动强省，群众冰雪运动广泛开展，全省达到 3000 万人次参与冰雪运动的目标，这些目标的提出与实现无不依赖专业性体育装备的研发与制造。

自 2015 年北京成功获得冬奥会举办权以来，河北省积极响应国家号召，加大力度投入冰雪运动所需的专业体育装备的研发与制造。众所周知，魔毯是许多滑雪场不可或缺的滑雪者运送设备。河北省固安道沃机电有限公司成立于 2010 年 3 月，现已发展成为全球最大的魔毯产销企业，产品出口韩国、日本等多个国家。现如今，全世界滑雪场约有 7000 家，其中已有 300 多家采用了其产品。此外，上文提到的河钢集团宣工公司自主研发的 SR400 压雪机，在崇礼银河滑雪场应用；民营的张家口市宣化宏达冶金机械有限公司研发出的造雪机旋转支架，大大提高了造雪效率，截至 2017 年 6 月已销售 400 多台。

装备制造业已经成为河北省第一大支柱产业，尤其是廊坊市冰雪装备的研发制造已经具有敦厚坚实的产业基础。在政府出台的一系列优惠政策，如《关于加快发展健身休闲产业的实施意见》《关于进一步扩大旅游文化体育健康养老教育培训等领域消费的实施意见》的指引下，河北省应尽快制订符合自身情况的冰雪体育装备制造的地方标准与行业标准，逐步打造本土品牌。

但是，纵观我国冰雪运动专业性体育装备的研发与出口的整体状况，我国仍处于起步阶段，与国际品牌仍有差距，专业体育装备的高端市场几乎被国外产品垄断。在走访调研中发现，河北省许多企业是国外知名冰雪体育装备制造的代工厂，已经具备制造、研发先进装备的能力，但苦于我国冰雪运动起步相对较晚，未能形成自己的品牌，无法与国际品牌相抗衡。在此环境下，我们应该如上文所述，加紧学习国外先进技术，追赶国际潮流。

（三）冰雪＋教育培训

河北省冰雪文化产业的发展与人才建设息息相关。在冰雪国度日本、加拿大等国，无论是国家政策还是地方性政策都把人才的培养放在显要位置，这一做法值得我们学习和借鉴。

近年来，随着 2022 年冬季奥运会的升温，冰雪人才培养也成为冰雪产业发展关注的问题。我国冰雪产业发展的现状是，冰雪场地比教练多，以花样滑冰为例，全国专业队运动员退役后从事教练工作的大概就是 200 多人，而全国的滑冰场数量远大于 200 个。依靠运动员退役和转型，根本无法满足冰雪产业快速发展的市场需要。人才是支撑冰雪庞大产业链的关键。① 河北省冰雪文化产业建设立足于这一现状，近几年在冰雪的教育培训上持续发力，其培训主要分为群众性冰雪运动培训和竞技性冰雪赛事培训。

1. 群众性冰雪运动培训

习近平总书记在 2015 年申办冬季奥运会时提出“三亿人上冰雪”的宏伟目标，在接下来的几年中，我国各个省份围绕这一目标出台了很多具有建设性的政府文件。河北省作为 2022 年冬季奥运会的联办省份，出台相关政策自不待言。例如，2018 年 3 月，河北省印发的《关于创新冰雪运动发展体制机制

① 高亓健子：《供需视角下黑龙江省冰雪产业发展的政策研究》，哈尔滨商业大学，2017。

的实施意见》（以下简称《意见》）中提到，要广泛开展群众冰雪运动，以期在2022年省内参与冰雪运动人次达到3000万以上，要稳步提升冰雪运动人才规模，以期到2022年冰雪运动竞技人才达到1200名以上，冰雪运动普及人才16 000名以上。

河北省提出多项举措助力群众冰雪运动的发展，首先便是对冰雪运动教练员的培训。河北省在上述《意见》中指出，“大力实施教练员‘省培计划’。2022年前重点选拔培养50名省专业运动队优秀教练员、200名业余训练优秀教练员，使之成为具有国际视野、创新思维和较强理论和实践经验的领军型教练员。邀请国内外高水平训练专家对我省教练员进行培训，分期分批选派教练员出国出省研修、参加国内外大赛观摩”①。优秀人才的培训是冰雪运动开展的基础。

其次，着力发展群众冰雪运动后备军。通过举办形式多样的青少年冬季项目训练营、冬季阳光体育大会等，储备冰雪运动后备人才。2018年，河北省体育局印发《河北省群众冬季运动推广普及计划（2018—2022年）》，根据计划，河北省将重点加强青少年冰雪活动普及，特别是开展冰雪进校园活动，在有条件的地区将冰雪运动纳入学校体育课教学内容。为响应省体育局的号召，河北多个高校举办冰雪活动，燕山大学、河北师范大学、河北大学等院校先后举办“首届冰雪运动会”，学生参与率达到60%以上。

除学生以外，其他职业民众的参与以及开展冰雪运动所需的基础设施建设也是河北省相关工作的重点。为此，河北省积极发展壮大冰雪体育社会组织，成立冰雪项目协会，在社区建设季节性冰雪体育健身站（点）；并且支持各级社会组织统筹协调冰雪场馆经营单位和运动俱乐部资源，创建更多自主品牌赛事活动；鼓励企事业单位为职工参与冬季运动健身创造条件，提倡企事业单位工会将经费用于职工冬季运动健身消费。到2022年为止，河北省具有举办滑雪娱乐项目条件的滑雪场超过100家，每年都吸引大量的冰雪运动爱好者前来游玩，为培养群众的冰雪爱好提供安全场地。

---

① 《关于创新冰雪运动发展体制机制的实施意见》，https://www.hbrc.com.cn/Article/content/id/55899/code/b65d.html。

2. 竞技性冰雪赛事培训

2022年，我国举办第二十四届冬季奥林匹克运动会，在奥运会的所有竞技项目中，共设有7个大项、15个分项、109个小项。其中，北京承办所有冰上项目，延庆和张家口承办所有的雪上项目。纵观我国2022年之前参加历届冬季奥运会的历史，共获得13枚金牌，这些奖牌的获得无一不是教练员和运动员共同努力的成果。但是，横向来看，我国运动员的整体竞赛水平相比于美国、日本等冰雪大国有一定的差距，近几届冬奥会我国的排名在十几名徘徊，冬奥项目的参赛率约为50%，优势项目较少且冰上、雪上项目发展不平衡。为此，我国借举办2022年冬季奥运会这一东风，将竞技性人才培养、赛事培训放在显著位置。河北省作为冬季奥运会的联办省份，也积极响应国家号召，积极培养冰雪竞技类人才。

首先，我国冰雪竞技性赛事高水平专业教练员人数少，处于供不应求的状态。我国国家级的教练员多为专业运动员退役后所担任，通过专业培训、直接上岗的教练员人数少、水平低。在实地调研中发现，河北省专业指导员的学历多为大专或高中及以下的学历，持有上岗证的初级技术指导人员也多为当地人，并不是专业的冰雪竞技性赛事教练，参差不齐的教练员水平难以培养出专业的运动员。针对目前教练员短缺的形势，河北省颁布了一系列政策，致力于培养高水平的指导员和运动员。在上述河北省出台的《意见》中指出，河北省“大力引进国际顶级教练，确保每支重点项目队伍有高水平教练员和保障团队”。

其次，专业运动队的建设也不容忽视。此次举办2022年冬季奥运会，河北省张家口市作为联办城市，主要承办雪上赛事，河北省在依靠雪资源的基础上，重点培养滑雪竞技类运动的专业运动员。上述《意见》中指出，河北省要“优先发展自由式滑雪空中技巧、单板滑雪U型场地、单板滑雪大跳台、单板滑雪坡面障碍技巧、自由式滑雪坡面障碍技巧、速度滑冰等项目队伍，专业运动员编制达到250人左右”。此外，“各市（含定州、辛集市）要重点发展一支符合本地实际优势的运动项目队伍，成为省专业队建设的有益补充”。

除专业的教练员和运动员培养以外，竞技类冰雪赛事的开展也需要专业的冰雪场地管理员。“雪场企业对从业人员学历、专业技术缺少统一的规范，仅限于上岗工作，即便一些大型的冰雪场地，也很少聘请国内外专业权威的冰雪管理人员来为冰雪企业的相关经营管理者传授国外最前沿的经营管理理念，同样也很少有把相关人员定期送往国外学习最新冰雪产业的经营和管理技术。”①这些问题都需要后续解决。

此外，冰雪竞技性赛事培训自然不能缺少专业的冰雪赛事播报员、解说员。为此，河北省内各个高校的播音主持专业致力于培养此类人才，以河北大学为例，为更好地服务于2022年北京冬奥会工作，河北大学新闻传播学院于2018年7月开始筹备“冬奥体育解说通道班”，并在2019年9月18日派出第一批赴芬兰学习的同学。据该院播音系主任介绍，这批学生回国之后就积极传播冰雪项目解说的火种，以促进学校、省份乃至国家在冰雪项目解说上有一个新的提高。

如上所述，河北省冰雪竞技类赛事培训以专业教练员和运动员培养为核心，以冰雪场地管理员与冰雪赛事解说员等相关人员培养为辅助，推进冰雪竞技性赛事的人才培养，为河北省乃至国家储备冰雪竞赛类人才。

（四）冰雪＋自然优势

河北省在促进冰雪文化产业的发展过程中，以现有的冰雪资源为基础和核心，积极推动冰雪文化产业的结构升级与优化。从该类文化产业的实际发展情况来看，冰雪资源与该地特有的自然地形有一定的联系，雪季时长、空气质量、交通情况、消费人群以及政治环境情况都对河北省冰雪文化的发展产生较大影响。从这一层面来看，河北省虽不及东三省有着得天独厚的冰雪资源与地形优势，但其也有自身的优势与特点。

2022年，北京冬奥会为北京、张家口联办正说明了河北省张家口地区冰雪资源及历史文化的独特优势。河北省有着悠久的文化底蕴，是华夏文明的重要发祥地，是名副其实的文化资源大省。下文将以河北省内冰雪资源优厚的张家口市为例阐述河北省发展冰雪文化产业的自然优势。

---

① 任帅：《河北省冰雪旅游特色品牌构建研究》，吉林体育学院，2016。

1. 雪季时间较长

张家口市位于东经 113°50′至 116°30′，北纬 39°30′至 42°10′，地势西北高、东南低，阴山山脉横贯中部，这些地形特点决定了张家口市的雪季时间较长，一般从每年的 11 月持续到次年的 4 月，全年累计降雪量超过 1 米。这一自然地理优势为张家口滑雪场地的建设及营业时长创造优势，据张家口崇礼万龙滑雪场负责人介绍，每年万龙滑雪场的开放时间为 10 月中下旬一直到次年的 4 月中下旬。

较长的雪季为崇礼区的冰雪旅游创造了可观的收入，使冰雪旅游成为张家口市第三产业的重要支柱。据崇礼区文化广电和旅游局副局长介绍，2015 年至 2016 年雪季，崇礼接待滑雪游客 48 万人次。短短 4 年的时间，这个数字就实现了翻番。2018 年至 2019 年雪季，崇礼区七大滑雪场接待滑雪游客首次突破百万人次。雪季时间较长为张家口发展冰雪产业提供了先天的优势条件。

2. 空气清新

张家口市的干部群众牢固树立和践行习近平总书记“绿水青山就是金山银山”的发展理念，围绕“首都水源涵养功能区和生态环境支撑区”定位发展，使得张家口成为长江以北空气质量比较不错的地区，长时间保持京津冀地区的空气质量最好水平。据“新华网”河北频道报道，2018 年张家口市全年空气质量达标天数 277 天，达标率 81.2%，并且在 2019 年上半年全省 11 个设区市的空气质量排名中居首位。清新的空气也是张家口吸引众多游客的重要砝码。

3. 交通发达

河北省具有先天的地理优势，地势高低起伏，高原、丘陵、盆地、平原、山地等地理资源类型齐全，环抱北京，处于交通要塞。其中，冰雪资源较好的张家口地区交通发达，地处京、冀、晋、内蒙古交界处。张家口市区距离北京 180 公里，距离天津港 340 公里，这是张家口市发展冰雪文化产业的必要支持条件。此外，张家口市的高速公路、铁路也十分发达，有京新高速公路、京藏高速公路、首都环线高速公路、张石高速公路、京大高速公路、张承高速公路、绕城高速公路等；张家口有数十条铁路线，其中包括由中国著名铁路工程专家詹天佑修建的京张铁路，以及 2019 年开通的京张高铁、张大高铁等；张家口拥有两个机场——张家口机场和张家口宁远机场。便利的交通是张家口滑雪场地吸引游客的一大优势。

此外，河北省石家庄市是河北的省会城市，交通发达，是河北省长短途客运的交通枢纽，是河北省客运交通的中心城市，拥有数十条高速路、铁路，其中京广铁路是交流的大动脉。石家庄拥有石家庄正定国际机场，是首都经济圈的重要一环，正定国际机场是北京首都国际机场的主要分流、备降机场。

“要想富，先修路”，便利的交通不仅能够给张家口、石家庄的经济发展带来强有力的支持，而且还会进一步带动河北省的经济发展。交通便捷不仅可以吸收广大的游客在雪季前来参观游玩，还能带动河北省其他地区非雪季的旅游业发展。

4. 消费人群集中

所谓河北省消费人群集中，是指冰雪文化产业发展中包括冰雪旅游、全民冰雪运动、冰雪文化博物馆等娱乐项目所针对的目标消费者集中。依据河北省统计局发布的第六次全国人口普查数据公报可知，河北省常住人口为71 854 202人，同第五次全国人口普查2000年11月1日0时的67 436 590人相比，10年共增加4 417 612人，增长6.55%。其中，石家庄市的人口数居于全省11个市级城市之首。纵观全国，河北省的全省人口排名位居第六名。河北省应发挥“人口资源大省”这一优势，助力冰雪文化产业发展。

此外，2020年底我国全面建成小康社会，打赢脱贫攻坚战。随着生活水平的提高，人们的消费水平也随之提升。河北省冰雪资源较好的石家庄市、张家口市、承德市的滑雪场每年游客众多，本地区的游客占据大部分，有着先天的客源优势。

旅游已经成为现代人生活的一部分，是缓解工作压力、放松心情的主要消费选择。我国抓住2022年举办冬季奥运会这一契机，加大力度促进冬季冰雪旅游与消费。习近平总书记在申请冬季奥运会时提出“三亿人上冰雪”的目标，河北省也在为这一目标积极贡献力量。冰雪旅游、冰雪运动不是贵族运动，应该响应号召，全民参与。因此，我们不仅应该抓住现有的消费人群，更应该带动其他潜在消费人群。

5. 政治环境良好

河北省拥有众多红色旅游基地，政治环境良好，在其文化发展中形成了五大文化脉系，其中红色太行（革命文化）在全国具有很高的知名度。太行山横贯河北省西部，从南到北经过邯郸、邢台、石家庄、保定等市，形成了良好的政治氛围。此外，壮美长城（和合文化）也是河北省一大文化脉系。万里长城是中华民族精神的象征，蕴含着勤劳勇敢、自强不息的爱国精神。河北省是长城途经距离最长、保存最完好、建筑最具代表性的省份，在不断发展中，河北省继承了长城文化的精髓。

其中，冰雪资源优渥的张家口市是现存长城最多的地区，享有“长城博物馆”的美称，长久以来继承了长城文化的朴素爱国主义精神。此外，张家口地区涌现过大量的民族英雄，如狼牙山五壮士之一的马宝玉、舍身炸碉堡的董存瑞，他们的事迹与精神在人民群众中口口相传，延续至今。此外，石家庄市、保定市等冰雪资源较好的城市也拥有自身优秀、独特的政治文化。

良好的政治环境为河北省冰雪产业的发展奠定了良好的精神文明基础，但是如何将河北省的“红色文化”与“冰雪资源”结合起来，创建具有省份特色的冰雪文化产业仍然值得思考。

第二节　河北省冰雪文化产业发展战略

一、政策解读

自 2015 年 7 月 31 日北京获得冬季奥林匹克运动会举办权以来，我国冰雪文化产业进入了蓬勃发展的阶段。国家、河北省及省内冰雪资源较好的城市相继出台了一系列政策，鼓励、扶持冰雪文化产业的发展，试图使其成为河北省经济新的增长点，为建设“经济强省、美丽河北”做贡献。2016 年 3 月 16 日，第十二届全国人大四次会议通过了《中华人民共和国国民经济和社会发展第十三个五年规划纲要》，文件在第五篇第 23 章《支持战略性新兴产业发展》中明确指出，要重点支持新兴产业发展。冰雪文化产业作为新兴文化产业之一，是国家培育的重点领域。

下文梳理我国自2015年7月获得冬季奥运会举办权以来各级政府部门发布的有关冰雪文化产业发展的政策，试图从中理出河北省冰雪文化产业发展的脉络，为河北冰雪资源的开发建设及产业发展做出理论指导。

（一）国家政策

国家政策是下级各省、市政策的总指挥。在总要求的指挥下才能把握冰雪文化产业发展的正确方向。对国家发布的冰雪文化产业发展相关政策，我们以国务院办公厅、国家文化和旅游部（原国家旅游局）、国家体育总局发布的政策为准绳，按照时间顺序重点梳理这3个机构发布的政策中对于冰雪产业、冰雪文化消费、冰雪运动、冰雪设施开发以及冰雪旅游发展的指导与目标定位。

2015年7月31日，北京获得2022年冬季奥运会的举办权，此次冬奥会的成功申办使得我国冰雪文化产业的发展进入紧锣密鼓的阶段。2015年11月，国务院办公厅发布的《关于加快发展生活性服务业促进消费结构升级的指导意见》中提到，“以举办2022年冬奥会为契机，全面提升冰雪运动普及度和产业发展水平”①。这是自申办奥运会以来，在国务院发布的政策文件中首次提到“冰雪”二字。此后，2016年6月，国务院办公厅发布的《关于发挥品牌引领作用推动供需结构升级的意见》中提到，“合理开发利用冰雪、低空空域等资源，发展冰雪体育和航空体育产业，支持冰雪运动营地和航空飞行营地建设，扩大体育休闲消费”②，将冰雪体育发展摆在显著位置。同月，国务院发布的《全民健身计划（2016—2020年）》与同年10月发布的《关于加快发展健身休闲产业的指导意见》中均提到冰雪运动的重要性，要求将冰雪运动发展成为全民运动，并提出一系列措施保障基础冰雪运动的场地设施建设。在2017年至2018年间，国务院办公厅也发布了许多冰雪方面相关建设问题的文件，与上述政策文件相同，冰雪产业内容仅仅作为文件的某一条目出现，国家

---

① 《国务院办公厅关于加快发展生活性服务业促进消费结构升级的指导意见》，http://www.gov.cn/gongbao/content/2015/content_2975883.htm。

② 《国务院办公厅关于发挥品牌引领作用推动供需结构升级的意见》，http://www.gov.cn/zhengce/content/2016-06/20/content_5083778.htm。

并没有出台全篇论述冰雪文化产业发展的相关文件。

直至 2019 年，国务院发布的政策文件中才把“冰雪”二字直接写到文件标题中。2019 年 3 月，中共中央办公厅、国务院办公厅印发《关于以 2022 年北京冬奥会为契机大力发展冰雪运动的意见》（以下简称《意见》），该《意见》提出，到 2022 年“冰雪产业蓬勃发展，产业规模明显扩大，结构不断优化，产业链日益完备”① 的产业发展目标。《意见》还指出，阶段性发展的主要任务除培养专业冰雪运动员以外，还有大力普及群众性冰雪运动、广泛开展青少年冰雪运动。在冰雪产业发展方面，《意见》首次明确发展方向——积极培育市场主体、优化冰雪产业结构、拓展冰雪竞赛表演市场。其中，在优化冰雪产业结构相关内容中提出的发展目标之一为，“支持企业开发科技含量高、拥有自主知识产权的冰雪运动产品”。《意见》还致力于推动冰雪产业聚集区、冰雪企业、复合型冰雪旅游基地和冰雪运动中心发展。这一政策的出台为我国冰雪文化产业的发展提供了良好的环境。

按照上述《意见》部署，工业和信息化部、教育部、科技部、文化和旅游部、市场监管总局、广电总局、体育总局、知识产权局、北京 2022 年冬奥会和冬残奥会组织委员会联合编制了《冰雪装备器材产业发展行动计划（2019—2022 年）》（以下简称《计划》），指出冰雪装备制造业具体的发展目标：“到 2022 年，冰雪装备器材产业年销售收入超过 200 亿元，年均增速在 20%以上。”②《计划》指出，这一阶段冰雪装备产业的重点任务为开发大众冰雪装备器材，实施精品示范应用工程，完善产业支撑体系，加强企业品牌培育。其中，在完善产业支撑体系相关内容中，进一步提出实施装备器材标准领航、建设冰雪装备器材检验检测和认证机构以及建立产业发展平台等任务，补齐我国冰雪运动体育装备“无品牌”短板。此外，《计划》还提出了一系列保障措施，助力 2022 年目标任务的完成，如优化产业发展环境、推动高水平开放合作以

① 《关于以 2022 年北京冬奥会为契机大力发展冰雪运动的意见》，http://www.gov.cn/gongbao/content/2019/content_5383712.htm。

② 《冰雪装备器材产业发展行动计划（2019—2022 年）》，http://gxt.hebei.gov.cn/hbgyhxxht/zcfg30/gnzc/652131/index.html。

及加快专业人才培养等措施。

此外，文化和旅游部发布了一系列促进冰雪旅游业发展的政策。例如，2019 年 8 月 27 日，文化和旅游部对侯漫路代表提出的“关于尽快出台《冰雪旅游资源普查与评价》国家标准，推动冰雪资源优势转化为旅游产业优势的建议”进行回答，表示文旅部将不断强化标准实施，以标准化手段支撑旅游业高质量发展，与世界其他国家和地区就积极推动冰雪旅游资源的开发与利用充分交流互鉴，为进一步推动冰雪资源优势转化为旅游产业优势贡献一分力量。

通过分析国家出台的以上政策可知，这一阶段国家层面对于冰雪文化产业的开发与发展着重放在冰雪运动与冰雪旅游业的相关领域，如冰雪运动的推广、冰雪相关产业装备的研发制造与冰雪旅游业的大力推广。河北省应依据国家政策侧重点并依托良好的冰雪产业发展环境，借 2022 年冬季奥运会这一契机，因地制宜，依据省内冰雪资源现状出台适合本省冰雪文化产业发展的政策与措施，探索本省冰雪文化产业发展战略。

（二）河北省政策

2022 年的冬季奥运会为北京、张家口联办，张家口是河北省下辖地级市，作为此次奥运会的举办地之一，必然会牵动整个省冰雪资源的发展。自 2015 年 7 月 31 日北京申请举办冬季奥运会成功以后，河北省政府、河北省体育局、河北省旅游局等机构便依照各项国家政策，结合本省冰雪资源特色，出台了一系列推动省内冰雪文化产业发展的举措。

2016 年 1 月 15 日，河北省体育局与河北省发展和改革委员会为指导河北省冰雪运动的发展，提高省内冰雪运动的发展水平，联合印发《河北省冬季运动发展规划（2015—2022 年）》，提出“到 2022 年，力争把我省打造成冰雪运动大省”及“全省经常参加冬季项目健身人口比例达到 40%、3000 万人次以上，张家口、承德等条件好的地区达到 50%、450 万人次以上”的发展目标。指出这一阶段的主要任务除积极开展群众性体育运动及发展体育装备制造、培养专业冰雪人才以外，还有促进冰雪产业融合发展。其中，在促进冰雪产业融合发展举措中进一步指出，要促进冰雪运动与健康、教育、文化、旅游、传媒等行业融合发展。将冰雪运动与冰雪文化的融合放在重要位置，为河北省冰雪文化产业的发展提供良好的环境。

同年7月，依据国家“十三五”规划，河北省体育总局印发《河北省体育发展“十三五”规划》，对未来5年河北省体育发展目标、发展任务和政策措施等做了科学系统的安排部署。规划首次提出“打造冰雪运动大省”的中长期目标，致力将冰雪运动打造成为河北体育第一品牌。同年12月，河北省人民政府办公厅印发《河北省旅游业“十三五”发展规划》，提出实施“旅游+”战略，充分发挥本省旅游业的拉动力、融合力及催化、集成作用，加快“旅游+”与农业、工业、文化、体育、商贸等相关产业的融合发展，为相关产业和领域发展提供平台，提升其附加值，实现产业之间的联动与共兴。此文件的出台为“冰雪旅游+文化”的发展提供了制度保障。此外，该文件还指出，要建设3个国际旅游城市，其中之一便是张家口——冰雪奥运城市，力图将张家口打造成为世界冰雪运动休闲中心；并提出借势发展体育旅游、大力发展文创旅游、积极培育会展旅游等措施。文件还指出，要强化冰雪品牌意识，“依托张家口、承德冰雪旅游资源，以崇礼冰雪运动为核心，积极开发冰雪运动、度假、游乐、休闲、文化创意等旅游产品，借势冬奥会，加大品牌宣传力度，打造一批高品质冰雪旅游基地”①。依据国家“十三五”规划，并分析河北省出台的与冰雪文化产业发展相关的“十三五”规划可以看出，冰雪文化产业中冰雪运动产业与冰雪旅游业的发展仍然是河北省冰雪资源发展的重点。

2017年7月，河北省人民政府办公厅印发了《关于支持冰雪运动和冰雪产业发展的实施意见（2017—2022年）》（以下简称《实施意见》），这是河北省出台的具有影响力的文件中，首次将“冰雪”二字直接写到文件标题中。该文件明确提出这一阶段的四大主要发展目标，其中之一便是使冰雪产业规模不断提高，到2022年全省冰雪产业总规模达到1000亿元。《实施意见》指出，这一阶段的主要任务为广泛开展群众冰雪健身活动，“打造特色冰雪活动品牌，建立以‘健康河北、欢乐冰雪’等品牌活动为主线，以冰雪旅游节、冰雪文化节、冰雪嘉年华、欢乐冰雪季、冰雪马拉松等为支撑的群众冬季项目活动体

---

① 《河北省人民政府办公厅关于印发河北省旅游业“十三五”发展规划的通知》，http://info.hebei.gov.cn/hbszfxxgk/6806024/6807473/6807180/6812527/6812616/6817524/index.html。

系。鼓励各地依托当地自然资源和人文资源，普遍开展具有本地民俗特色的冰雪特色健身项目，打造‘一地一品’‘一地多品’的特色冰雪活动品牌”①。由此看出，该文件的出台真正将河北省冰雪文化产业的建设提上日程，为省内冰雪资源较好的下辖地级市的产业发展提供政策保障。此外，文件在优化冰雪产业布局这一任务中指出，要构建“一核、两区、三带”冰雪运动和冰雪产业发展新格局。即“以 2022 年冬奥会张家口崇礼赛区为核心，以石家庄冰雪运动产业聚集区、承德冰上运动产业聚集区为两翼，以京张冰雪体育休闲旅游带、京东冰雪健身休闲带和冀中南冰雪健身休闲带为支撑”②。这是河北省首次提出的冰雪产业的总体发展布局，这一格局指出河北省冰雪文化产业发展的重点地级市为张家口、石家庄、承德。本书的论述也是以“一核、两区、三带”这一发展战略为脉络，梳理河北省相关地级市冰雪文化产业的发展状况。

2017 年 12 月，为贯彻落实国家体育总局等 23 部门联合印发的《群众冬季运动推广普及计划（2016—2020 年）》以及河北省发布的《河北省冬季运动发展规划（2015—2022 年）》，河北省体育局印发《河北省群众冬季运动推广普及计划（2018—2022 年）》，明确指出要大力发展冰雪旅游产业，坚持“以冰为主、冰雪并举、突出特色、融合发展”的发展思路，确立“北冰南移”引爆旅游、“冰雪＋”全产业链导入的发展路径，掀起承德冬季冰雪旅游热潮，形成与京、张两市差异化发展的产业发展策略。这一政策为实现“带动三亿人参与冰雪运动”目标，为河北省冰雪文化产业的发展提供具体的指导思路。2018 年 3 月，河北省人民政府办公厅印发《关于创新冰雪运动发展体制机制的实施意见》，提出大力发展省内冬季冰雪运动、合理建设滑雪场以及积极培养冰雪运动人才的任务，致力形成加快冰雪运动发展的体制。虽然该文件在冰雪运动领域影响较大，但是并未涉及冰雪文化产业发展的相关内容。

2018 年 5 月，河北省人民政府办公厅印发《河北省冰雪产业发展规划

---

① 《关于支持冰雪运动和冰雪产业发展的实施意见（2017—2022 年）》，http://www.askci.com/news/chanye/20170801/094248104332.shtml。

② 《关于支持冰雪运动和冰雪产业发展的实施意见（2017—2022 年）》，http://www.askci.com/news/chanye/20170801/094248104332.shtml。

（2018—2025 年）》，该文件是河北省出台的第一份以“冰雪产业”为主要论述内容的政策文件。文件中明确提出，河北省将立足于培育河北经济新的增长极，以冰雪场馆设施为基础，加快形成“冰雪体育运动、冰雪装备研发制造、冰雪旅游、冰雪人才培训、冰雪文化”为核心的冰雪全产业链，并首次提出“到 2025 年建成冰雪产业强省”的发展目标。文件明确规划出河北省冰雪产业发展“2344”总体战略布局，即“突出做强张家口、承德两个冰雪产业核心区，发展壮大京津张、承秦唐、太行山脉 3 条冰雪旅游带，建设张家口装备制造、廊坊装备制造、雄安技术研发、石家庄综合服务四大基地，打造冬奥会、会展论坛、教育培训、冰雪赛事四大国际品牌，加快形成‘两核、三带、四基地、四品牌’的冰雪产业发展新格局”①。此外，文件在涉及冰雪文化产业时指出，应“培育发展冰雪文化业，丰富冰雪文化活动。精心培育冰雪文化品牌，逐步将崇礼建设成为国际一流、最具影响力的世界冰雪论坛展会品牌。推动冰雪文化与历史、民族、传统文化的融合发展，形成具有浓郁地方特色的冰雪文化产品。不断丰富冰雪文化活动，以张承为主，打造中国冰雪文化、冬奥文化推广基地”。“2344”总体战略布局与“一核、两区、三带”的发展格局遥相呼应，共同指导河北省冰雪文化产业的发展。

2019 年 6 月 4 日，河北省人民政府办公厅成立了河北省加快冰雪运动发展工作领导小组。同年 7 月，为贯彻落实国家九部委《冰雪装备器材产业发展行动计划（2019—2022 年）》，推动省内冰雪装备产业加快发展，河北省工业和信息化厅、河北省教育厅、河北省体育局、上述领导小组等 9 部门联合印发《河北省冰雪装备器材产业发展行动计划（2019—2022 年）》，提出“到 2022 年，打造与冰雪运动核心区相适应的冰雪装备器材制造产业，形成完整的冰雪装备器材产业链，以张家口、承德、廊坊、唐山等市为重点，培育一批高端冰雪装备器材制造企业”② 的发展目标，为省内冰雪装备制造业的发展提供指导

---

① 《〈河北省冰雪产业发展规划（2018—2025 年）〉出台明确构造“2344”发展新布局》，http://www.hebsport.gov.cn/faguichanye/gzdt/2018/0530/9796.html。

② 《冰雪装备器材产业发展行动计划（2019—2022 年）》，http://gxt.hebei.gov.cn/hbgyhxxht/zcfg30/gnzc/652131/index.html。

与政策保障。

2019 年 7 月 2 日，河北省发展与改革委员会、省工业和信息化厅等 6 部门联合印发《支持冰雪产业发展的政策措施》，共推出 10 条措施保障省内冰雪产业的发展，提出加大力度发展冰雪装备器材制造、冰雪教育培训、冰雪文化和旅游等产业，促进冰雪关联产业融合发展。其中，在冰雪教育培训的保障措施中提到，政府对达到规定标准的冰雪后备人才基地、俱乐部、体育传统项目学校，依据相关规定每年安排专项资金给予补助。并且，以政府购买服务的方式，鼓励青少年接受校外冰雪运动培训，大力支持学校与滑雪场、滑冰馆、冰雪运动俱乐部、冰雪培训机构及其他相关社会机构合作开设冰雪运动技能课程。这项保障措施为政府提出的“冰雪运动进校园”的倡议提供了资金支持，有利于河北省培养冰雪运动的后备人才。此外，在涉及冰雪文化和旅游等产业时，政府表示，对新获得国家 5A 级旅游景区、国家级旅游度假区评价的经营管理单位，省级财政给予 100 万元奖励。并且对重大国家品牌冰雪文化和旅游展会、论坛、赛事活动等，河北省财政给予适当补助；对符合特色小镇申报条件的冰雪文化和旅游小镇，优先纳入河北省特色小镇名单。这些保障措施的出台为进一步发展河北省的冰雪文化产业提供了政策保障与资金支持，有利于省内地级市开发具有当地文化特色的冰雪旅游。

2019 年 11 月，《河北省冰雪活动蓝皮书（2018—2019）》（以下简称《蓝皮书》）发布，总结了河北省 2018 年至 2019 年冰雪活动和冰雪产业发展情况。这是继 2017 年河北省体育局首次发布冰雪蓝皮书后的第三次发布。《蓝皮书》显示，2018 年至 2019 年雪季，河北省参与冰雪运动群众总计 1 300.37 万人次，首次超过千万，比上一雪季增长了 51.77%；在冰雪产业方面，2018 年至 2019 年雪季，河北省获得行政许可的滑雪场数量达到 40 家，冰雪产业链日益完善，通过加大冰雪场馆建设，吸引越来越多的群众参与冰雪运动；在冰雪人才培养方面，截至 2019 年 4 月，河北省专业队达到 15 支，在训运动员 232 人。

通过梳理河北省自 2015 年 7 月北京获得冬奥会举办权以来发布的多条影响力较大的政策可以看出，河北省冰雪文化产业的发展重点与国家侧重点保持一致，仍然是冰雪运动的普及、冰雪体育装备的研发制造与冰雪文化与旅游业的开发。河北省冰雪文化产业由于起步较晚，当前仍处于发展的初级阶段，多项政策提出了众多方向的发展目标，但总体方向是完成河北省“2022 年建成冰雪运动大省”与“2025 年建成冰雪产业强省”的小目标与 2022 年“三亿人上冰雪”的国家目标。“冰雪运动进校园”“一核、两区、三带”“2344”冰雪产业发展战略的提出也是环环相扣，为河北省冰雪文化产业的发展提供政策保障。其中，“一核、两区、三带”的发展战略也是本书展开论述的脉络。

（三）地方性政策

2022 年北京冬奥会为北京、张家口联合举办，张家口市隶属于河北省，作为第二十四届冬奥会的唯一联办地级市，其冰雪文化产业的发展必然会带动整个河北省人民冰雪文化产业的发展。我们依据 2017 年 7 月河北省人民政府办公厅印发的《关于支持冰雪运动和冰雪产业发展的实施意见（2017—2022 年）》中提出的“一核、两区、三带”的冰雪产业发展战略，逐步梳理省内张家口、承德、石家庄等市出台的有关冰雪文化产业发展的政策，试图分析出各个地级市冰雪文化产业发展的侧重点与发展现状。

1. 张家口市政策

“一核、两区、三带”发展战略中指出，以 2022 年冬奥会张家口赛区为核心。张家口作为我国 2022 年冬季奥运会的联办方，是河北省冰雪文化产业发展的聚集区。自 2015 年北京获得冬奥会举办权以来，张家口市人民政府办公室、教育局等部门为响应国家级、省级号召，出台了多项政策助力本市冰雪文化产业的发展。

2015 年 9 月，张家口市教育局为配合北京联合办好 2022 年冬季奥运会，培养先进的冬季冰雪人才，发布《关于设立张家口市青少年冬季奥林匹克运动学校》的通知，决定将宣化二中设立为“张家口市青少年冬季奥林匹克运动学校”。该通知是河北省内首次针对 2022 年冬奥会人才培养设立学校的政策文件，为之后“冰雪运动进校园”活动的宣传推广奠定了良好的基础。

2016 年 5 月，张家口市人民政府印发《关于加快冰雪运动振兴发展的意见（2016—2022 年）》。该文件提出，阶段性四项发展目标为冰雪场地设施更加完善、冰雪运动人口形成规模、冰雪运动人力资源丰富、冰雪体育产业快速发展；四项重点任务，分别是广泛开展群众性冰雪运动、稳步提高竞技冰雪运动水平、促进冰雪产业加速发展与加快冰雪设施建设。其中，在促进冰雪产业加速发展这一主要任务中进一步指出要建设冰雪装备制造产业聚集区。“以坝下区域为重点，以冰雪文化产业园和冰雪装备产业园为平台，加大招商引资力度，积极引进一批国际一流的冬季项目体育器材、装备制造企业，形成产业集群。”该文件将冰雪运动与冰雪体育装备的研发制造摆在显著位置，为相关冰雪文化产业领域的发展提供政策保障。同年 11 月，张家口市人民政府印发《关于第二届“大好河山·激情张家口”冰雪季活动方案》。该文件安排部署了 2016 年及 2017 年主要冰雪竞赛活动，并力图借此活动营造与冬奥城市相匹配的冰雪运动文化氛围，为接下来冰雪文化的宣传奠定良好的群众基础。

2017 年 7 月，张家口市人民政府办公室印发《张家口市“冬奥惠民”工程建设实施方案》。该文件明确指出，当前全市的工作目标之一便是营造浓郁的奥运文化氛围，主要任务是大力弘扬奥运文化，实施“冰雪校园”计划，使得冰雪知识走进课堂；开展奥运文化“五进”，以讲座、培训等方式逐步推进奥运文化知识进社区、进乡村、进家庭、进企业、进机关。该文件力图通过冰雪知识的宣讲、冰雪运动设施的搭建、冰雪体育组织的发展等措施，使得全市人民了解冰雪文化，助力冰雪文化产业蓬勃发展。

2018 年，张家口市加大冰雪文化产业建设投入力度，连续发布了 10 余项与冰雪文化产业建设相关的文件，这里以相关性最强的两项政策为例展开说明。2018 年 7 月，张家口市人民政府办公室印发《张家口市冰雪产业发展规划（2018—2025 年）》。该文件通过分析国际、国内、张家口市的冰雪产业发展现状，提出该阶段张家口市冰雪产业的五大发展目标与四大产业布局建设规划，就冰雪体育运动产业、冰雪文化旅游产业、冰雪装备产业、冰雪现代服务业的发展进行详细规划。在冰雪文化旅游产业规划中，依据张家口市下辖县区的冰雪资源特色，明确指出各地发展方向。例如，将沽源县、崇礼区、蔚县打造成为冰雪民俗观光地；将张家口市区、宣化区、崇礼区、赤城县、沽源县、康保县打造成为冰雪旅游体验地；等等。此外，文件指出该阶段张家口市冰雪旅游重点项目建设为冰雪旅游精品线路、冰雪特色小镇、冰雪旅游度假区的开发。当月，为认真落实习近平总书记在张家口市考察时做出的“推动冰雪运动和冰雪产业在张家口落地生根”重要指示，响应国家冰雪装备产业发展的号召，张家口市人民政府办公室印发《张家口市支持冰雪装备产业发展若干措施（试行）》，制定了支持冰雪装备产业发展的23条措施，在资金、人才、技术开发等方面给予支撑，为我国冰雪装备的研发制造提供宽松舒适的发展环境。

2019年6月，张家口市人民政府办公室印发《张家口市冰雪产业发展规划（2019—2025年）》，相比于2018年7月发布的《张家口市冰雪产业发展规划（2018—2025年）》，该文件更加详细地分析了国际、国内及张家口市冰雪产业的发展现状，在原来目标的基础上增加了“冰雪教育培训体系全面建立”与“冰雪现代服务协同融合发展”新的发展目标，提出了“依托‘一城三区’（‘一城’即张家口主城区；‘三区’即高新区、宣化区、崇礼区三大冰雪产业集聚区）冰雪全产业链发展平台，加快打造冰雪装备研发制造、冰雪体育运动、冰雪文化旅游、冰雪人才教育培训、冰雪现代服务等冰雪全产业链发展体系”。新的文件更加细化了其下辖县区的发展方向，如在冰雪文化旅游产业规划中，冰雪民俗观光地在原来3个区县的基础上增加了尚义县，变为4个；冰雪旅游体验地在原来6处的基础上增加尚义县、张北县，变为8处。但纵观全文件，其发展的侧重点——冰雪装备研发制造、冰雪旅游业的开展、冰雪人才的教育培训等与2018年保持一致。当月，张家口市人民政府办公室印发《张家口市2019年冰雪产业发展实施方案》，该文件结合全市冰雪产业发展实际，总结了2019年张家口市签约冰雪产业项目30个、落地20家，6个项目实现投产的冰雪产业发展现状，明确提出加快冰雪产业项目集聚的工作目标。文件提出，在冰雪旅游方面，2019年至2020年雪季，全市冰雪旅游游客要突破650万人次，综合收入达到60亿元。文件在总结发展现状基础上提出“加快推动冰雪与旅游、体育、文化等产业融合发展。在崇礼及坝上县区，重点谋划举办冰雪竞技挑战赛、冰雪汽车拉力赛、冰雪马拉松赛、国际冰雕雪雕展览、冰雪音乐会等系列活动，做强‘冰雪节庆’品牌，打造冰雪运动体验区”等推动冰雪文化旅游多元发展的目标。

通过梳理2015年至2019年张家口市政府发布的有关冰雪文化产业建设的政策可知，张家口市能够准确把握国家相关冰雪政策导向，以冰雪装备研发制造、冰雪体育运动、冰雪文化旅游、冰雪人才教育培训等为重点，因地制宜、详细具体地制定本市冰雪资源发展规划。其提出“一城三区”的冰雪全产业链发展布局，积极、认真地贯彻落实习近平总书记“要推动冰雪运动和冰雪产业在张家口落地生根”等重要指示精神，抓住筹办2022年冬奥会、冬残奥会等重大历史机遇，推动全市冰雪产业集聚发展，致力于将张家口打造成国际知名、国内领先的冰雪全产业链基地。

2. 石家庄市政策

石家庄市是河北省的省会城市，历史悠久，具有较强的综合经济实力与较为丰富的文化资源，其文化产业的发展一直居于全省前列。近年来，石家庄市围绕建设“文化强市”战略目标，抢抓国家大力推进文化创意与相关产业融合发展的重要发展机遇，逐步形成了文化产业“文化＋创意＋科技＋金融＋X”的融合发展的新格局。据2017年3月石家庄市人民政府印发的《石家庄市文化消费试点工作方案》显示，在2015年，石家庄市文化产业实现增加值223.01亿元，居全省第一。其强劲的文化产业发展势头为全市冰雪文化产业的发展奠定了良好的经济、技术以及人力资源基础。

河北省政府在2017年7月印发的《关于支持冰雪运动和冰雪产业发展的实施意见（2017—2022年）》中，明确提出“一核、两区、三带”的冰雪产业发展格局，其中石家庄冰雪运动产业聚集区作为两区之一，是河北省政府计划重点发展冰雪产业的领域。此外，在2018年5月河北省政府发布的《河北省冰雪产业发展规划（2018—2025年）》中，提出“2344”冰雪产业战略格局，指出将“石家庄综合服务”作为四大基地项目之一。由此可见，石家庄市冰雪产业发展在河北省范围内居于举足轻重的位置。

自2015年7月31日北京申请举办2022年冬奥会成功以来，石家庄市陆续出台了许多与冰雪文化产业发展相关的政策。2016年12月，石家庄市人民政府印发了《石家庄市全民健身实施计划（2016—2020年）》，该文件首次对冰雪运动做出指示：“广泛开展大众冰雪运动。制定石家庄市冰雪运动推广普及计划。市和各县（市）、区政府、体育行政部门要专门安排财政资金和一定比例的体育彩票公益金为冰雪运动场顶层设计、场地设施建设、文化氛围营造、社会组织建设和赛事活动开展提供支持和保障。”文件还指出，全市要广泛开展群众性冰雪运动，每年至少举办 2 项冰雪赛事、5 次冰雪活动。

2018 年，“冰雪”二字首次出现在石家庄市政府印发的政策文件的标题之中（此前一直是作为连带条目出现在各类政策的相关内容中）。2018 年 6 月 15 日，石家庄市人民政府以筹办 2022 年冬奥会为契机，以打造冰雪运动强市为总目标，以实现 500 万人次参与冰雪运动为基础，印发了《创新冰雪运动发展体制机制的实施意见》，明确提出加强后备人才培养与加快普及推广群众冰雪运动两项主要任务。其中，在人才培养目标中进一步指出要大力加强教练员、运动员培训，支持“与河北体育学院、北京体育大学、东北师范大学等高等院校在冬季项目训练上的合作。积极开展与黑龙江、辽宁、吉林等冰雪强省高水平运动队、体校间的合作交流，以外训、代训、人才交流为主要模式借力发展”①，响应了河北省政府倡议的“冰雪运动进校园”活动。

同年 12 月 26 日，石家庄市人民政府办公室印发了《石家庄市冰雪产业发展规划（2018—2025 年）》，这是与石家庄市冰雪文化产业发展最为相关的一则政策。该政策深入贯彻落实了习近平总书记“冰天雪地也是金山银山”的科学论断，通过梳理石家庄市面临的形势与冰雪产业发展的基础，明确提出了适合本市冰雪产业发展的战略，即打造“一区、一带、一展会、两基地、四品牌”的冰雪产业发展新格局，或曰“11124”总体发展布局。具体而言，就是“突出打造石家庄城市冰上产业聚集区，发展壮大太行山冰雪旅游产业带，创办中国·石家庄冰雪（体育）产业博览会，建设冰雪综合性人才培养基地、冰雪装备器材研发制造销售基地等两大基地，打造元氏县国家体育（冰雪）产业示范基地品牌、鹿泉区西部长青冰雪旅游度假区品牌、石家庄‘全城热练’群众冰雪系列活动品牌、冰缘冰壶京津石冰球联赛品牌等四大品牌”。政策对布局中涉及的地区进行详细的规划，如对“中国·石家庄冰雪（体育）产业博览

---

① 《石家庄市人民政府办公室关于创新冰雪运动发展体制机制的实施意见》，http://www.sjz.gov.cn/col/1516346198323/2018/06/21/1529568042751.html。

会”这“一展会”建设，提出要依托市会展中心，整合利用全市冰雪场馆运营、冰雪四季游、赛事节庆等资源，搭建以冰雪产业为主体的体育产业宣传推介、交流展示平台，举办和引进国内外高端经济论坛，创办形成可持续推进的国际知名展会品牌。该政策明确了石家庄市冰雪资源的分配情况与产业发展的目标方向，为市内各地区冰雪文化产业的发展提供遵循的依据与指导意见。

通过梳理石家庄市冰雪文化产业相关政策可以发现，相较于张家口，石家庄冰雪文化产业发展的重点落在“冰”上。除发展冰雪运动、培养冰雪人才以及发展冰雪旅游、冰雪装备研发之外，石家庄还依据自身文化产业资源优势，提出创办中国·石家庄冰雪（体育）产业博览会、大力发展冰雪培训产业的目标。市政府也依据本市冰雪资源特点制定了“11124”总体产业发展格局，明确规定了下辖各地区的发展方向，助力北京冬季奥运会的举办。

3. 承德市政策

承德市是河北省下辖地级市，位于河北省东北部，处于华北和东北两地过渡带，有着深厚的历史文化底蕴，是首批国家历史文化名城之一，是中国摄影、剪纸之乡。承德自古以来就是休闲旅游的圣地，远至清代，康熙皇帝便在此修建行宫“避暑山庄”。近几年来，承德市旅游业的发展也备受瞩目。2016年11月，承德市被国家旅游局评为“第二批国家全域旅游示范区”。承德依靠自身的休闲旅游特色与自然地理优势，即良好的“冰”资源基础，成为河北省冰雪文化产业发展的着力点。

在2017年7月河北省人民政府办公厅印发的《关于支持冰雪运动和冰雪产业发展的实施意见（2017—2022年）》中提出“一核、两区、三带”的发展战略，其中“承德冰上运动产业聚集区”便是两区之一。在之后《河北省冰雪产业发展规划（2018—2025年）》提出的“2344”冰雪产业战略格局中，也明确指出承德是两个冰雪产业核心区之一。由此观之，承德冰雪产业的发展早已在河北省冰雪产业发展的总体布局之中。

自2015年7月北京获得第二十四届冬季奥运会举办权以来，承德市便积极响应国家以及河北省的号召，为实现习近平总书记在申奥时提出的“三亿人上冰雪”的宏伟目标，制定了一系列发展本市冰雪运动以及冰雪文化产业的政策。2015 年 12 月，承德市人民政府办公室印发《2015—2016 中国承德冰雪温泉国际旅游节实施方案》，以整合全市体育、文化、历史、宗教、冰雪、温泉、民俗等旅游资源为目标，致力于把激情冰雪、冬趣承德打造成承德新名片。该文件明确了此次旅游节的活动内容：举办系列冰雪赛事活动、鼎盛皇家灯会系列活动、第二届畅达冰雪嘉年华活动、“吉祥承德、禅修之旅”佛教主题文化活动、承德之冬摄影大赛等，真正将承德的冰雪资源与承德的民俗文化结合起来，为省内其他地级市冰雪文化产业的发展提供良好的范本与遵循。

2016 年 12 月 5 日，承德市先后印发了成立第二届全国雪地摩托车越野锦标赛暨冰雪嘉年华活动领导小组的通知与《2016“首农杯”全国雪地摩托越野锦标赛（承德御道口站）暨御道口皇家猎场·冰雪狂欢季活动实施方案》，前者任命了冰雪嘉年华活动领导小组的成员，后者对锦标赛暨冰雪嘉年华活动进行了详细的部署，提出“到 2022 年冬奥会之际，把承德市打造成为全省冰雪产业经济重要增长点，初步建成以皇家文化＋冰雪体育旅游为主导，冰雪健身休闲和竞赛表演业为基础，冰雪装备制造业初具规模的冰雪经济产业体系”①的目标。

2017 年 5 月，承德市人民政府办公室正式发布《承德冰雪运动旅游产业区规划（2016—2025）》，这是全国首个全市域创新型冰雪产业与冰雪体育旅游的专项规划。该文件明确指出承德冰雪产业发展的总体目标，即全面推动承德冰雪体育旅游产业的发展，导入“避暑胜地，冰嬉之都”的全新城市品牌形象，实现冰雪体育旅游产业的跨越性发展。此外，文件对承德今后的冰雪产业发展格局进行了明确的规划，即重点打造“一核两翼金三角，特色五区 14 项产业”的总体布局。“包括‘以冰为主’打造冰上产业核心聚集区，依托‘武烈河—滦河大众冰嬉运动长廊’‘冰上龙舟赛事运动长廊’发展承德全市域冰上体育运动与全民健身；通过三大精品小镇及五大功能区，把承德打造成面向京津冀辽蒙的冬季旅游胜地；等等。”承德在发展自身优势产业——旅游业的

---

① 《承德市人民政府办公室关于印发 2016“首农杯”全国雪地摩托越野锦标赛（承德御道口站）暨御道口皇家猎场·冰雪狂欢季活动实施方案的通知》，https://www.chengde.gov.cn/art/2016/12/7/art_9943_305709.html。

同时，带动冰雪旅游与冰雪文化产业的发展。

承德市在发展冰雪文化产业时，政府除提供资金、技术扶持之外，还专门针对冰雪产业技能人才的培养发布政策文件，为承德市冰雪产业的发展提供人力资源支撑。2019 年 7 月，承德市人力资源和社会保障局、体育局、教育局、财政局 4 部门联合印发《承德市冰雪产业技能人才培养储备计划实施方案（2019—2022 年）》，该实施方案以承德建设备战 2022 年冬奥会国家雪上项目训练基地为契机，致力于创新培训方法举措，为建设冰雪产业强市提供技能人才支持。此外，文件明确指出培训对象为面向冰雪器械制造、冰雪服饰生产及冰雪产业链相关企业生产服务一线的岗位职工；冰雪场馆职工，包括教练员、器材维修员、安全员等；从事后勤、安保、礼仪、消防等方面人员；与冰雪旅游相关的技能人员，如导游、景区管理等。对以上企业职工进行岗位技能提升培训及就业技能培训，加快冰雪产业相关职业人员的培养，完成“2019 年至 2022 年，每年培训冰雪产业技能人才不低于 1600 人”① 的目标。

2019 年 12 月，承德市人民政府办公室印发《承德市冰雪产业发展规划（2018—2025 年）》。该文件根据《河北省冰雪产业发展规划（2018—2025 年）》的具体要求，通过分析承德市冰雪产业面临的形势与发展基础，提出了承德冰雪产业相关领域建设的具体发展指标。例如，在冰雪旅游经济发展上，提出“到 2022 年冰雪旅游人次达到 600 万人次（含场馆四季运营，下同），总收入达到 120 亿元；到 2025 年冰雪旅游人次达到 800 万人次，冰雪旅游总收入达到 160 亿元”② 的目标。此外，该文件对承德市冰雪产业的发展进行了总体规划，提出“一核、三基地、五大精品项目、赛事活动全覆盖”的总体布局，即“承德冰雪产业核心区；河北承德国家雪上项目训练基地、冰上运动中心（中国残疾人冰上运动训练基地）、滦平国家体育（冰雪）产业示范基地等三大基地；双滦大黑山国际滑雪度假区、高新区崔梨沟四季度假国际滑雪小

---

① 《承德市冰雪产业技能人才培养储备计划实施方案（2019—2022 年）》，http://rsj.chengde.gov.cn/art/2014/7/12/art_2829_335942.html。

② 《承德市冰雪产业发展规划（2018—2025 年）》，http://www.chengde.gov.cn/art/2019/12/17/art_3268_325727.html。

镇、滦平金山岭国际滑雪旅游度假区、宽城都山国家运动休闲特色小镇、丰宁中国马镇冰火节等五大精品项目”，深入推进“冰雪＋灯会”“冰雪＋温泉”“冰雪＋赛事”“冰雪＋民俗”等融合发展，实现承德市城乡冰雪赛事和冰雪活动全覆盖，实现旅游业淡旺分明向四季常旺转变，“一季游”向“四季游”转变。其中值得一提的是五大精品项目的建设，五大项目均结合各地区自身的文化特色，是承德市重点发展的冰雪文化产业。尤其是丰宁中国马镇冰火节活动，依托丰宁第一草原景区优势，以舞马世界主题乐园和大型冰雪景观为主体，开展一系列精彩纷呈的冰雪主题活动，将地方特色与冰雪文化结合，这种冰雪节活动形式值得河北省内其他地级市学习借鉴。

通过分析承德市近几年来的冰雪政策，可以发现承德市紧紧抓住 2022 年我国举办冬季奥运会的契机，依托自身的旅游优势发展冰雪产业。在冰雪文化产业建设上，也依托各地区民俗文化优势，沿着“旅游＋冰雪＋文化”的发展思路，打造一系列冰雪文化节、冰雪特色休闲区等。当然，承德市除重点发展冰雪旅游、冰雪节之外，还注重对冰雪产业相关的技能人员的培养以及冰雪运动、冰雪赛事的大力普及，积极响应国家及河北省的号召，从多方面助力 2022 年冬季奥运会的举办。

二、“一核、两区、三带”发展战略

河北省人民政府办公厅在 2017 年 7 月印发的《关于支持冰雪运动和冰雪产业发展的实施意见（2017—2022 年）》（以下简称《实施意见》）中，提出构建“一核、两区、三带”冰雪运动和冰雪产业发展新格局，即以 2022 年冬奥会张家口崇礼赛区为核心，以石家庄冰雪运动产业聚集区、承德冰上运动产业聚集区为两翼，以京张冰雪体育休闲旅游带、京东冰雪健身休闲带和冀中南冰雪健身休闲带为支撑。这是河北省首次提出的冰雪产业发展布局。

河北省紧紧抓住北京、张家口联办 2022 年冬奥会的契机，深入学习贯彻习近平总书记“冰天雪地也是金山银山”的思想，自 2015 年 7 月获得冬季奥运会举办权以来，全省的冰雪运动和冰雪产业发展势头较好，在全民运动、冰雪旅游等方面取得了积极成效。但是由于河北省冰雪产业，尤其是冰雪文化产业的发展基本从零起步，与筹办冬季奥运会的要求相比，仍然存在一些亟待补齐的短板，如冰雪产业规模不大、产业链尚不完善等。《实施意见》着眼于河北省冰雪产业的发展现状，提出了富有针对性的对策和举措，以期推动冰雪运动和冰雪产业的快速发展，积极助力2022年冬季奥运会的举办。

“一核、两区、三带”冰雪产业发展格局的提出，坚持了“创新、协调、绿色、开放、共享”五项发展原则，在冰雪产业发展过程中，积极促进冰雪产业与文化、旅游、科技、会展、医疗等产业融合发展，推动冰雪及相关产业的同步发展。政策有力加大了宣传力度，吸引更多的社会力量参与冰雪运动和冰雪产业发展，支持深化与东北地区的合作，加强与国际冰雪组织合作，积极开展国际交流活动，努力承办国际冰雪赛事，形成深度融合的互利合作格局。政策通过一系列举措促进河北省冰雪产业的发展，以期完成“2022年全省冰雪产业总规模达到1000亿元”的发展目标。

《实施意见》根据各地冰雪资源、地理区位、交通条件和自然环境，提出“一核、两区、三带”冰雪运动和冰雪产业发展新格局。其中，张家口作为2022年冬季奥运会的联办城市，依据其雪资源优势承办此次冬奥会大部分雪上竞赛，所以将其作为河北省冰雪运动和冰雪产业发展布局中的“一核”。至2018年，张家口拥有7大滑雪场，仅仅崇礼的全部财政收入，自2015年以来每年以2亿元的速度递增，从2015年的4.4亿元增长到2018年的10.15亿元。崇礼地区冰雪产业的发展带动了服务行业的发展，崇礼有将近3万人从事冰雪相关服务工作，这加速了张家口乡村振兴的进程。此外，张家口的冰雪产业发展也从单一的雪场发展到冰雪运动装备研发制造销售、运动旅游、教育培训、赛事服务等冰雪全产业链，其中多项涉及冰雪文化产业的发展，推动“冰雪＋文化”“冰雪＋旅游”“冰雪＋体育”等的深度融合。预计到2025年，张家口将以崇礼为中心，辐射周边地区的滑雪大区，建成30个滑雪场、20个以上冰雪特色小镇，届时每年可满足2000万人次的冰雪运动需求，将进一步加大其冰雪产业的发展。

此外，张家口市作为河北省冰雪产业发展的核心，依据自身资源优势，在分析市内雪资源特色的基础上，提出“一城三区”的冰雪全产业链发展布局，即大力发展张家口主城区这“一城”，以及高新区、宣化区、崇礼区三大冰雪产业聚集区。张家口积极响应省政府指示，在冰雪资源优势与产业发展基础之上，以冰雪装备研发制造、冰雪运动旅游、冰雪人才培养等为重点，努力构建特色鲜明的冰雪全产业链发展体系，倾力做好“冰雪+”文章，致力于使张家口的“冷资源”迸发出巨大的“热效应”，力争将张家口打造成为国际冰雪运动胜地、国际滑雪旅游目的地、国家冰雪装备产业基地、世界冰雪人才培养基地、世界冰雪论坛会展高地，使张家口的冰雪产业成为拉动全省经济的新的增长点。

石家庄是河北省的省会城市，河北省依据其市场优势、人力资源优势、区位优势、生态优势以及发展良好的产业基础，将其作为冰雪运动产业聚集区重点发展。石家庄借助 2022 年北京冬季奥运会这一契机，拉动本市经济增长。其发展目标是到 2022 年冰雪旅游人次达到 400 万人次（含场馆四季运营），冰雪旅游总收入达到 80 亿元；到 2025 年冰雪旅游人次达到 600 万人次，冰雪旅游总收入达到 120 亿元。在 2018 年发布的《石家庄市冰雪产业发展规划（2018—2025 年）》中指出，石家庄今后的冰雪产业发展格局为“一区、一带、一展会、两基地、四品牌”，又称“11124”格局。

“11124”冰雪产业格局的提出，紧扣河北省政府的“一核、两区、三带”政策，将涉及冰雪文化产业发展的“展会”发展提上日程，创办中国·石家庄冰雪（体育）产业博览会。此外，石家庄还将突出发展冰雪旅游产业，积极打造冰雪旅游精品项目。石家庄根据自身的冰雪旅游资源和空间布局，以冰雪旅游重点项目为核心，精心打造冰雪旅游组织体系和精品项目、景区和线路，形成不同内容和不同层次的冰雪旅游集群。发挥区域、线路特色优势，建立优势互补的联动机制，打造上下游产业链，形成规模化、体系化经营，以期带动相关产业的发展。

承德市具有发达的旅游产业链以及历史底蕴丰厚的民族文化，地理位置优越，雪季时间长，冰资源优厚。河北省冰雪产业规划中将其作为“冰上运动产业聚集区”重点培育。近年来，承德市积极抢抓 2022 年北京冬奥会重大机遇，大力发展冰雪产业，全力打造“避暑胜地，冰嬉之都”全新城市品牌形象，依托避暑山庄湖面、冰上运动中心、武烈河、滦河两岸户外冰上运动休闲带，大力推进冰雪运动项目建设，加快培育竞技比赛、群众冬季品牌赛事活动，使冰雪运动逐渐成为承德市的一张亮丽名片。

此外，在河北省政府提出的“一核、两区、三带”冰雪产业布局的基础上，承德市依据自身的冰雪资源现状，在 2019 年 12 月提出“一核、三基地、五大精品项目、赛事活动全覆盖”的总体布局。其中“五大精品项目”主要针对承德市冰雪文化产业的发展，将冰雪资源与文化资源结合起来，共同发展具有本地特色的冰雪文化精品产业。未来几年，承德市将重点建设冰雪特色小镇 10 个，举办更多具有本地特色的冰雪赛事活动，做大做强冰雪文化产业。

京张冰雪体育休闲旅游带、京东冰雪健身休闲带和冀中南冰雪健身休闲带的发展则依据各自发达的交通环境，借助北京的各项政策、资源优势发展冰雪产业。“三带”将重点加强沿途省、市的冰雪运动、休闲健身、旅游业等相关产业的发展，以求形成全省甚至全国的冰雪产业链，借助 2022 年冬季奥运会大力发展我国冰雪产业，逐步形成新的经济增长点。

“一核、两区、三带”的发展思路立足于河北省冰雪产业发展现状，既最大限度地发挥了各地区自身的优势产业，又带动了其他短板产业的发展。冰雪文化产业作为后起产业，在发展过程中应积极借鉴该地区优势产业的发展经验，努力形成与该优势产业相结合的产业链，逐步带动自身发展。

第三章　河北省冰雪文化产业一核：张家口冰雪文化产业发展概况及路径

第一节　张家口冰雪文化产业发展概况

2022年冬奥会的举办，极大推进了张家口冰雪文化产业发展，促进张家口经济快速发展，拉动京张冰雪旅游消费的增长，提升张家口城市文化水平和人文素质，展现张家口冬奥魅力。然而张家口地区在冰雪文化产业发展过程中，还面临着产业品牌影响力弱，基础设施不够完善；冰雪文化产业链尚未高度融合，缺乏核心竞争力；传统民俗融入不足，文化内涵挖掘不够；冰雪文化人才相对匮乏，群众参与意识薄弱；冰雪运动发展氛围较弱，群众参与度不够等问题。对于冰雪文化产业的发展，本文认为，政府部门应该创新支持举措，打造冰雪人才文化品牌；普及冰雪知识，广泛宣传冰雪体育文化活动；多措并举、多元发展，促进产业链高度融合；创新冰雪人才培养模式，建设职业化人才队伍。

一、推进张家口冰雪文化产业发展的重要意义

（一）促进张家口经济快速发展

冰雪文化产业作为张家口新兴产业之一，在经济转型升级、区域融合等方面发挥着重要作用。2019年底，张家口市委十一届五次会议表决通过了《中共张家口市委关于加快推进七大主导产业发展的指导意见》，明确聚焦全市七大产业发展方向，其中就包含了冰雪经济产业和文化旅游产业两个重要方向。

以2022年北京冬奥会为契机，张家口市立足冰雪资源优势和产业发展基础，以冰雪装备研发制造、冰雪运动旅游、冰雪人才教育培训等为重点，全力构建特色鲜明的冰雪全产业链发展体系。

全市围绕冰雪运动、冰雪旅游、冰雪制造、冰雪服务等重点领域，依托“一城三区”冰雪全产业链发展平台（其中，“一城”为张家口主城区；“三区”是高新区、宣化区、崇礼区三大冰雪产业集聚区），围绕“一带一城三路四区”文化旅游发展格局［一带为京张文化体育旅游产业带；一城为张家口冬奥旅游休闲服务城；三路是草原天路、桑洋水路、张库大道；四区是滑雪温泉旅游区、坝上草原旅游区、历史文化旅游区、葡萄（酒）品旅游区］，通过引进国际知名冰雪装备项目，承办、举办专业体育赛事和群众性冰雪活动，开发冰雪旅游产品等方式，大力发展冰雪旅游、旅居、文化创意等文化旅游产业，打造冰雪旅游高端品牌，重点打造国际冰雪运动胜地、国际滑雪旅游目的地、国家冰雪装备产业基地、世界冰雪人才培养基地、世界冰雪论坛会展高地等，加快建成奥运旅游名城、国际运动旅游城市和国家全域旅游示范市。

到2019年，张家口市建成9家大型滑雪场，拥有高、中、初级雪道177条、164公里，形成了国内最大的雪场集群。仅仅是2018年到2019年雪季，全市共举办、承办国际国内冰雪体育赛事和万名学生滑雪体验等群众性冰雪体育、冰雪文化活动170多项，参与冰雪运动人数达286万人次。

截至2019年10月底，全市累计引进冰雪产业项目62项，总投资高达343.65亿元，落地多达51项。2019年4月，张家口市修订编制了《张家口市冰雪产业发展规划（2019—2025年）》，明确到2025年，全市冰雪产业规模力争达到600亿元。文件表示，到2022年，张家口冰雪产业规模力争达到300亿元，冰雪装备制造业产值达到30亿元以上，旅游及相关产业对GDP的综合贡献率达到10%以上。到2022年，张家口市学校冰雪运动覆盖率达到100%，参与冰雪运动人次突破500万。崇礼区雪季年均接待滑雪游客100万人次以上，滑雪旅游收入超10亿元。

因此，加快发展冰雪文化产业，为促进张家口经济转型升级、助推高质量发展提供了新思路、新方法，对于构建张家口乃至河北省冰雪文化旅游产业带、加快河北省的绿色崛起进程具有显著的助推作用。

（二）拉动京张冰雪旅游消费的增长

张家口市着重发掘当地冰雪旅游的文化内涵，结合历史、人文、民俗创立具有张家口特色的冰雪文化旅游品牌。只有具备了文化深度及与众不同的自然、人文景观，才能把来自全国各地的游客留住，将冰雪“冷资源”转变为旅游“热资源”，带动更多游客体验冰雪文化、感受张家口的文化魅力。

与其他城市相比，张家口具有优越的生态人文环境和得天独厚的冰雪文化资源，极佳的气候条件使当地冰雪文化产业可以迅速发展。而 2022 年北京冬奥会的举办，各种冰雪运动设施的建设和完善，则为其提供了打造京张体育文化旅游带最有力的发展助推剂，极大地刺激了我国北方冰雪旅游业的长远发展，这也会有效拉动京张地区冰雪旅游消费的增长。

数据显示，2017 年，张家口市接待各地游客数量达到 6 259.82 万人次，与往年相比增长 20.53%，全年旅游收入为 696.46 亿元，与往年相比增长 34.13%。仅仅是 2016 年至 2017 年雪季，崇礼就接待游客 267.6 万人次，连续多年保持 20%以上的高增长速度。

监测数据显示，2018 年至 2019 年雪季，张家口滑雪旅游接待游客 269 万人次，滑雪旅游直接计算收入 20.1 亿元，人均消费达 747.2 元。另外，截至 2018 年底，张家口全市旅行社共 92 家，星级及以上酒店 67 家，其中四星级及以上为 15 家。2018 年，尚义举办了长达 65 天的第三届冰雪嘉年华活动，其间共接待游客 35 万人次，拉动旅游综合消费达到 2900 万元。由此可见，随着张家口地区的冰雪旅游业、冰雪文化产业的迅猛发展，当地商业地产的发展也迎来春天。此外，当地与冰雪产业相关的旅游、养老等方面也在蓬勃发展。张家口冰雪旅游走势图如图 1 所示。

图1 张家口冰雪旅游指数走势

（三）提升张家口城市文化水平和人文素质

现如今，每一个城市为了提高自己的文化软实力，都在大力发掘自己独具特色、原汁原味的文化底蕴。作为一个具有得天独厚冰雪旅游条件的城市，张家口也不例外。近年来，张家口把文化旅游作为全市七大主导产业之一，通过打造京张体育文化旅游产业带，逐步构建起具有当地特色的全域旅游发展新格局，通过大力发展冰雪文化产业，全面营造良好的城市文化氛围，提高人文素质。

自2017年以来，张家口每年都会举办以“红红火火中国年”为主题的年俗国际旅游节，整个活动覆盖张家口市全部县区，是一项融合民俗文化、艺术、冰雪体育、休闲渔猎、餐饮等于一体的大型年节旅游盛宴，生动形象地展现了张家口的总体风貌及精神特征，也展示了“冰雪文化”这张独具特色的城市新名片。

第三届“红红火火中国年”主题的年俗国际旅游季推出8个系列、48项活动，包括尚义县鸳鸯湖冰雪娱乐季、崇礼冰雪夜经济特色季、怀来县“冰雪迎奥运”主题活动等数十项冰雪娱乐活动。当地通过举办打树花、民俗秧歌、蔚州大戏等精彩绝伦的民俗社火竞演等文化展示活动，让来自各地的游客体验张家口原汁原味、独具特色的传统民俗文化。

此外，冬游草原天路系列活动也是张家口重点主推的冬季旅游品牌。张家口主要在草原天路沿线的重要县区打造民俗村，让游客在民俗村里可以赏冰挂雪、品评民俗，领略张家口冬季草原天路的别样风情。在冬捕渔猎体验系列活动中，游客还可以现场抓捕活鱼，品尝到雪窝棚头鱼宴，并体验冰上娱乐、雪地篝火等一系列精彩绝伦的冰雪娱乐活动。

2017 年，张家口市举办了以“大好河山·圆梦冰雪”为主题的首届文化创意产品设计大赛，专门设置了蔚县剪纸类及本地特产类创意作品征集的类别，将本地文化创意与奥运名城张家口元素相结合，同时还注重产品的成果转化和可批量化生产。通过冰雪文化产业的发展，张家口以 2022 年北京冬奥会为契机，全方位营造良好的人文环境，提高城市的文化软实力，让冰雪文化品牌成为张家口市一张崭新的亮丽名片。

（四）展现张家口冬奥魅力

北京和张家口两地紧密相连，尤其是共同筹办 2022 年冬奥会，让两地人民之间的联系更加密切，在文旅合作方面取得了良好的成效，促进了两地经济、文化、旅游方面的共同繁荣发展。目前看来，借助京津冀协同发展的契机和 2022 年冬奥会的“东风”，京、张两地的文化交流将会拥有更多的机遇和条件，也必然进一步推动张家口地区文化方面的大发展和大繁荣。

文化和旅游密不可分。一方面，文化是旅游的灵魂。另一方面，旅游又是文化最好的表达方式。“红红火火中国年”年俗国际旅游节，通过旅游节庆的方式向游客集中展现了“冰雪＋旅游＋年俗”的地方文化特色，不仅让人们感受到了张家口地区的传统年味和风俗习惯，也让来自各地的游客和群众有机会亲身参与当地活动，真正感受其中的文化魅力，这有效助力了张家口“零度以下经济”发展，为张家口树立了冬奥城市的良好形象。

2022 年冬奥会的举办，有利于推动我国冰雪文化在全球范围内的广泛传播。张家口冰雪文化产业的发展，对于促进我国整体层面的冰雪文化产业的发展具有积极作用。张家口冰雪文化产业的发展，不仅打造了具有张家口特色的冰雪文化产业链，树立了本地响亮的冰雪文化品牌，还培养了大批冰雪文化人才，从而实现我国冰雪文化产业经济的可持续性发展，进而助力我国实现“带动三亿人参与冰雪运动”的目标。

随着文化产业之间的日益深入和广泛交流合作，张家口地区在服务冬奥整体发展的同时，也向世界展现自身改革开放以来各项工作取得的辉煌成绩和张家口人民的精神生活风貌。此外，张家口还向世界展现了中国新农村的巨大变化以及在脱贫攻坚、乡村振兴方面取得的巨大历史成就。总而言之，张家口地区的文旅融合发展是必然趋势，后续会产生更大的倍增效应。

二、张家口冰雪文化政策发展概况

自北京获得冬奥会举办权以来，张家口市人民政府连续多年出台了多项政策支持当地冰雪文化产业的发展。2016 年 6 月，张家口市人民政府印发《关于加快冰雪运动振兴发展的意见（2016—2022 年）》，明确提出到 2022 年，全市居民要普遍具备健康、科学、文明、时尚的冰雪运动理念，形成浓厚的冰雪文化氛围。意见指出：要依托全市冰雪文化资源优势，以承办冬奥会为契机，全力打造京张体育文化旅游产业带，从而促进冰雪体育产业与旅游、教育、创意等产业的互动、融合发展。尤其是要以坝下区域为重点，以冰雪文化产业园和冰雪装备产业园两大园区为平台，打造与冰雪体育运动核心区交相辉映的冰雪体育装备用品制造产业区，并使其逐步发展成为具有全球影响的冬季体育用品研发、生产和交易中心。

张家口市人民政府办公室在 2017 年 9 月印发的《张家口市“冬奥惠民”工程建设实施方案》中指出，要全面落实《京津冀健身休闲运动协同发展中长期规划（2016—2025 年）》，在各个县（区）落实 1 至 2 个“体育＋旅游”“冰雪文化＋休闲体育”的重点项目，将冬奥会的文化氛围培养作为工作目标，确保全市中小学生义务教育阶段冰雪文化及冰雪运动知识的普及。

在 2019 年 6 月，张家口市人民政府办公室发布《张家口市冰雪产业发展规划（2019—2025 年）》，该文件指出，全市存在冰雪文化旅游产业发展不充分、旅游产品单一和四季旅游发展急需提速提质三大问题。文件明确要求：将冰雪文化旅游效益整体提升作为发展目标，瞄准前奥运和后奥运阶段冰雪文化旅游全产业链的完善发展，将崇礼区打造成世界冰雪文化交流、经济合作发展的高端论坛高地。同时，依托现有产业优势，强化冰雪资源要素的集聚，大力推动冰雪文化旅游与冰雪装备研发制造、冰雪体育运动、冰雪人才教育培养、冰雪现代服务等多方面的产业融合协同发展，力争全市冰雪产业规模到2025年达到600亿元。

同月，张家口市人民政府办公室又印发了《张家口市2019年冰雪产业发展实施方案》。文件要求，要依托全市产业基础和冰雪资源优势，丰富壮大冰雪文化旅游产业，推进冰雪旅游全域覆盖。深入挖掘张家口本地的多重文化内涵，统筹推进各个景区建设及旅游产品开发工作。加快推动冰雪与文化、旅游、体育等产业融合发展。

崇礼及坝上县区要做强“冰雪节庆”品牌，打造游客冰雪运动体验区，如重点谋划举办冰雪竞技挑战赛、冰雪汽车拉力赛、冰雪马拉松赛、国际冰雕雪雕展览、冰雪音乐会等系列冰雪活动。阳原、蔚县等县区要做精“冰雪民俗”品牌，打造冰雪文化休闲区，以“红红火火中国年”、年俗国际旅游节等冰雪旅游休闲体验活动为工作重点。怀来、赤城等县区要做大“冰雪养生”品牌，打造冰雪康养度假区，以冰雪温泉旅居、冰雪酒堡休闲等相关产业为发展重点和目标。同时，要谋划举办丰富多彩的文创大赛，从创意设计、打样制作到市场推广等，构建完整链条，打造一批独具特色的“张家口礼物”、精品冰雪文化“伴手礼”。

三、张家口冰雪文化旅游产业发展概况

文化旅游产业是张家口市七大主导产业之一。近年来，当地以创建国家全域旅游示范市为契机，通过深入挖掘各县区资源优势、加快完善当地的交通体系、大力建构智慧化服务体系，加速构建“一带一城三路四区”文化旅游发展格局，并且取得了显著的发展效果。

2020年4月，河北省旅游工作领导小组发布《关于支持张家口市加快文化和旅游产业发展的意见》。文件中指出，要做好乡村旅游发展和旅游产业扶贫，为张家口市加快推进文化、旅游、体育产业融合和产品创新，带动公共服

务提升和全域旅游发展，打造世界知名旅游目的地提供政策和资金支持。意见中还明确提出，要支持健全高铁站点的文化旅游功能，在全市高铁站周边建设集餐饮购物、游客集散、智慧旅游体验为一体的文化旅游集散中心，从而建成能够展示张家口市历史文化的重要窗口以及游客休闲度假驿站。这些高铁站点主要包括京张高铁张家口站、怀来站、东花园北站，张呼、张大高铁怀安站，等等。

在促进文化和旅游产业高质量发展方面，张家口市支持5A景区、国家旅游度假区、全域旅游示范区、省级公共文化示范区的创建。例如，整合万龙、云顶等滑雪场的优势冰雪资源，创建崇礼区国家旅游度假区、5A景区和张北县国家全域旅游示范区。此外，蔚县、崇礼区和宣化区等县区创建省级全域旅游示范区。

在发展文化旅游方面，张家口市支持文旅项目、长城国家文化公园（张家口段）建设和文化遗产的保护利用。引进国内外知名投资商，加大对张家口本地文化和旅游资源的开发力度，同时推动大境门长城国家文化公园和崇礼长城国家文化公园建设，加快太子城遗址公园和太子城遗址陈列馆等文旅项目建设。另外，张家口市还对历史文化名城保护项目在资金和技术方面提供支持。

除了上述几个方面外，张家口市还大力支持影视产业发展，支持文创产品及优质演艺项目打造。通过出台相关政策，鼓励聚集发展影视产业，同时成立北方影视市场版权交易中心。鼓励挖掘冬奥、冰雪、长城等具有浓厚地域特色文化资源以及农牧、生态等各类资源，打造一批具有张家口特色的文创产品。

如今，张家口正在大力推动冰雪文化旅游朝着多元化的方向发展，强化冰雪旅游宣传力度，加快冰雪旅游上档升级，大力推广“冬奥之城——大好河山张家口”的城市形象，从而加快推动冰雪与旅游、体育、文化等产业的融合协同发展。

张家口着力做大做强“冰雪节庆”品牌，打造冰雪运动体验区（涵盖崇礼及坝上县区），谋划举办冰雪竞技挑战赛、国际冰雕雪雕展览等活动；做精做细“冰雪民俗”品牌，打造冰雪文化休闲区。在阳原、蔚县等县区，重点策划举办“红红火火中国年”年俗国际旅游节等冰雪旅游休闲体验活动；涵盖怀来、赤城等县区，大力发展冰雪温泉旅居、冰雪酒堡休闲等相关产业；做大“冰雪养生”品牌，打造冰雪康养度假区，举办文创大赛，构建完整链条，开发征集“张家口礼物”和精品“伴手礼”。

四、张家口冰雪体育运动产业发展概况

借力2022年冬奥会冰雪运动的热潮，张家口市积极改造提升传统冰雪体育运动产业，充分激发冰雪体育运动蕴藏的新动能，积极培育冰雪运动知名品牌，致力于打造闻名于世的世界滑雪旅游目的地。目前，张家口冰雪体育运动产业发展情况呈现出如下特点。

（一）冰雪体育设施日益完善

近年来，张家口积极培育冰雪运动旅游品牌，致力于打造世界闻名的滑雪旅游胜地。资料显示，截至2020年初，张家口市已建成滑雪、滑冰场馆36家，有万龙、云顶、太舞、多乐美地、富龙、银河、长城岭七大滑雪场；冰雪运动特色学校62所；拥有雪道177条，总长度164公里；索道和魔毯70条，总长度45公里，形成了全国最大的雪场集群。张家口市被评为中国十佳冰雪旅游城市。其中，万龙滑雪场、密苑云顶乐园、太舞滑雪小镇斩获“滑雪旅游区十强”荣誉称号。

张家口力争在全市范围内实现室内滑冰场馆建设全覆盖（除塞北管理区），计划建设21个（含2019年2个）室内滑冰馆，其中真冰冰面16个，仿真冰面5个，1830平方米标准冰面7个。张家口市奥体中心完工后，全市拥有22个室内滑冰馆，1830平方米标准冰面达到8个。计划完成后，张家口的冰雪体育运动基础将会得到大幅度提升，从而为后奥运时代的冰雪运动普及打下良好的基础。

（二）冰雪体育运动风生水起

张家口冰雪体育运动呈现出越来越旺盛的特点，举办活动和参与人数也越来越多。仅仅在2018年到2019年雪季，张家口市共举办、承办国际雪联自由式滑雪世界杯、首届京津冀冰球邀请赛、“红红火火中国年”、万名学生滑雪体验等冰雪体育、冰雪文化活动多达170多项，参与冰雪运动人数达286万人

次，共接待游客高达 1288 万人次，实现旅游收入 77.53 亿元。

（三）冰雪体育装备产业逐步扩大

作为 2022 年冬奥会举办地之一，张家口在发展冰雪装备产业方面具有先天优势，能够充分借助冬奥城市的影响力，吸引冰雪产业领域高端人才、先进技术向张家口集聚，大力推动冰雪运动和冰雪产业在张家口生根发芽。张家口还特地组建了河北省冰雪产业技术研究院和张家口市冰雪研究院，以高标准举办了多项大型冰雪产业论坛，包括“崇礼论坛”、全国冰雪产业发展大会。此外，张家口成立了国内第一个冰雪产业大数据指数平台，专门发布“张家口·中国冰雪产业发展指数”，打造全国冰雪产业发展的风向标。

张家口市还建设了高新区冰雪运动装备产业园和宣化冰雪产业园，加速冰雪产业落地生根。据省工业和信息化厅消费品工业处介绍，张家口高新区冰雪运动装备产业园示范区占地 29 万平方米、建筑面积 24.6 万平方米。宣化冰雪产业园的宣化冰雪装备检测展示交易中心总面积 2.2 万平方米。

截至 2022 年底，张家口市累计引进冰雪产业项目 111 项，已有 MND 索道、M3 千禧世代雪板、天冰冰雪设备等 51 个项目投产运营，总投资 562 亿元。张家口冰雪运动装备产业园被工信部命名为国家新型工业化产业示范基地。

五、张家口冰雪文化重点项目建设概况

1. 冰雪旅游精品线路

2019 年 12 月 30 日，我国自主设计建造、全球最先进的智能高速铁路京张高铁正式开通运营，标志着北京至张家口太子城冬奥会主赛场可在短短 1 小时内通达，同时也标志着“京张冰雪体育休闲旅游带”正式打通，可以为全国游客尽情享受冬季滑雪、夏天避暑、春秋赏景提供便利，为京、张两地融合发展提供更多的选择。

2020 年 1 月 4 日到 5 日，张家口市文旅局和北京市延庆区文旅局共同举办了主题为“冰雪容融迎冬奥，长城脚下过大年”的 2020 年冰雪旅游资源推介会。此次推介会上发布了 8 条精品旅游线路，线路涵盖了张家口、延庆两地

多达 70 余种优质冰雪资源。

8 条精品旅游线路以冬季冰雪游为主，同时将冰雪体育竞技、民族风情展示、冰雪艺术表演等特色内容融入其中，增强了冰雪旅游的参与性、体验性、趣味性和互动性，可以让来自全国各地的游客在体验滑雪、温泉项目的同时，享受到特色美食，体验到当地布艺堆绣、面塑、葫芦烙画、绳结串珠等浓浓的民俗文化。

2. 冰雪特色小镇

崇礼太子城冰雪小镇位于 2022 年冬奥会张家口赛区的核心区域，紧邻太子城高铁站，连接云顶与古杨树两个竞赛场馆群，是国际冰雪赛事和国家冰雪运动的推广基地，也是我国典型的以冰雪为特点的北方山地风格的旅游休闲小镇，在冬奥会结束后成为一座国际化四季度假旅游小镇。

太子城冰雪小镇包括高铁站服务配套设施、冬奥颁奖广场、冬奥塔、冬奥会接待酒店、景观湖、文创商街、国际会议中心、国宾山庄、冰雪特色配套区、绿色农业生态示范区、电影院、餐饮娱乐区以及运动康复医院等冬奥会服务设施，承担着冬奥颁奖、贵宾接待、交通换乘、会议会展及商业、酒店、医疗等基础服务功能。总投资 140 亿元，总占地面积为 2.89 平方公里，总建设规模达到 120 万平方米，常住人口达 5000 人。

在建设期间，太子城冰雪小镇一直遵循“尊重自然、集约资源、中国风格、国际标准”的环保设计理念，坚持区域内以小体量建筑为主，最大限度地保持原来的山谷自然风貌，着重打造以健康休闲、会议度假产业为核心的重点项目。

太子城冰雪小镇为三场一村的核心区域组团发展布局。为了充分保障 2022 年北京冬奥会及冬残奥会期间各项会议、接待的需求，太子城冰雪小镇的会展酒店组团设计为 400 余间客房的顶级国际酒店，拥有可以容纳 2500 人的冰雪会堂。在文创商街组团里，建设有商业内外街、精品酒店民宿，精品民宿总面积 9 万平方米。在比赛期间，这些民宿为来宾提供多元的住宿选择。此外，国宾山庄组团，在赛时主要用于贵宾接待，赛后可以满足不同人群的消费需求。

尤其值得注意的是，在太子城冰雪小镇的道路下还铺设有数量庞大的市政管线，这些管线包括给水、再生水、雨水、污水、电力、电信、燃气等管线，它们是小镇正常运转的“生命线”，为小镇和整个赛区提供生活和运营条件，确保冬奥会期间各项设施正常运转，让参赛队员和观众享受到便利舒适的生活环境和精彩的比赛体验。

2022 年，小镇全面迎接冬奥会和冬残奥会，全力提供保障服务。借助北京 2022 年冬奥会在全世界范围内的热度和广度，太子城冰雪小镇为崇礼乃至整个张家口地区以及河北其他地区带来丰富的世界范围内的旅游客流，为当地经济、文化产业发展带来重要机遇。太子城冰雪小镇成为连接京津冀健身休闲产业、会议度假产业现在与未来的枢纽，最终带动整个区域的发展，促进整个区域创新与升级，成为张家口实现“产、城、人、文”四位一体的现代化城市重要功能的平台。

2018 年底，张家口市市长在接受记者采访时表示，到 2025 年，张家口将建成以崇礼为中心、辐射周边地区的滑雪大区，建成滑雪场 30 个、雪道 600 条（总长 500 公里）、冰雪特色小镇 20 个以上，届时每年可满足 2000 万人次的冰雪运动需求。

3. 冰雪旅游度假区

近年来，为满足人民日益增长的美好生活需要，张家口市积极推广冰雪运动，重点发展以冬季滑雪项目和夏季户外游为主导的休闲度假旅游产业，让传统的“冷资源”变成新时代的“热经济”。在众多项目中，尤其以崇礼国际冰雪旅游度假区最为著名。2019 年 6 月，崇礼国际冰雪旅游度假区从全省众多旅游度假区中脱颖而出，成功入选河北省新一批省级旅游度假区名单。

崇礼区万龙滑雪场、密苑云顶滑雪场、太舞滑雪小镇与万达长白山国际度假区、万科松花湖度假区、北大壶滑雪度假区等滑雪场（度假区）荣获 2016 年至 2017 年冰雪季“中国滑雪旅游度假区十强”称号。第十三届全国政协委员、中国社会科学院经济研究所原所长裴长洪认为，旅游业是振兴乡村经济的重要抓手，“这几年张家口在发展冰雪旅游方面积累很多经验，有很多体会，这就是宝贵资源”。

张家口崇礼国际冰雪旅游度假区项目主要以筹办2022年北京冬奥会为契机，依托崇礼本地的优质冰雪资源和良好的生态环境，以国际化、标准化、市场化为目标导向，按照国际通行标准，改造提升密苑云顶、万龙、太舞四季、多乐美地、长城岭等雪场，形成一批冰雪型旅游景区，并依托周边村落、城市建设一批具有自身特色、富有人文情怀的冰雪旅游小镇和民俗乡村。

崇礼国际冰雪旅游度假区整个区域内总面积约为40.5平方公里，拥有山地、森林、草甸、村庄、历史遗迹等丰厚的自然与人文资源，形成了滑雪场、冰雪度假小镇、山地、森林、村落和城市为一体的景观环境，逐渐成为全国甚至全世界冰雪运动爱好者的聚集地。崇礼国际冰雪旅游度假区也加快建设中国冰雪装备制造中心、世界顶级比赛场馆群等，全力打造东方雪都、世界冰雪运动中心。

经过多年发展，崇礼国际冰雪旅游度假区在创建工作上成效显著，连续多年获得国际高级别赛事承办权，如承办国际雪联高山滑雪积分赛、远东杯等，还先后承办了国际雪联自由式滑雪坡面技巧世界杯、香蕉公开赛、空中技巧世界杯等多项国际国内重大赛事。

度假区通过开展“红红火火中国年”活动，将中国传统文化元素、张家口地方民俗特色与冰雪元素有机融合在一起，吸引京津等地的众多游客。全市创新以“冬奥＋冰雪＋年俗”为主的发展理念，重点打造“零度以下经济”，造就我国冬季冰雪产业的新生态，努力走出一条具有特色的绿色发展、生态强市之路。

张家口崇礼区形成雪道滑雪休闲、周边康养度假的新型旅游模式，2020年至2021年雪季，崇礼区接待游客246.2万人次，实现收入20.2亿元，同比分别增长83％和87％。据不完全统计，崇礼区每5个人当中就有1人从事与冰雪相关的工作，超过3万人直接或间接进入冰雪产业，端起了“雪饭碗”。崇礼冰雪旅游度假区也是河北省唯一一个国家级旅游度假区。

第二节　张家口冰雪文化产业发展中的问题

一、产业品牌影响力弱，基础设施不够完善

冰雪文化产业的发展受季节、气候、地形等自然条件的影响较为严重，位于河北省的张家口市冰雪文化产业发展更是如此。目前来看，随着冰雪文化的普及，冰雪文化产业涉及人群也更加广泛，参与冰雪文化产业的人群也呈现逐年递增的趋势，人们对于冰雪文化产业表现出很高的需求。但是从目前的状况来看，单一形式的滑雪场或滑冰场无法满足人们日益增长的冰雪消费需求。

张家口地区在冰雪赛事开发与利用上的发展较为缓慢，在冰雪文化产业化发展方面目前还处于起步阶段，并不是特别成熟。为了能够进一步挖掘张家口冰雪文化产业的内涵，并尽量满足消费者对冰雪文化产业更高层次的消费需求和全新的冰雪文化体验，张家口各地如火如荼地建设冰雪文化度假村与冰雪特色小镇。这两种建设项目，主要以冰雪休闲娱乐和冰雪文化旅游作为重要支撑。

目前看来，虽然产业整体发展模式得到升级，也逐渐朝着多元化方向发展，但就现实情况来看，整个产业供给质量并不是很高。张家口市虽然有些小有名气的滑雪场，但在滑雪场的周边，相关的配套设施有待健全。主要的文化产品缺乏新意，而且表现形式比较老旧，主要还是偏重传统的培训业和场馆的服务业，而如今最火的竞赛表演业和价值较高的器材装备制造业并未形成规模，缺乏行业号召力，尚未形成自身独有的品牌。

此外，在开发冰雪文化旅游产品时，往往过于注重产品的外在形式，很少从游客的精神需求层面考虑、探索，很大程度上忽视了对冰雪文化内涵的深度挖掘和探析，从而造成冰雪旅游产品充满商业气息，缺乏人文气息。

从目前整体的效果来看，张家口冰雪文化产业经过近几年的不懈努力，在小范围内具备了一定的知名度，但是从宏观层面上来看，仍然存在文化项目单一的问题。再加上管理部门的机制并未有效建立及实施，部分项目因所在地理

位置偏僻、基础设施不完善等因素影响，没有与其他项目共同开发冰雪文化产品，而是单枪匹马作战，因此在实现冰雪文化资源的全面整合及优势互补方面有待完善。另外，张家口冰雪文化产业相关项目开发程度较低，不利于特色品牌的打造和树立。

二、冰雪文化产业链尚未高度融合，缺乏核心竞争力

冰雪文化产业主要是依托冰雪文化，对冰雪资源进行深入挖掘和全方位整合利用，最终形成的一种比较特殊的文化产业。这种产业涉及生活的方方面面，主要包括艺术、旅游、体育、休闲、节庆等多个领域。冰雪文化产业能够实现人们的精神文化生活与社会经济行为的有机结合，对于提高人们生活水平、加快地区经济的迅速增长起到了重要的作用。从以上论述可以看出，张家口市的冰雪文化产业链尚未高度融合，缺乏核心竞争力。

冰雪文化产业链主要包含冰雪文化旅游产业、冰雪体育赛事产业、冰雪休闲娱乐产业、冰雪装备器材产业、冰雪专业人才产业、冰雪创新科技产品产业等部分，这几部分在发展过程中相互关联、相互影响，从而形成一种具有产业增值功能的战略产业链。现阶段，张家口市冰雪文化产业链虽然具有一定的规模，但是尚未高度融合，还处在初级起步阶段。

自古以来，张家口地区就具有得天独厚的冰雪文化旅游资源，与全国其他地方相比，拥有巨大的开发潜力和开发价值、经济价值。但是，张家口地区的冰雪装备制造实体存在一定程度上的缺失，冰雪文化产品经营理念、管理理念方面相对落后，存在冰雪竞赛的市场比较单一、发展不够多元化的问题。此外，举办冰雪赛事的水平还需要大幅度提高，以尽快达到高水平要求。

通过以上论述我们可以发现，就现阶段整体情况来说，张家口冰雪文化产业的发展相对单一，没有表现出区域的特色，也没有具备非常有竞争力的品牌，对于冰雪文化资源的挖掘与整合还有待进一步完善，发展水平较全国其他地区处于弱势地位。张家口冰雪文化产业与其他产业的融合程度还有待提高，冰雪文化产业现阶段不能有力带动周边产业的发展，还没有形成一个广泛延伸的产业链条，未能与其他产业实现资源共享，共同融合形成一种产业集群综

合体。

三、传统民俗融入不足，文化内涵挖掘不够

作为炙手可热的新兴产业，张家口的冰雪文化产业仍处于前期的起步发展阶段，还存在着大量资源闲置、资源开发不足、场所经营粗放等问题。整体看来，张家口市现有的冰雪文化产业主要是围绕传统的旅游观光和大众的滑雪体验，在冰雪文化资源的开发和利用方面远远不够。

虽然当地政府已经意识到了需要加大力度拓展冰雪文化产业，但是当地冰雪文化领域与冰雪运动领域、冰雪建筑领域、冰雪艺术领域、冰雪产品领域的联系还有待加深，有待全面扩展。总的来看，张家口在冰雪赛事的开发与利用方面发展较为缓慢，冰雪文化产业化的发展还未完全成熟，这使得张家口冰雪文化产业的发展整体较为滞后。此外，虽然张家口冰雪旅游产业品牌知名度较高，但口碑一般，吸引力并不强，景区的文化设施建设与全市庞大的文化产业需求之间还有一定的差距。

自 2022 年北京冬奥会申办成功以来，张家口在冰雪文化建设方面有着日益丰富的经验，举办的活动也日渐增多，注重打造自身品牌。例如，着力做大做强“冰雪节庆”品牌，打造冰雪运动体验区；做精做细“冰雪民俗”品牌，打造冰雪文化休闲区；做大“冰雪养生”品牌，打造冰雪康养度假区；等等。但随着冰雪文化产业的快速发展，喜爱滑雪的人们越来越注重冰雪文化产品的趣味性、参与性、体验性和收藏性。相比之下，张家口大部分冰雪文化产业的发展仍然处于浅层低端的开发和管理较为混乱的状态，对张家口本地的文化内涵挖掘还不够深入、不够全面，在文化内容的呈现方式上也略显单一。

从冰雪文化产业发展现状来看，传统的欣赏性冰灯、雪雕对游客的吸引力已经逐渐减弱，随着经济水平的不断提高，人们的注意力开始转向更高层次的冰雪文化产业项目，因此张家口应创新发展模式，拓展冰雪文化产业发展的维度。

总体来说，张家口市虽然拥有丰富的冰雪文化资源，但是现有的冰雪资源还缺少包装，传统民俗融入不足，文化内涵挖掘不够，没有开发出独特的冰雪

文化产品，没有形成独特的冰雪文化品牌。因此，张家口还需进一步挖掘冰雪文化资源内涵。从另一角度来看，张家口市冰雪文化旅游产业在景区设施建设方面还是较为滞后的，与庞大的冰雪文化产业需求有一定的差距，来自海内外的游客最为关心的景区交通、环境卫生、食品安全、雪场设施安全、医疗救援等各个方面都有待全面提高。

四、冰雪文化人才相对匮乏，群众参与意识薄弱

在传统的中华文化发展过程中，冰雪文化占有一席之地。发展冰雪文化是大力发展我国冰雪运动的基础和前提，而冰雪文化人才在冰雪文化产业中是最为核心的要素。

相关权威专家指出，在申办 2022 年北京冬奥会成功后，整个京津冀区域在短时间内涌现出了多达 1700 万的冰雪运动爱好者，按照数学模型估算，河北省将面临 17 万的冰雪产业相关人才缺口。曾担任北京 2022 年冬季奥林匹克运动会申办委员会副秘书长兼总体策划与法律事务部部长的徐达，结合我国的国情、办赛经验，依据 2008 年北京奥运会和 2018 年平昌冬奥会数据曾估算，2022 年冬奥会赛会大约需要志愿者 2.5 万人，其中在整个冬奥会期间，参与服务的人员不会少于 1.5 万人。

然而，作为冬奥会协办城市的张家口，因发展冰雪文化产业的季节性因素，导致了专门从事冰雪文化行业的人员较少，这些人员技术水平也非常有限。冰雪文化产业相关人才的缺乏成为制约张家口地区冰雪文化产业发展的关键因素。张家口地区，特别是专门从事冰雪文化产业服务和管理的人才非常稀缺。此外，张家口在本土人才培养能力薄弱的情况下，还存在专业人才引进机制不健全、专业化的冰雪文化人才在就业方面面临困难、出路有限等问题。

另外，我国虽然有着悠久的冰雪运动传统，但是在张家口地区，群众对于冰雪竞技体育认知不足，群众冰雪运动参与意识不够，因此对冰雪文化接受程度不高，导致冰雪文化覆盖度不够，这也造成张家口各个地区之间的冰雪文化发展极度不平衡。目前来看，冰雪文化教育的缺失，是造成冰雪运动群众普及度较低的重要原因之一。现代化的冰雪运动在我国发展起步比较晚，又导致冰

雪文化大众普及程度较低。从日韩、欧美、俄罗斯等传统的冰雪大国和地区的发展经验来看，在孩童时代就已经开始普及冰雪运动，让孩子在运动的过程中接受冰雪文化。相对的，我国群众对于冰雪文化的认识还仅仅停留在冰雪体育运动等方面，缺乏深刻的理解和认识。

五、冰雪运动发展氛围较弱，群众参与度不够

冰雪文化产业作为张家口市的特色文化产业，如果想要稳健有序、高质量地发展，需要全民的参与和助推。然而张家口的一系列冰雪文化活动和项目的建设主要由省、市级政府进行主导，而当地的居民参与度不够，很难真正影响张家口冰雪文化产业的发展，群众的参与意识在很大程度上影响着张家口冰雪文化产业发展的推进。

另一方面，由于冰雪文化活动项目的定价较高，普通人不容易接受，这也一定程度上提高了冰雪文化活动参与的门槛，给大众参与、全面参与造成了一定阻力，影响了冰雪文化产业的持续健康发展。

根据《中国滑雪产业 2019 白皮书》统计可以发现，滑雪爱好者主要集中在南方经济发展水平较高的地区，经济水平最高的上海人对滑雪有着最高的热情，其次是成都和北京的滑雪爱好者较多，接下来依次分别是广州、武汉、杭州、苏州、南京、福州、深圳等城市。而经济发展水平较为普通的张家口市群众冰雪运动热情较南方城市有差距。经济水平影响了冰雪运动热情。根据“携程网”主题游板块滑雪打包产品的价格可知，国内滑雪人均消费达 2398 元，国外滑雪人均消费达 9893 元，这远远超出普通人的消费能力。

此外，梳理历年《中国滑雪产业白皮书》数据可以看出，河北省群众冰雪运动主要以冰雪旅游体验为主，真正坚持参与冰雪运动项目的比较少，冰雪旅游体验者向冰雪爱好者转化的程度比较低。另外，我国冰雪竞技体育和大众体育两项发展不均衡，也非常不利于培养普通大众冰雪运动的习惯和相关生活消费观念。此外，由于冰雪运动是一项危险性较高、挑战性较强的体育运动，相应的技术指导人员配备又较为缺乏，这导致张家口市冰雪运动普及程度不高，一次性冰雪体验者转向爱好者的转化率低等问题突出。近几年，在迎接北京

2022 年冬奥会的背景下，河北省张家口市积极引导广大人民群众参与冰雪运动，打造一系列冰雪旅游国际品牌，积极推动冰雪运动在张家口市的普及。

总而言之，张家口市虽然拥有了一定的冰雪文化氛围，但由于传统观念和经济基础等各种因素的影响，导致群众对冰雪文化运动参与度还不够高，因此张家口市的冰雪文化运动发展仍有一段较长的路要走。在 2022 年冬奥会举办的背景下，这种情况有一定的好转，但仍然需要长期规划，营造良好的冰雪文化运动氛围，从而带动更多人参与冰雪文化运动、爱上冰雪文化运动，进而促进张家口冰雪文化产业的长远发展。

第三节　张家口冰雪文化产业发展路径探索

一、国际冰雪文化产业发展路径探索

冰雪文化产业发展较好的国家主要集中在欧洲和亚洲的日本和韩国。欧洲借助阿尔卑斯山丰富的冰雪资源，发展冰雪文化产业已有 100 余年的历史。目前的世界滑雪市场中，欧洲地区所占比重最大，尤其是瑞士、英国和德国 3 个国家的冰雪文化产业特别发达，已经形成完整的冰雪文化市场产业链。

目前，国外的冰雪产业体系，不仅拥有优越的冰雪文化资源，还融入了当地无与伦比的自然风光和浓厚的民族文化资源，而且最为关键的是，还具有相当完善的管理体制和全球先进的滑雪运动装备与设备制造供给。

例如，在瑞士全境，滑雪场的数量达 200 多个，这些滑雪场大部分都集中分布在阿尔卑斯山。从 20 世纪 80 年代中期开始，阿尔卑斯山就被开发为滑雪胜地，这里主要以富有挑战性的滑雪项目著称。海拔 3238 米高的铁力士山因世界上首家 360 度旋转缆车和欧洲海拔最高的悬索桥而闻名遐迩。这里的主要活动和项目是阿尔卑斯山地旅游节，游客在这里可以享受完美的冰雪之旅，感受当地浓厚的冰雪文化氛围。

日本的冰雪产业经历了起步、鼎盛、衰退和复苏 4 个阶段，目前已经发展得非常成熟。日本政府通过出台政策引导冰雪文化产业和旅游业深度融合发

展，并且制定了非常严格的生态环境保护标准，尽可能地保障了冰雪产业的良好发展。早在 1911 年，日本开发的冰雪温泉度假旅游以及冰雪博物馆项目就非常火爆，每年旺季都会吸引大量的游客前去体验。

韩国的冰雪产业较日本起步稍晚，20 世纪 70 年代开始发展滑雪产业。随着新的山区建设计划的启动，韩国开发了集公寓、滑雪场、骑马俱乐部、高尔夫球场等休闲场所于一体的大型综合滑雪度假胜地。风靡亚洲的《蓝色生死恋》《冬季恋歌》等影视作品，更是吸引了大批亚洲滑雪爱好者和游客到凤凰城滑雪度假村、龙平度假村进行体验。随着冰雪运动人口和竞技水平的不断上升，韩国培养出世界花样滑冰超级明星，并于 2018 年 2 月在江原道的平昌郡成功举办了第二十三届冬奥会。韩国在冬奥会后仍大力发展冰雪文旅产业，将平昌成功升级为高品质休闲型国际旅游城市。

二、国内冰雪文化产业发展路径探索

在冰雪旅游产品的开发和利用方面，我国发展冰雪文化产业的很多地区结合浓厚的地域文化深入开发各种载体的旅游产品。例如，吉林将冰雪符号注入缸窑文化中的陶瓷文化载体进行传播。长白山文化的深度挖掘开发，都是通过丰富冰雪旅游产品的地域文化内涵，让冰雪文明渗入每一位前来参观的游客内心，从而满足游客精神层面需求。此外，还有不少地区将冰雪体育、民俗表演、冰雪客栈等与传统的冰雪旅游相融合，如内蒙古大力发展的雪地赛马、承德发展的冰嬉等。这些项目都实现了对冰雪文化资源的整合，这种整合不仅增强了当地的文化活力，还完善了该地冰雪文化的产业链条。

我国文化产业发展较好的是东北地区。例如，哈尔滨不断探索冰雪文化产业发展方向，成果显著。哈尔滨第一届冰雪大世界恰逢千禧年，为了迎接这一旷世盛典，哈尔滨在松花江上建起一座冰雪迪士尼乐园，即哈尔滨松花江冰雪大世界。哈尔滨致力于打造世界顶级冰雪旅游目的地及龙江特色旅游品牌，通过不断完善管理制度，积极探索高效管理与运作模式，推动地方旅游文化和旅游经济的快速发展。冰雪主题游乐园“哈尔滨冰雪大世界”，通过举办名扬海外的国家级啤酒盛会“哈尔滨国际啤酒节”活动，及承办“自行车节”“沙滩排球比赛”“户外文化节”“汽车试驾”等活动，不断探索冰雪文化旅游新领域，拓展了冰雪文化的发展空间，全面展示了北方冰城的独特魅力。

三、张家口冰雪文化产业发展路径探索建议

（一）政府创新支持举措，打造冰雪文化品牌

中国·崇礼国际滑雪节自 2001 年开始，张家口市已经连续举办了 14 届。在国内，去崇礼滑雪逐渐成为高端滑雪群体的首选，尤其是在北方的京津冀地区。随着参与冰雪运动的人数逐渐增多，这一潮流在群众中受到广泛好评，中国·崇礼国际滑雪节影响力也逐步扩大，其影响范围逐步扩展到上海、江苏、浙江、福建等东南沿海经济发达地区，受到当地的热捧。

从中国·崇礼国际滑雪节的发展历史来看，政府部门还应打造强有力的冰雪文化品牌，通过多种途径对我国的冰雪文化和冰雪运动进行引导和扶持。首先，媒体发挥着重要作用，可以通过媒体在各种平台大量普及冰雪运动项目知识，增加冰雪运动的吸引力，提高社会公众对冰雪产业的认识和了解。其次，政府部门要充分利用好北方充足的冰雪自然优势，让群众燃起对冰雪运动和文化旅游体验的欲望，使其真正爱上冰雪运动。再次，要创建备受关注的冰雕、雪雕等冰雪艺术的冰雪品牌文化活动，积极开展打造具有张家口特色的冰雪文化旅游产业。

尤为重要的是，政府部门应该多措并举，通过出台更为积极、更为有力和更为有效的财政扶持政策和办法，大力支持冰雪文化产业的发展。此外，要进一步加大中央和地方财政的投入力度，重点对正在建设和运营中的冰雪文化产业发展所需的基础设施项目进行扶持，对发展冰雪文化产业过程中必要的道路、滑雪场环境以及当地的宾馆设施等的建设、维护提供更多资金。

政府部门在冰雪文化产业加大财政投入的同时，还可以通过引入资本的方式，建立冰雪文化产业发展的专项基金。通过实行市场化营运方式，可以大幅度提高政府部门的财政资金使用效率。除此之外，政府部门还有多种方式可以选择，在税收方面可以向冰雪文化产业相关企业倾斜，通过适度增强冰雪文化企业的税收优惠力度、尽可能扩大税收优惠政策的范围，鼓励社会和企业支持

冰雪文化产业发展，从而营造良好的冰雪文化氛围。

张家口市要进一步整合和激活张家口地区已经稳定发展的冰雪文化资源，打造具备冰雪文化原创能力和具备核心竞争力的品牌活动。在张家口冰雪文化产业发展的过程中大力实施冰雪文化品牌发展战略，通过整合现有的冰雪文化产业，形成独具特色的张家口冰雪文化品牌。定期举办中国·崇礼国际滑雪节等大型的、备受关注的冰雪旅游文化活动，通过创新多种艺术形式、深挖冰雪传统民俗和文化底蕴，多措并举、多方努力，打造集冰雪运动、乡俗民俗、日常生活于一体的张家口冰雪文化的良好形象品牌。

（二）普及冰雪知识，广泛宣传冰雪体育文化活动

随着2022年冬奥会的举办，张家口应向公众普及传统的冰雪文化知识，在社会上弘扬冰雪文化，尽可能地让更多人传承冰雪文化精神。张家口市可以通过当地各界的共同努力，尽最大可能加大冰雪文化知识的宣传力度。除了传统的新闻网站，可以利用当下火热的短视频平台（如“微博”“快手”“抖音”等平台）进行广泛宣传，加强与社会群众的合作和互动。如可在抖音开设“冰雪文化伴我行”“冰雪文化的力量”“传承冰雪文化”“冰雪文化，传承有我”“冰雪文化，我来传承”等话题，让网友充分展开讨论，增加公众对冰雪文化的认识。还可鼓励网友在话题里上传短视频，分享对冰雪文化的感受和认识，传播冰雪文化。

另外，还可以通过高频度地开展赛事活动、冰雪文化有奖征文、冰雪知识竞赛的方式对冰雪知识进行普及，使冰雪知识可以真正融入群众的日常生活当中，使社会各界对冰雪知识有更加深入、更加普遍的了解，认识冰雪文化产品，激发其参与冰雪运动的兴趣。通过这些积极引导的方式，可以让大众爱上并真正参与冰雪活动，真正地了解冰雪文化的历史，感受冰雪文化中的丰富内涵。

张家口市相关部门也可以在社会中积极组织开展冰雪摄影活动，在公共场所开展冰雪展览活动，提高群众对冰雪艺术的鉴赏能力。摄影家协会通过对冰雪的多角度拍摄，可以利用图片表达对冰雪的热爱之情。不仅通过冰雪记录生活，还通过冰雪提升大众艺术鉴赏水平，从而激发人们对冰雪的热爱之情。通

过每年定期举行张家口冰雪摄影展览，评选优秀的、有代表性的冰雪摄影作品，使冰雪摄影活动成为张家口冰雪文化的一部分，融入张家口历史文化发展当中。

同时，张家口还可以增加冰雪休闲娱乐项目的数量，营造浓厚的冰雪文化氛围；引导民间力量，通过举办与冰雪文化相关的娱乐活动、竞赛活动和知识科普活动，增强群众的参与度。通过多种方式，让群众在参与冰雪运动与冰雪娱乐的同时，不知不觉、自然而然地了解到冰雪文化，感受冰雪文化的深厚内涵，间接传承了坚强不屈、坚韧不拔的冰雪文化精神。此外，关于普及冰雪知识，校园也是重要的一环。早在 2018 年，“推进冰雪运动进校园”被正式列入教育部的工作要点，无论是高校还是中小学，都要求开设冰雪运动课程，普及传统冰雪文化知识，激发广大青少年对冰雪运动的浓厚兴趣。学校可以通过鼓励学生积极参与冰雪运动，强健学生的身心体魄，传承冰雪文化精神。

（三）多措并举、多元发展，促进产业链高度融合

冰雪文化作为冰雪旅游的灵魂，是冰雪旅游可持续发展的核心。随着经济社会的不断发展，我们可以看到任何产业要想发展壮大，仅靠自身是不足够的，冰雪文化产业也是如此。冰雪文化产业与冰雪旅游业、冰雪体育装备制造业等都有着或多或少的关联性。目前来看，我国在冰雪运动方面所需要的器材主要来自西方冰雪大国，以进口为主。我们应该打造和建立具有自主产权的冰雪装备制造产业的聚集区，通过发展与冰雪相关的周边产业反哺冰雪文化产业。在开发过程中，要把冰雪资源作为发展媒介，把地域、民俗和冰雪文化融入其中，最终形成独具特色的冰雪文化产业。例如，发展冰雪运动器材、服装的生产与销售，建设冰雪运动、冰雪文化历史博物馆，打造“互联网＋冰雪”的全链条产业，设计推广冰雪文化周边产品，开展冰雪旅游赛事与节事策划以及冰雪旅游培训，等等。特别的，张家口可以结合自身文化特色，打造具有地方特色的冰雪食品产业链，在冰雪文化活动中进行美食推广。

张家口市应积极与北京、内蒙古以及河北省其他城市广泛展开合作，打破城市间冰雪文化产业发展及地方保护的壁垒，通过城市间的精心合作，共同开发独具北方特色的冰雪文化项目或热销产品，从而实现我国北方地区冰雪文化

资源的整合，进而达到优势互补。要通过建立冰雪文化产业群的方式，加快张家口市冰雪文化产业市场化和多元化的发展进程，使“冰天雪地也是金山银山”的理念可以得到真正贯彻。此外，还要重点关注冰雪文化相关产业集群的发展，结合大数据、互联网的优势，建立冰雪文化资源共享信息平台，做好张家口地区冰雪文化产业整体协调，发挥各领域的优势，形成独具特色的张家口地域冰雪文化产业圈。

总体来说，张家口市应立足于自身城市发展的实际情况及消费者日益迫切的现实需求，对正在发展的冰雪文化项目和冰雪文化产品进行准确的审视，重新进行市场定位。同时，根据不同的消费市场群体，开发出高、中、低不同层次的产业链，进而让更多的民众有机会接触并了解冰雪文化产品。最终，营造具有浓郁张家口特色的冰雪文化氛围，打造集自然与文化产业于一体的冰雪文化特色，提升张家口冰雪文化产业竞争力，使张家口冰雪文化产业在新时代焕发新的活力和激情。

（四）创新冰雪人才培养模式，建设职业化人才队伍

冬奥会的成功举办，这其中高素质的冰雪运动人才起到了重要作用。冰雪人才也是冰雪文化能够得到有效弘扬和传播的基础保障，对于提升我国冰雪运动的竞争力、建设冰雪运动强国具有重要作用。

张家口市在推动冰雪文化产业发展的全过程中，应加大对冰雪人才的重视程度。一方面，应该成立具有张家口特色的专门的冰雪文化产业人才培训基地。通过加强与艺术学院及民间艺术家的协同合作，由政府部门主导，以政府或者企业的名义建立专业的创作队伍，从而共同创建独具特色的冰雪文化人才培训基地。另外，要把冰雪文化产业人才的培养融入正常的教学当中，将冰雪运动带入中小学校，纳入学生的体育必修课中，从小学到大学，全面培养冰雪文化人才。并且，要将这一行动作为素质教育的一项关键性内容，从而确保冰雪文化产业的人才培养可以更具针对性、实用性与应用性。通过理论与实践相结合的方式，真正有效地提升冰雪文化产业的人才队伍建设水平，培养适应冰雪文化产业需要的专业人才，进而通过多方联动探索出后冬奥时代的冰雪文化人才培养模式，培养出符合张家口冰雪文化产业发展需求的人才队伍。

俗话说，一方水土养一方人。张家口市的学校可以借鉴内蒙古牙克石一中的冰雪人才培养经验，营造良好的校园冰雪运动氛围，激发学生对冰雪运动的热情。牙克石一中每年到冬季的时候都会在校园里浇注冰场，学生要上冰雪课，在上课的过程中学生掌握基本的滑冰、滑雪技巧，培养实践动手能力。张家口可结合自身特色开设校园冰雪运动课程。另外，张家口还可通过开设与冰雪文化产业相关的冰雪课程，如冰雕制作课程、冰灯制作课程等，根据学校的特点和特色，进行专门的人才培养。

张家口市要做好顶层设计和规划，加强冰雪文化人才培养等软实力方面的建设，避免冰雪文化产业硬件上发展得快、软件跟不上，最终导致冰雪文化产业发展缓慢的尴尬现象。

总而言之，张家口市要积极探索新型的人才培养模式，加大培养力度，加强对学生冰雪文化实践活动能力的培养，满足新时期冰雪文化产业对专业冰雪文化人才的迫切需求。此外，张家口市要加强本地冰雪文化人才与外地冰雪文化人才的交流，在互动中取长补短。同时，还要重视对技术型、管理型等高端冰雪文化人才的引进，学习西方冰雪强国对冰雪文化产业的管理理念和先进方法，提高冰雪文化人才的专业素质和专业能力，以便使其更好地服务于张家口冰雪文化产业的发展，加快推动冰雪文化产业升级和提效。

第四章　石家庄与承德冰雪文化产业调研

第一节　石家庄冰雪文化产业调研

一、石家庄冰雪文化产业概述

我国冰雪产业的发展历程一直不那么尽如人意，在早期时候，我国冰雪产业发展较之于欧美、日韩等国家相对滞后。作为一个新鲜时尚的业态，室内滑雪场产业是在我国获得冬奥会举办权及“三亿人上冰雪”战略被提出之后才逐步兴起壮大的。

在此之前，全国范围内偶有几家室内滑雪场，早些时候北京顺义区的乔波室内滑雪场属于国内室内滑雪场的元老级，但由于孤立存在，远远够不着“产业”二字，更无望发展壮大。2018 年 8 月 13 日，在 2018 年冰雪运动系列活动发布会上，“中国冰雪”图案初次亮相，标示着我国冰雪运动开启了新的篇章。

自 2015 年 7 月获得 2022 年冬奥会举办权后，我国冰雪产业开始遍地开花。地处南方的两个室内滑雪场——广州花都融创室内滑雪场和江苏无锡融创室内滑雪场开业，引得数万冰雪迷在其开业之时涌入雪场。在此之前，谁能想到在冬天都难以见到一场雪的南方人可以随时进入滑雪场滑雪？而这正是我国冰雪产业快速发展的一个缩影。

“三亿人上冰雪”给中国冰雪产业带来了史无前例的发展契机，因为政策支持，冰雪爱好者基数越来越大，冰雪产业的群众基础越来越深厚。据“网易”《中国纪录》栏目消息，2017 年至 2018 年冰雪季，我国冰雪旅游人数达到 1.97 亿人次，冰雪旅游收入约 3300 亿元。国内大部分冰雪世界、滑雪场已具有完整的配套设施，据《搜狐财经》栏目估计，一个冰雪世界的资本回收时间为 1 至 2 年，如果选址合适、管理得当，还可以缩短这个周期，与其他大型投资项目做比较，冰雪投资的回本率和回本时间都是名列前茅的。

作为冰雪行业起步较晚的国家，筹办 2022 年冬奥会为我国冰雪运动发展带来了明显的催化作用。国内中小学生对冰雪运动的热情被逐渐激发，冰雪运动人群规模呈现出快速发展态势，地域上“北冰南展西扩”的趋势也正在加速形成。除去北方的需求，南方、中部以及西北地区的需求也愈发高涨，早期投资者们在这一方面的市场争夺无疑具备着口碑、资本、执行力的优势。

在如此前提条件下，我国冰雪产业迅速地发展着，早期以叶乔波为代表的冰雪投资者们吃完了螃蟹，享受到了比在他们之后吃螃蟹的人更好的待遇。

河北省借助 2022 年冬奥会的东风，也在冰雪文化产业层面逐步发力。为了支持冬奥会的顺利举办，除了张家口以外，河北省其他地区也渐渐摸索出了适合当地的冰雪文化产业发展路径。作为河北省省会的石家庄市，在冰雪文化产业的建设上较其他地区还是落后和稚嫩的，在后续的规划和设计中仍需多方借鉴。

在河北省出台的《关于支持冰雪运动和冰雪产业发展的实施意见（2017—2022 年）》（以下简称《意见》）中，明确提出到 2022 年，将河北省打造成为冰雪运动强省。《意见》提出了主要的建设目标：

一是群众冰雪运动广泛开展，2022 年全省达到 3000 万人次参与冰雪运动。

二是冰雪竞技水平全面提升，2018 年有河北省运动员参加平昌冬奥会；2020 年参加全国冬运会获得金牌；2022 年参加北京冬奥会夺得 1 至 2 枚金牌。

三是冰雪产业规模不断提高，2022 年全省冰雪产业总规模达到 1000 亿元。

四是冰雪场地数量持续增加，2022 年全省滑雪场达到 80 个，滑冰场达到 200 个。

《意见》中提到的主要任务包括：

一是广泛开展群众冰雪健身活动。建立以“健康河北 乐冰雪”等品牌活动为主线，以冰雪旅游节、欢乐冰雪季等活动为支撑的群众冬季项目活动体系；着力构建冰雪健身服务网络，不断强化冰雪运动健身指导。

二是全面提升冰雪竞技水平。积极争取体育总局的支持，大力推进省市、省企、省校联办运动队，加快冰雪专业运动队建设，优化冰雪竞技项目布局；加强冰雪竞技后备人才培养，积极推进与国内外高校合作，建立省、市、县（区）三级业余训练网络，不断提升后备人才队伍规模和质量。

三是大力培养青少年冰雪运动技能。分批次在全省中小学建设冰雪运动特色学校，组织开展“百万青少年参与冰雪”“未来之星”冬季阳光体育大会等青少年冰雪赛事活动，大力推进冰雪运动进校园。

四是加快发展冰雪产业。统筹推进冰雪旅游、健身休闲、竞赛表演等产业发展，逐步推动形成以张家口崇礼赛区为核心，以石家庄冰雪运动产业聚集区、承德冰上运动产业聚集区为两翼，以京张冰雪体育休闲旅游带、京东冰雪健身休闲带和冀中南冰雪健身休闲带为支撑的“一核、两区、三带”冰雪运动和冰雪产业发展新格局。

五是提升冰雪器材装备研发制造能力。积极引进国内外高端冰雪装备制造企业，支持企业创建和培育自主品牌，着力建设以冰雪产业为特色的装备制造聚集区。

六是加强冰雪场地设施建设。引导社会资金积极投资冰雪场地建设，支持各市至少建设一个具有 61 米×30 米冰面的标准滑冰馆，鼓励各地建设可拆装冰雪场地、仿真冰雪场地设施，并结合住宅开发和商业设施规划建设一批室内冰雪场地。

二、石家庄冰雪文化产业现状分析

《关于支持冰雪运动和冰雪产业发展的实施意见（2017—2022 年）》明确提出了要优化河北省冰雪产业布局。在此基础上，通过调研和资料分析，我们对石家庄的冰雪产业现状进行以下梳理。

（一）冰雪娱乐旅游产业

石家庄旅游资源丰富，近年来石家庄市大力提升冬季旅游品牌影响力。《石家庄市冰雪产业发展规划（2018—2025年）》中指出，未来几年，石家庄将突出发展冰雪旅游产业，到2022年冰雪旅游人次将达到400万，冰雪旅游总收入达到80亿元；到2025年冰雪旅游人次将达到600万，冰雪旅游总收入达到120亿元。在突出发展冰雪旅游产业、打造冰雪旅游精品项目的同时，着力提升冰雪旅游服务水平，大力发展群众冰雪运动，为冬季旅游增添新的“打开方式”。

石家庄正定的冰雪嘉年华已然成为古城正定的一张冰雪名片。在冰雪嘉年华，攒雪球、拉雪圈、滑雪橇、滚优波球、跳蹦床等娱乐项目让游客玩得不亦乐乎。除此之外，在冰雪嘉年华的舞台区，憨态可掬的海狮表演、小丑魔术表演，同样让游客看得津津有味。

在石家庄植物园还有一处欣赏冰雕的好去处，那就是华北地区最大的室内冰雕馆——冰雕大世界。真冰做成的天坛、城堡、儿童乐园等上百种冰雕作品惟妙惟肖。冰上碰碰车、超级冰滑道、冰上儿童滑梯等游乐设施使人们尽享冰上项目的乐趣。此外，西部长青冰雪小镇、沕沕水等冰雪特色旅游目的地也吸引着各地游客前来体验。除了打造一系列叫得响的冰雪旅游精品项目，石家庄近年来还积极挖掘冬季资源，大力推进群众冰雪运动发展。2019年12月28日，河北省首届冰雪运动会在河北奥体中心盛大开幕。除了精彩的比赛，同期还举行了群众冰雪运动展示、冰雪运动会成果展示、冰雪产业展示和滑冰场馆落地签约会。其中，在河北奥体中心南门主入口处设置了群众冰雪运动展。内场搭建了1.7万平方米嬉雪区，设置了滑雪圈、雪地迷宫、雪地足球、雪地飞碟、雪地悠波球、雪地摩托、雪地香蕉船、越野滑雪等嬉雪项目，吸引了大批民众前来游玩。未来，石家庄还应根据冰雪旅游资源空间布局，以冰雪旅游重点项目为核心，精心打造冰雪旅游组织体系及精品项目、景区和线路，形成不同内容、不同层次的冰雪旅游集群，发挥区域、线路特色优势，建立优势互补的联动机制，打造上下游产业链，形成规模化、体系化经营，并带动相关产业的发展。

（二）冰雪体育产业

《石家庄市冰雪产业发展规划（2018—2025 年）》明确表示，未来石家庄将充分发挥省会优势、区位优势、生态优势、市场优势，借助 2022 年北京冬奥会契机，统筹推动冰雪产业发展。石家庄冰雪产业“11124”总体发展布局为：突出打造石家庄城市冰上产业聚集区，发展壮大太行山冰雪旅游产业带，创办中国·石家庄冰雪（体育）产业博览会，建设冰雪综合性人才培养基地、冰雪装备器材研发制造销售基地两大基地，打造元氏县国家体育（冰雪）产业示范基地品牌、鹿泉区西部长青冰雪旅游度假区品牌、石家庄“全城热练”群众冰雪系列活动品牌、冰缘冰壶京津石冰球联赛品牌四大品牌，加快形成“一区、一带、一展会、两基地、四品牌”的冰雪产业发展新格局。

针对体育消费方面，近几年石家庄市大力发展“体育＋”产业链，制定石家庄市冰雪运动产业、石家庄市山地户外运动产业发展规划，建立西部冰雪产业服务带、自驾车体育游憩带、户外运动休闲带。同时大力发展竞赛表演、健身休闲、场馆服务、中介培训等业态，拓展体育传媒、体育旅游、体育科技等新兴业态。重点打造一批运动地板、拳击用品等方面具有石家庄特色的体育用品制造产业园区。

同时，石家庄进一步推动行政单位与体育类社团组织脱钩，推进管办分离，取消商业性赛事、群众性赛事的审批。通过采取向社会购买服务的方式，发挥社会资源优势，扶持社会力量承办体育赛事，实现办赛主体多元化。另外，加大草根赛事、民间赛事的扶持力度，进一步丰富各类体育赛事活动。

石家庄鼓励有条件的学校及体育场馆将运动设施在课后和节假日向公众有序开放，并且支持各类体育场馆创新商业运营模式，开展多层次开发利用，提升面向社会公众的服务供给能力。

鼓励体育场馆、健身俱乐部等免费或低收费向社会开放，并对体育部门备案的健身场所的水、电、气、热价格，按一般工业收费标准执行；对获得高危险性体育项目经营许可的单位，所用水、电、气、热的价格按居民生活收费标准执行。

在多项政策的支持下，石家庄市的冰雪体育产业逐渐呈现出蓬勃的发展态势，吸引更多的市民参与到冰雪体育运动中来。石家庄于 2019 年 6 月 15 日—17 日在石家庄国际博览中心举办 2019 京津冀（石家庄）国际体育产业博览会——国际冰雪产业展览会，并于 2019 年 12 月成功开展了以“欢乐冰雪，激情相约”为主题的河北省首届冰雪运动会。

（三）冰雪教育产业

为有效推进冰雪运动进校园，石家庄市创建了 16 所全国青少年校园冰雪运动特色学校、21 所北京 2022 年冬奥会和冬残奥会奥林匹克教育示范学校。有 3 所学校成为省级冬季运动项目传统校，7 所学校成为市级冬季运动项目传统校。石家庄市大力开展课外冰雪活动，力求让每个学生都能掌握一至两项冰雪运动技能。对硬件薄弱学校的体育场地、设施进行改造提升，将冰雪活动纳入教育督导专项，鼓励学校积极开展轮滑、陆地冰壶等冰雪特色项目活动。石家庄市实验小学、长征街小学等尝试在勒泰欧悦冰场上冰上体育课，2019 年上半年累计授课近 2 万人次。2018 年以来，石家庄市组织开展了“双百双万”冰雪运动公开课、“电影课堂”冰雪运动主题教育活动等，全市中小学生广泛参与。其中，“迎冬奥”作品评选活动共征集评选出 234 篇优秀征文、288 幅绘画作品、158 件摄影作品。为加强冰雪体育师资储备，石家庄市将冰雪项目列为体育教师技能大赛必测项目。同时，组织中小学开展多层次、多样化的冰雪运动竞赛活动。联合石家庄市体育局，连续两年组织中小学生滑雪比赛，连续 4 年组织中小学生速度轮滑赛。

石家庄市针对冰雪教育领域表示：要明确定位，将普及校园冰雪运动和冰雪文化与促进学生身心健康、提升学生体质健康水平相结合；要将冰雪运动知识教育纳入学校体育课教学内容和教学计划；要加强竞赛体系建设，建立涵盖小学、初中、高中、大学的四级冰雪运动竞赛体制；要继续推进冰雪运动特色学校、示范学校创建，实施开展校园冰雪运动“十百千万”工程；要落实冰雪运动专项经费，集众智汇众力，拓展学生冰雪运动空间和资源。

除了冰雪运动和冰雪文化进校园，石家庄市近年来还大力推进冰雪进社区活动，让普通市民也能在家门口体验到冰雪的魅力。

（四）冰雪装备用品产业

石家庄市确立了要增强研发创新能力的目标，支持省会高校、科研机构和企业，利用优秀的研发人才和高端技术，开展冰雪装备用品、冰雪服务软件、智能装备硬件等技术研发，提高自主创新能力。石家庄市发挥国家体育用品质量检验检测中心设在石家庄的优势，积极为河北省整合各类检验检测机构资源提供便利，支持搭建国际一流的冰雪器材质量检验检测和认证平台，借助器材装备质量检验检测认证基地，提升石家庄市冰雪装备用品制造业标准化水平。

扩大装备制造产业规模。根据市场需求、资源条件和技术水平，培育发展滑雪场涉及的设备、器材、装备及关联产品生产企业；支持转型企业投入冰雪装备用品业，支持双创企业投入冰雪装备用品业；鼓励引进国内外有实力的企业、冰雪制造业知名品牌在石家庄市投资建设高端冰雪装备生产项目；支持硕德旱雪、旱冰产品做大、做强、做优，引进和培育 1 至 2 家冰雪器材装备用品制造大型企业，提升全市冰雪装备用品生产制造能力。

加大推广销售力度。深入分析冰雪装备市场需求、市场规模和市场分布，建立有效的推广销售体系、高效畅通的物流体系和高水平的售后服务体系；组织举办冰雪产业博览会、高峰论坛等，搭建产品推广和产需对接服务平台，提高企业影响力和品牌知名度；支持冰雪行业协会牵头组建由制造企业、用户企业、社会团体等组成的产业联盟，加强供需对接、行业自律，规范拓展销售市场。

三、石家庄冰雪文化产业发展局限

尽管最近几年石家庄市的冰雪产业发展势头猛烈，但是不可否认与其他冰雪产业较为成熟的地区相比还存在较大差距，也有着难以克服的发展局限。

首先是城市体量。作为河北省的省会，石家庄市在进行冰雪产业发展和推进时较其他省内城市有一定的优势。河北省出台的《关于支持冰雪运动和冰雪产业发展的实施意见（2017—2022 年）》中明确提出了逐步推动形成以张家口崇礼赛区为核心，以石家庄冰雪运动产业聚集区、承德冰上运动产业聚集区为两翼，以京张冰雪体育休闲旅游带、京东冰雪健身休闲带和冀中南冰雪健身休闲带为支撑的“一核、两区、三带”冰雪运动和冰雪产业发展新格局。但石家庄在行政条件和自然条件方面仍存在天然不足。截至 2019 年，全市下辖 8 个区、11 个县，代管 3 个县级市，总面积 14 464 平方公里，建成区面积 496 平方公里，常住人口 1 103.12 万人，城镇人口 710.55 万人，城镇化率 64.41%。相比于北京、天津等地，石家庄还属三线城市，常住人口总量不大，如果仅从城市自身角度来看的话，还无法支撑冰雪产业在石家庄本地的发展。因此，从城市体量角度来分析，如果发展冰雪产业并不具备城市体量优势，那么需要另辟蹊径，从创新性和融合性角度来发展新型冰雪产业。

其次是产业基础。石家庄市是一个典型的内陆城市，并且处于温带，其冰雪文化历史并不久远，所在区域拥有的冰雪产业的相关基础也比较薄弱，作为连接京津冀、南北方的重要交通枢纽，石家庄市的产业结构并不适合冰雪产业在短时间内迅速成长。石家庄应该从自身的交通枢纽位置出发，为产业发展和产业变革提供一定的支持，通过缓步成长才能在当地发展出健康长久的冰雪产业。在产业合作密切的今天，要发展一个本地的产业链条是十分困难的，再加上冰雪产业当前并不是基础性强的产业，其经济价值当前也并没有十分巨大，因此应该加强区域合作，尤其是国内各区域之间的交流合作，才能让石家庄市本地的冰雪产业依托全国发达成熟的产业体系实现冰雪产业的成熟化运作。

最后是区位短板。石家庄地处河北省中南部，东与衡水市接壤，南与邢台市毗连，西与山西省为邻，北与保定市交界，位于首都北京西南方向，距离北京市主城区 283 公里。石家庄南北最长处 148.02 公里，东西最长处 175.38 公里；位于北纬 37°27′～38°47′（误差±1′）之间，东经 113°30′～115°20′（误差±1′）之间，地处中低纬度亚欧大陆东缘，临近渤海海域，属于温带季风气候。太阳辐射的季节性变化显著，地面的高、低气压活动频繁，四季分明，寒暑分明，雨量集中于夏秋季节。干湿期明显，夏、冬季长，春、秋季短。春季长约 55 天，夏季长约 105 天，秋季长约 60 天，冬季长约 145 天。空气年平均湿度 65%。春季降水量偏少，常有 4 级偏北风或偏南风，3 月、4 月气温回升快。夏季，受海洋温湿气流影响，6 月、7 月、8 月降水占全年降水量的

63%～70%，7月和8月三伏天期间空气湿度高达100%。秋季，受蒙古高压影响，晴朗少雨，温度适中，气候宜人，空气湿度平均为78%。深秋多东北风，有寒潮天气发生。冬季，受西伯利亚冷高压的影响，盛行西北风，气候较冷，不常出现降雪。由于以上原因，石家庄市夏季难以维持人造冰雪，冬季降雪量不足以满足天然冰雪场地的需求，发展依托于自然条件的室外冰雪产业有着极大的困难。

结合以上的论述，我们可以看到，仅仅依靠石家庄市自身的工业条件以及自然条件，发展成熟的冰雪产业并不具备强有力的优势。但是，依托整个京津冀地区，借助冬奥会东风，充分发挥自身的优势，寻求区位合作方式，创新冰雪产业生产方式，深度发掘冰雪旅游资源，石家庄市也必定能够让当地冰雪产业实现充分发展。

四、石家庄冰雪文化产业发展路径探索

《石家庄市冰雪产业发展规划（2018—2025年）》（以下简称《规划》）提出，要充分发挥石家庄市省会优势、区位优势、生态优势、市场优势，借助2022年北京冬奥会契机，统筹推动冰雪产业发展。《规划》明确了石家庄市冰雪产业“11124”总体发展布局：突出打造石家庄城市冰上产业聚集区，发展壮大太行山冰雪旅游产业带，创办中国·石家庄冰雪（体育）产业博览会，建设冰雪综合性人才培养基地、冰雪装备器材研发制造销售基地等两大基地，打造元氏县国家体育（冰雪）产业示范基地品牌、鹿泉区西部长青冰雪旅游度假区品牌、石家庄“全城热练”群众冰雪系列活动品牌、冰缘冰壶京津石冰球联赛品牌等四大品牌，加快形成“一区、一带、一展会、两基地、四品牌”的冰雪产业发展新格局。

（一）深度挖掘周边冰雪旅游资源，大力发展冰雪文化旅游产业，带动相关产业发展及升级

《规划》提出要突出打造石家庄城市冰上产业聚集区，发展壮大太行山冰雪旅游产业带。发展壮大太行山冰雪旅游产业带，即在石家庄太行山沿线的行唐、灵寿、平山、鹿泉、井陉、元氏、赞皇等地建设一批冰雪运动场馆设施，

加快发展冰雪运动休闲产业。其中，要重点建设元氏县无极山四季运动休闲小镇、鹿泉西部长青冰雪小镇、平山“红崖雪乡”等项目，打造多个以滑雪为主，集运动休闲、度假旅游、康养游乐、教育培训、文化体验及农耕体验为一体的大型运动休闲综合体，与保定、邢台南北对接成带，形成具有全省品牌影响力的太行山冰雪旅游产业带。

打造鹿泉区西部长青冰雪旅游度假区品牌，即依托西部长青滑雪场馆及山地水域资源优势，进行规划升级、项目升级、服务升级，建设冰雪小镇、元曲古镇、溪山小镇、金山小镇、布拉格小镇等，打造省会冰雪旅游、生态观光、民俗体验、主题游乐、户外运动、科普教育、大型演艺等多功能融合的冰雪旅游度假区。

同时，石家庄还将打造冰雪旅游精品项目，突出发展冰雪旅游产业。石家庄根据冰雪旅游资源空间布局，以冰雪旅游重点项目为核心，精心打造冰雪旅游组织体系和精品项目、景区和线路，形成不同内容和不同层次的冰雪旅游集群。发挥区域、线路特色优势，建立优势互补的联动机制，打造上下游产业链，形成规模化、体系化经营，并带动相关产业的发展。

另外，石家庄还应注重提升冰雪旅游服务水平。根据冰雪旅游项目资源和旅游市场规模，完善冰雪旅游交通、食宿、游购娱等服务配套，满足冰雪运动和冰雪旅游的多元化需求。利用科技创新和互联网技术，提高服务效率，通过优质服务吸引游客再次旅游和再次消费。

除太行山冰雪旅游外，石家庄市还将建设西部长青冰雪小镇、无极山四季运动休闲小镇等冰雪特色小镇以及西部长青旅游度假区、白鹿红崖谷休闲度假区、平山“红色西柏坡·多彩石家庄”等冰雪旅游精品项目线路度假区。

（二）发展室内冰雪娱乐业，营造全民冰雪氛围

石家庄市作为省会城市，自身的娱乐文化产业也是十分成熟和发达的。在获得冬奥会举办权以后，我国各地都逐渐开展起对冰雪运动和冰雪娱乐产业的扶持。石家庄市由于自身的条件，无法像东北地区一样大力发展室外大型冰雪运动场，则充分把握政策扶持、资金注入的大好形势，发展室内冰雪娱乐业，

如室内冰上运动场、室内冰雪体验馆等。当室内冰雪娱乐业发展起来后，自然而然就会带动其他相关上、下游产业的发展，这不论是对冰雪教育还是对冰雪体育竞技来说都是十分有利的，还有助于营造全民冰雪的氛围，助力实现“三亿人上冰雪”的目标。

（三）准确定位自身城市角色，借冬奥会加快发展

我们都知道，石家庄市是一座依托交通优势发展起来的城市，作为联通南北、京津冀的重要枢纽，石家庄充分发挥自身的区位优势，借助冬奥会东风，调动交通资源，进一步加强基础设施建设，增强城市的基础服务能力，进而提升城市形象。

除此之外，石家庄还可依托距离北京、张家口最近的省会城市的中心地位，借冬奥会东风提升城市形象，吸引更多的产业入驻。

第二节　承德冰雪文化产业调研

近年来，我国的冰雪文化产业步入了快速发展的轨道，冰雪资源开发迎来社会各界的关注热潮。冰雪文化产业主要由冰雪旅游、冰雪赛事、冰雪教育、冰雪营销和冰雪装备这五大部分构成，各部分之间相互补充，并不断延伸和拓展。在我国，冰雪文化产业发展迅猛的集中区域是东三省，但是从广度视角来看，河北省张家口市、承德市也是冰雪文化产业发展潜力巨大的目标城市。京津冀协同发展战略的深入实施和2022年冬奥会的成功举办，给予了河北省张家口、承德等城市在今后的发展道路中更为明确的定位，也为这些潜力城市的冰雪文化产业的壮大发展提供了更高的起点和更多的机遇。本节重点以河北省承德市为研究对象，就承德市冰雪文化产业的发展现状、发展经验、存在问题与完善对策进行系统分析，以期为河北省冰雪文化产业发展的战略决策提供有益借鉴、智识参考。

一、承德冰雪文化产业概述

（一）承德市冰雪资源情况

承德市位于河北省东北部（东经 115°54′至 119°15′，北纬 40°11′至 42°40′），是连接京津冀辽蒙的重要节点，具有“一市连五省”的独特区位优势，是中国普通话标准音采集地，有“中国摄影之乡”和“中国剪纸之乡”的称号，2012 年被评为中国“十大特色休闲城市”，2017 年被评为第一届河北省文明城市。承德市属于寒温带、半干旱向半湿润过度的大陆性季风型气候，具有四季分明、雨热同期、昼夜温差大的特点，年平均气温 9 ℃。承德市境内地形复杂，山脉纵横，河流交错，海拔 200～1200 米，平均海拔 350 米，特殊的地理条件使得承德的气候春季贴近于夏季，秋季贴近于冬季，结冰期通常在 4 个月左右。承德境内的冰资源丰富，冰质优良，且可利用冰期长达 90 天以上，是整个华北地区唯一能够开展室外（天然冰）速滑比赛的地区，具有丰富的天然冰雪场地资源，具备发展区域特色冰雪文化产业的天然资源优势条件。

（二）承德市冰雪文化产业现状

党的十八大以来，特别是我国获得 2022 年冬奥会举办权以来，在党中央、国务院、河北省委省政府的倡导和政策支持下，承德市委市政府紧抓我国和河北省发展冰雪产业的历史机遇，不断加快区域冰雪文化产业发展步伐，优化冰雪文化产业顶层设计，加大投入力度和配套政策支持，通过政府引导、招商引资、社会倡导、全民参与等多位一体举措，全力推进承德市冰雪文化产业的快速发展，扩大承德市冰雪文化产业辐射范围，取得了明显的经济效益、社会效益和文化效益。通过对承德市近年来冰雪文化产业领域的政策、举措等进行系统梳理，可宏观了解该地区冰雪文化产业的基本面貌。承德市冰雪文化产业政策设计情况如表 4 所示。

表 4　承德市冰雪文化产业政策设计

时间	签发部门	政策文件/指示批示	相关要点
2014 年	国家体育总局	承德市调研指示	确立了“张家口的雪，承德的冰”的工作思路
2015 年	国家发展和改革委员会、国家体育总局	全国体育产业联系点文件	承德市被认定为全国 35 个“体育产业联系点”之一
2016 年	承德市委、市政府	《承德冰雪运动旅游产业区规划（2016—2025）》	全面推动冰雪与旅游产业融合发展，打造“避暑胜地，冰嬉之都”城市品牌形象
2017 年	国家体育总局、国家发展和改革委员会、国家旅游局	《京津冀健身休闲运动协同发展规划（2016—2025 年）》	深化改革冰雪产业仅同旅游文化相结合的发展模式，将冰雪产业同群体休闲运动项目相结合
2018 年	河北省体育局	《河北省群众冬季运动推广普及计划（2018—2020 年）》	将承德着力打造为“皇家文化＋体育休闲”产业基地
2018 年	承德市委、市政府	《承德市冰雪产业发展规划（2018—2025 年）》	建立了冰雪产业联席会议制度
2018 年	承德市委、市政府	《承德市体育发展“十三五”规划》	将冰雪产业纳入发展重点，坚持“以冰为主、冰雪结合”，大力发展冰雪运动品牌赛事活动
2018 年	承德市委、市政府	《关于创新冰雪运动发展体制机制的实施方案》《冰雪运动推广普及实施方案（2018—2022 年）》	形成支撑全市冰雪运动发展的政策框架
2019 年	河北省发展和改革委员会、省工信厅等 6 部门	《支持冰雪产业发展的政策措施》	支持大力发展冰雪装备器材制造、冰雪休闲健身、冰雪教育培训、冰雪文化和旅游等产业
2020 年	河北省体育局	《河北省冰雪产业发展规划》	规划建设国际冰上运动产业基地，形成皇家冰嬉文化体验核心聚集区，打造“冰嬉之都”

梳理上述政策发现，国家、河北省和承德市不断加大对冰雪文化产业的扶持力度，为产业发展提供保障。设立体育产业引导扶持资金，持续扶持冰雪产业项目；积极组织申报省级和国家级体育产业基地，不断壮大体育产业基地规模，带动冰雪健身休闲等相关产业发展；全力支持双滦区发挥钒钛资源优势，加大冰雪运动装备科技研发力度，支持研发生产附加值高的滑雪板、滑冰鞋等

冰雪设备；推动双滦区大黑山、高新区崔梨沟、滦平金山岭等重大冰雪项目建设，加快发展高标准滑雪场。国家、省、市三级联动，为承德市冰雪文化产业的快速发展提供了资金支持和政策保障。

2014 年 7 月，国家体育总局确立了“张家口的雪，承德的冰”的工作思路。承德市在冰雪文化产业发展方略中也主要以冰为主，通过表 5、表 6 滑雪和滑冰场地建设情况可见一斑。现阶段承德市区拥有 4 所冰上训练基地和 1 家室内冰场，满足了承德市开展冰雪运动和群众冰上娱乐活动的最基础的条件。未来，承德可承接国际和国内冰球、短道速滑等冰上赛事，从而有效带动承德市冰雪文化产业的快速发展。当前，承德市正在全力推进滑冰场地、场馆建设，据相关负责人介绍，承德已实现县（市、区）滑冰场地和冰雪赛事全覆盖，冰雪文化产业发展所需要的基础设施在不断健全和完善，辐射广度和覆盖面积在不断拓宽。

表 5　承德市滑雪基础设施情况

场地名称	初级道/条	中级道/条	高级道/条	总计/条
元宝山滑雪场	1	1	3	5

表 6　承德市滑冰基础设施情况

场地名称	场地类别
避暑山庄冰上训练基地	天然冰场
滦河冰上训练基地	天然冰场
武烈河冰上训练基地	天然冰场
双峰寺冰上运动中心	室内冰场

承德市自 2016 年至 2017 年度冰雪季开始承办国际级冰雪运动赛事，是我国首个获得国际女子班迪球世界锦标赛举办权的城市。2016 至 2019 年陆续举办了各类各级别冰雪运动赛事，为承德市民带来冰雪运动盛宴，丰富了承德的冬季旅游资源。赛事举办情况见表 7。县、市级赛事的增加，也在一定程度上

调动了承德人民参与冰雪运动的热情。2019 年 12 月 21 日，河北省首届冰雪运动会速度滑冰竞赛在避暑山庄举办，冰球竞赛在承德市冰上运动中心举办，为河北省进一步发展冰雪文化产业和冰雪运动奠定了良好的基础。

表 7　承德市冰雪运动赛事举办情况

单位：项

举办年度	国际级	国家级	省级	市县级	总计
2016—2017	3	4	3	3	13
2017—2018	1	4	1	19	25
2018—2019	3	1	4	15	23

习近平总书记提出的“三亿人上冰雪”“冰雪运动进校园”两项具有战略意义的决策，推动了冰雪运动在全社会的强劲发展。承德市鼓励社会群众积极参与冰雪文化建设和冰雪运动推广，大力发展群体性冰雪文化项目，进一步激发群众参与的积极性、主动性和创造性。通过对承德市不同区域、不同群体的走访调研，并对采访数据进行整理和抽样统计分析，可以看出，承德市冰雪文化产业的社会群众基础得到了夯实。参与群众主要以学生为主，参与动机多为“强身健体”和“娱乐”，在参与次数上基本上为随机。承德市冰雪运动参与群众的参与形式见表 8。

表 8　承德市冰雪运动参与群众的参与形式

参与形式	百分比	男性占比	女性占比	差异度
直接参与	72.3%	66%	34%	0.010
间接参与	27.7%	57%	43%	0.008

综合上文的资料梳理与分析，我们不难发现，河北省承德市具有发展冰雪文化产业的天然资源和独特优势，当前发展势头良好、强劲，承德是河北省乃至全国冰雪文化产业的示范性区域。但同时也可看到，承德市冰雪文化产业发展的潜力尚有很大的挖掘空间，需要在相应领域出台具有针对性的政策予以扶

持。当前，在各级政府积极倡导和推动下，承德市冰雪文化产业逐渐形成“政府主导、社会融合、全民参与”的发展格局，无论从顶层设计、资源整合还是财力、物力投入来看，承德市冰雪文化产业的保障体系在不断完善和健全，顺应了人民群众的需求和期待，凝聚了社会共识。

（三）承德市冰雪民俗文化

河北省承德市的冰雪民俗文化对于发展“冰雪群体体育经济”来讲，具有积极的推动作用和示范意义。在城市化进程中，文化经济逐渐成为城市经济发展的主要动力，鉴于此，当前承德市提出的“文化立市”战略对于冰雪产业的发展提供了重要思路。冰雪产业属于群体体育经济范畴，其发展能够带动冰雪文化、旅游文化的发展。因而总体上来说，冰雪产业同文化发展密切相关。近年来，承德市大力培育冰雪文化基础，为产业发展营造氛围。承德市深入挖掘历史文化以及自然生态、地理区位等优势条件，打造“冰雪＋灯会”“冰雪＋温泉”“冰雪＋赛事”“冰雪＋民俗”“冰雪＋冰瀑”等一系列冰雪品牌，依托特色民俗大力发展群众性冰雪文化活动，培育具有区域特色、吸引力强的冰雪民俗文化是承德市“文化立市”的重要着力点之一。

承德是首都的“北大门”，是世界文化遗产地、国家首批历史文化名城、中国旅游城市、国家森林城市。该地区拥有汉、满、蒙古、回、朝鲜等 30 多个民族，全国最大的皇家园林——避暑山庄和外八庙坐落于此。承德作为清代的陪都、第二个政治文化中心，是清代皇家文化的典型代表地，具有深厚的历史文化底蕴，传统的民俗文化也是其吸引受众的一大法宝。承德市具有代表性的民俗文化有：丰宁满族剪纸、滦平十番乐、隆化满族二贵摔跤、平泉传说、承德清音会、黄河九曲灯、抡花、撒河灯、滕氏布糊画、霸王鞭、雾灵皮影、横河蒙丁演武、兴隆山敖龙寺庙会、和顺圣会、祭敖包、八大怪、隆化中幡、三河通背拳、热河二人转、丰宁满族吵子会、板城烧锅酒传统五甑酿造技艺、山庄老酒酿造技艺、丰宁满族饮食习俗、八沟石雕工艺、满族发式与头饰、兴隆铁板大鼓、满汉全席传统制作技艺、平泉燕山大板等几百种。将民俗文化与冰雪产业相结合会碰撞出绚丽的火花。

在冰雪展览、冰雪赛事、冰雪旅游中融入传统民俗，会增强冰雪产业的文化性、观赏性和吸引力。例如，“冰清玉洁逛灯会”——好玩、好看、有特色的承德鼎盛皇家灯会，以其独特的风韵每年吸引着市民和游客纷至沓来；“赶集逛会赏民俗”——承德在春节前后，依托丰富的民俗文化和自然资源，推出与都市居民生活迥然有别的节庆活动。届时，石庙子、北窑、大堡子等特色民宿，“新年祈福——聆听普宁寺除夕钟声”“体验避暑山庄冬季情趣”“逛满乡庙会”“住农家、睡火炕、品尝年味十足的农家菜”等特色民俗活动将为游客带来浓郁的民俗风情体验。满乡剪纸、布糊画民俗工艺大课堂，可以让群众体验民间传统工艺品制作的乐趣。

（四）承德市冰雪＋教育

冰雪文化产业的发展离不开冰雪人才的培养，而冰雪人才的培养基础在于教育。习近平总书记提出的“三亿人上冰雪”与“冰雪运动进校园”两项具有战略意义的决策，都对冰雪人才的培养具有推动作用。学生群体在学校和当地政府的引导下开始接触冰雪运动项目，各类学校纷纷设置冰雪相关课程，开展冰雪校园文化活动，营造了良好的冰雪文化教育氛围。2016 年伊始，河北省体育局正式将省冰上运动项目训练基地设立在承德体育运动体校。承德市政府在武烈河冰场上建立了冰上训练中心，并且为青少年、儿童免费提供场地和培训服务，极好地发挥了冰上训练基地的作用；并基于此组建了承德市青少年速度滑冰队，积极响应国家号召，为进一步推动冰上运动发展和普及做出了积极努力。

我们对中小学和高校冰雪文化教育进行分类梳理，能够进一步了解承德市冰雪文化产业在教育维度是如何有效推进的。

1. 中小学基础冰雪文化教育

冰雪运动进校园不仅有利于扩大冰雪运动群众基础，更对选拔培养竞技冰雪运动的后备人才具有重要意义。为弘扬奥林匹克精神，激发青少年学生参与冰雪运动的热情，自 2017 年起，河北省在全省范围内开展奥林匹克教育示范学校和冰雪运动特色学校创建活动。面向全体学生的奥林匹克知识普及教育，要求各类学校保证各年级每学年的奥林匹克知识学习不少于 4 课时，广泛普及冬奥会和冬残奥会知识、观赛礼仪及冰雪运动常识。积极开展奥林匹克主题文化教育，从 2017 年起每年举办一届全省大中小学学生“迎冬奥”征文、绘画摄影作品评选和奥林匹克知识竞赛等活动；每年举办一届大中学生轮滑比赛及全省青少年学生冰雪项目竞赛和冬令营。2019 年 12 月，承德市政府主办，市体育局、市教育局承办的承德市首届冰雪运动会也拉开帷幕，推动青少年积极参与冰雪实践教育。

承德市有 25 所学校被纳入第一批河北省奥林匹克教育示范学校和校园冰雪运动特色学校名单，其中有 15 所学校（包括小学、初中、高中）为河北省第一批“北京 2022 年冬奥会和冬残奥会奥林匹克教育示范学校”。为进一步激发中小学冰雪运动参与热情，承德市体育局、承德市教育局联合组织各县（市、区）中小学生开展了 2019 年承德市冰雪进农村——冰雪冬令营分站式活动。在 2019 年 9 月，承德市启动“双百双万”活动，即通过培训 100 名冰雪项目体育教师，开展 100 场冬奥知识和冰雪运动普及活动，至少带动 1 万名学生和 1 万个家庭参与冰雪运动。从实施效果来看，承德市 100 所中小学已在各自学校分别组织开展了一堂不少于 100 名学生参与的公开课，覆盖不低于 1 万名学生，影响不少于 1 万个家庭，通过“小手拉大手”的形式，吸引带动不低于 2 万人参与。承德市还为每个学校配发了 500 册《冰雪运动知识手册》，以此弘扬冰雪运动精神，传播冰雪运动文化，努力实现全市青少年学生参与冰雪运动全覆盖，达到“以冰带雪、以冰促雪”的目的。此外，承德市中小学广泛开展“助推冰雪进校园，共筑冰雪强国梦”等冰雪主题体育活动，部分学校如石洞子沟小学还邀请俄罗斯教练介绍冰球运动，指导学生穿戴冰球服、体验冰球运动。活动的开展，让师生们直观地感受到冰雪运动的乐趣与挑战，以此使学生提高了对冰雪运动的认识，激发了学生对冰雪运动的热情。活动在传播冰雪运动文化的同时，也使学生在运动中快乐成长。总的来看，承德市中小学基础冰雪文化教育在扎实稳步推进。

2. 高校专项人才培养与冰雪文化教育

高校冰雪文化人才培养具有协同性和开放性，第一课堂和第二课堂相融通也是创新冰雪文化人才培养的方式。将第一课堂学习的冰雪文化知识、冰雪运动技能运用在实战中是冰雪文化教育的重要目的之一，因此建立实践教学基地、校企共建、培养冰雪人才是高等院校采取的重要人才培养战略。高校和企业、地方政府等建立合作关系，双方在“资源共享、优势互补、互惠共赢、协同发展”的原则下，在冰雪人才培养、冰雪产业规划布局、冰雪场馆建设与运营、休闲产业开发、体育赛事经营与管理等方面开展合作，致力于高等人才培养和冰雪文化教育。当前，承德市民族师范学院、河北体育学院等均迈出了合作培养步伐。

承德市民族师范学院同首都体育大学联合培养冰雪体育人才，以此为基础，带动承德市其他相关冰雪人才培训，如冰雪旅游业人才培训、冰雪休闲运动服务人才培训，形成人才吸纳、专业培训的人才培养模式。另外，承德市民族师范学院多设试点单位，输送相关人才，从体育运动人才到冰雪产业发展人才等不一而足，壮大了承德市冰雪服务体系。2019 年 8 月 7 日至 9 日，在河北民族师范学院组织开展了“双百双万”全市 100 所中小学体育教师冰雪运动知识培训班，培训内容分为冰球、冰壶（陆地冰壶）、花样滑冰、速度滑冰和短道速滑 5 项。此外，河北体育学院牵手承德避暑山庄旅游集团共促承德冰雪运动发展。2019 年 10 月 4 日，河北体育学院与承德避暑山庄旅游集团达成“冰雪人才培养战略合作”框架协议，并在承德市冰上运动中心设立冰雪教学训练基地。

除学校冰雪文化人才培养外，社会化冰雪体育培训也是冰雪教育的重要组成部分。自 2014 年“承德的冰”工作基调确定后，承德冰雪轮滑运动协会持续举办冬季速度滑冰骨干培训班，参加培训的人员部分是各县区体育主管部门推荐的热衷体育推广、无偿为社会提供体育指导的公益人士。通过专业培训后，这些人回归大众健身指导，能够有效扩大冰上运动项目参与群体。承德市冰雪运动普及人才队伍培训情况如表 9 所示。

表 9　承德市冰雪运动普及人才队伍培训情况

年度	培训班名称	参加培训人数
2014—2015	全市冬季速度滑冰骨干培训班	50 人
2015—2016	全市冬季速度滑冰骨干培训班	60 人
2016—2017	第一期滑冰教练员、裁判员培训班	近百人
2017—2018	全市冬季速度滑冰体育骨干培训班	300 人
2018—2019	河北省冰雪运动社会体育指导员培训班	200 人

（五）承德市冰雪旅游产业

随着经济水平的不断提升，越来越多的人愿意在旅游方面消费，国民不再满足于国内游，出境游在近年来持续火热，国民有的选择到泰国潜水，有的去美国冲浪，有的到日本滑雪。越来越多的年轻人也不再满足于观光式的旅游，体育休闲旅游逐渐兴起。有了成功申办冬奥会的助力，国内冰雪运动休闲旅游也迎来了最佳的发展机遇。

冰雪旅游产业是传统冰雪产业城市化发展的主要模式之一，承德市可以在尊重本地的旅游文化特点的同时，将冰雪产业导入旅游产业中。冰雪旅游以动感旅游为主，以观光旅游为辅，动静结合、冷暖兼容，能够吸引众多游客前来体验，满足其休闲、娱乐、运动、养生等全方位的生活需求。冰雪旅游还能够凭借特有的城市属性、得天独厚的自然资源、高端的营销策划理念和浓厚的冰雪风情来促进当地冰雪产业的快速发展。

承德市冰雪旅游产业内容丰富，不仅推出了滑雪、滑冰项目，还开展了冰雕文化节、冰雪文化嘉年华等活动，能够满足旅客参观体验需求。近年来，承德市各景区推出丰富多彩的冰雪、民俗旅游项目，如承德冰雪嘉年华、皇朝印象冰雕文化节等。此外，承德市充分利用双滦元宝山滑雪场、隆化七家-茅荆坝温泉度假区、双桥区冰雪嘉年华、围场冰上龙舟、兴隆天桥峪冰瀑及围场御道口雪地摩托等众多冰雪旅游项目，推动承德鼎盛皇家灯会、围场坝上雪地摩托赛、丰宁马镇冰火节等冰雪季系列活动开展，充分践行了“冰天雪地也是金山银山”理念。承德市不断推动冰雪一季游向四季游、观光游向休闲游、景区景点游向全域旅游转变，借以吸引更多的京津冀人群到承德市参与冰雪运动和冰雪旅游，进而将自身打造为国际化休闲旅游目的地。

二、承德冰雪文化产业存在的问题

总体来看，承德市冰雪文化产业发展具有良好的发展机遇、发展势头和全方位保障，但是客观分析仍能看到其发展瓶颈和局限。这就需要相关政府部门、专家、社会企业、高等院校等进行专题调研和论证研讨，做出相应的科学决策，解决承德市冰雪文化产业领域存在的问题。

我们简单分析承德市冰雪文化产业存在的问题如下：

（一）经济产业基础较为薄弱

经济基础是发展冰雪文化产业的根本动力，也是保障冰雪文化产业可持续发展的基本元素。经过多年的建设、发展和产业结构调整，承德市的经济得到快速发展，实力显著增强，区位、资源、生态、文化四大优势日益凸显，形成了以有色金属冶炼、电力、矿业开采、农副产品加工等产业为支柱，门类较为齐全、特征十分明显的工业化主导型产业结构。但是，产业结构中第二产业偏重，产业层级较低，结构性矛盾突出，服务业发展相对滞后，冰雪文化产业等新兴产业发展缺乏要素支撑，投入产出比相差大，效益低，城市经济发展缓慢，这些因素影响了冰雪文化产业的发展。承德市亟待优化产业结构，推动产业升级，努力寻找新的经济增长点，增强全域的整体经济实力。

（二）基础配套设施建设亟须加快

承德市冰雪旅游发展还处在初始阶段，没有形成规模，影响力较小，冰雪旅游产品数量较少。承德开展冰雪运动占据优厚的自然条件优势，但因为目前没有室内场馆而导致群众只能在冬季参与冰雪运动。目前，面向承德市民及广大游客的冰雪嘉年华活动，更加偏重冰上娱乐项目的开发。虽然可以吸引一定的游客，为承德的冬季旅游创造一定效益，但对于冰雪运动的普及和推广来说作用并不是很大，对于帮助人们习得一项冰雪运动的技能，从而养成通过冰雪运动进行冬季健身习惯的作用不大。因此，承德室内、室外滑雪滑冰基础设施的建设仍需进一步加快。

除了滑雪、滑冰基础设施建设，交通线路、餐饮会务等服务设施也应尽快健全和完善。承德大多为山路，交通不太便利，机场设施也需完善。另外，气温差异制约了部分内地游客，因此保暖基础设施也应到位，最大限度满足游客冰雪体验需求。

（三）顶层设计实施效果不佳

为大力发展冰雪文化产业，各级政府部门出台了一系列政策措施，承德市政府响应国家政策，通过承办高水平赛事、举办冰雪运动社会体育指导员培训班、举办冰雪嘉年华等形式丰富承德冰雪季的活动内容。这些举措虽然有效地吸引了冰雪活动的参与者，但由于顶层设计的整体策划和实施不够成熟，导致活动落地实施效果与预期目标仍有较大差距，政策落地的精准性还有待进一步提高。从实际运行效果来看，群众通过参与冰雪活动而被其中一项运动吸引并对其产生兴趣，愿意为此付出金钱与时间，养成运动习惯，这一方面的效果并不如意，群众参与冰雪运动的意识较为薄弱。

（四）冰雪文化产业的传播策略较为单一

目前，承德市夏季旅游客流量明显多于冬季旅游的客流量，出现“冬闲”的尴尬状况，究其原因在于社会公众对于承德市冰雪文化的认知度较低，这也从一个侧面反映出承德市冰雪文化产业的传播策略较为单一。在智能媒体时代，5G（第五代移动通信技术）、智能算法、大数据等新技术引起信息传播领域的深刻转变，信息传播的工具和方式也发生了巨大变化，包括算法新闻在内的新型信息传播形态方兴未艾。在新的时代背景下，科学技术更新速度加快，传播格局解构与重构，受众思想意识的独立性和多样性特征日趋显著，因此新时代应采取更为网络化、平台化的冰雪文化宣传策略。然而，当前承德市关于冰雪文化的传播策略仍停留于电视、报刊、“微信”“微博”等领域，平台化的宣传策略尚未落地实施，因此宣传效果不佳，知名度仍未打开，难以聚集广泛的受众。因此，承德需要加大宣传力度，以点带面，充分利用融媒体宣传承德冰雪旅游和冰雪文化。

三、承德冰雪文化产业发展路径探索

承德市有“文化立市”的文化底蕴作为背景，有冬奥会的基础设施和服务体系作为基础支持，另外承德市作为北方城市具有得天独厚的自然条件优势，因此有条件展开冰雪产业的培育与发展。从前述分析中我们认识到承德市冰雪文化产业发展的优势与不足，下面我们为承德发展冰雪文化产业提出一些具有针对性、可行性、可落地性的具体发展策略。

（一）以政策为依托，发展本地特色冰雪文化

自我国获得 2022 年冬季奥运会举办权至今，河北省大力推动冰雪运动和冰雪产业发展，支撑建设冰雪相关产业和推广普及冰雪运动的相关政策陆续出台，

这为河北冰雪发展提供了强有力的指引。因此，承德要利用政策支持，对本地特色冰雪文化进行元素培育和品牌设计，增强冰雪文化产业的吸引力、影响力和知名度，努力打造“承德皇家冰雪文化产业”品牌。要加大本地冰雪民俗文化的保护和推广力度，以皇家文化、民俗文化、民族风韵为基础设计相应的文化创意产品，健全产品体系，将不同类型的文创产品进行交叉组合，进而形成全域化的产品体系，满足消费诉求，形成流动的传播效益，增强特色冰雪文化的传播力。

（二）借助冬奥会东风，完善基础设施建设

作为临近北京、张家口的城市，承德具有良好的区域优势，2022 年冬奥会为其冰雪文化产业的发展带来了良好的机遇。承德市要把握此次机会，加快本地冰雪运动基础设施建设，在滑雪场、滑冰场、冰雪展览馆、立体化交通运输体系、餐饮娱乐场地等方面加大投入，加快工程进度，完善全方位的基础设施建设。另外，承德市在吸引各类训练赛的同时还可以开展各式各样的冰雪运动竞赛，通过以赛带练的方式，自行组织各类冰雪运动参赛队，并且展开邀请赛，带动承德市冰雪训练运动的发展，为冰雪文化产业的发展奠定良好的基础，营造全民参与冰雪竞技的社会氛围。

（三）大力发展冰雪教育和群众性冰雪运动

冰雪文化和冰雪运动是冰雪文化产业的两大主要部分，其发展基础在于学校教育和社会参与。在冰雪教育方面，各级部门要按照相关政策的指引，逐步实施，逐级落实，有条不紊地开展校园冰雪运动。教育行政部门应该加大对校园冰雪运动经费的投入，通过多渠道来改善学校冰雪运动项目的教学条件。各级各类学校要深化冰雪文化教育教学改革，组建专业的冰雪文化和冰雪运动教学团队，丰富学校体育课程，大力开展形式多样的冰雪校园文化活动和素质拓展训练，培育优秀的冰雪文化人才。在群众性的冰雪运动推广方面，政府部门、社区等要加大倡导力度，组织冰雪运动会、冰雪文化艺术节等群众性活动，动员社会成员积极参与。同时，招募冰雪文化宣传大使、冰雪运动志愿者等，让更多的社会成员参与到冰雪文化产业发展的各个环节，提高对冰雪文化的认知意识、参与意识和传播意识，让冰雪文化深入人心。

第五章　河北省冰雪文化产业三带：京张、京东、冀中南地区冰雪文化产业发展概况及路径

冰雪文化产业是一种新兴产业，是以冰雪资源的开发利用为基础的一种产业形式。有关冰雪文化产业的界定目前还没有统一的标准，通过对文献资料的研究我们发现，冰雪文化产业大多数的概念描述集中在冰雪产业。冰雪产业以冰雪旅游为主体，是一、二、三产业协同发展的经济综合体，包括冰雪旅游、冰雪运动、冰雪场馆、冰雪文化、冰雪人才、冰雪装备、冰雪配套服务等诸多内容。① 冰雪产业是围绕开发利用冰雪资源而产生的相互关联产业的综合，可看作以冰雪旅游、冰雪体育和冰雪文化为核心产业，以冰雪商贸服务业、冰雪休闲健康产业、冰雪装备制造业、科教产业为关联产业形成的“3＋X”产业链。② 冰雪文化是我国北方以东北为主要区域的一种极具地域特色和独特魅力的文化属性。③

在北京成功申办2022年冬季奥运会的大背景下，冰雪产业作为一种新发展领域在不断成长，至今已初具规模。国家“十三五”规划和《以2022年北京冬奥会为契机大力发展冰雪运动的意见》等文件明确指出：“要推动冰雪运动普及与发展，带动三亿人参与冰雪运动。”习近平总书记也曾指出：“冰天雪地也是金山银山。”因此，多级政府都在围绕本地的资源优势挖掘和开发冰雪资源，并出台相关政策大力支持冰雪产业的发展。如吉林省《关于做大做强冰

① 李在军、张瑞林：《冰雪产业融合发展的动力机制与路径探析》，《首都体育学院学报》2018年第6期。

② 《省委省政府关于做大做强冰雪产业的实施意见》，《吉林日报》2016年9月27日。

③ 王凯宏：《中国北方冰雪文化产业生态化发展探究》，《学术交流》2013年7月。

雪产业的实施意见》、北京市《关于加快冰雪运动发展的意见（2016—2022年）》、河北省《关于支持冰雪运动和冰雪产业发展的实施意见（2017—2022年）》等地方性政策，都明确要以2022年冬奥会为契机，大力发展冰雪产业，扩大冰雪市场。

河北省的冰雪资源较为优越。具体表现为：首先，冰雪资源丰富。河北省拥有大批的山区资源，如太行山北部、燕山以及一些坝上高原等，这些地方的冰雪资源都较为丰富。其次，海拔具有一定的优势。河北省山区海拔基本上都在1000～1500米，部分山区的海拔甚至可以达到2000米以上，这些都为河北省开展高山滑雪运动提供了条件。最后，河北省也有适合发展冰雪休闲娱乐运动的低山地带，并且全省的冰期也较长，尤其是张家口地区，冰期可以达到150天，这些都为河北省发展冰雪产业创造了条件。

除此之外，河北省发展冰雪产业还有一定的区位优势。河北省环绕北京、天津以及渤海地区，北京是我国的首都城市，更是我国政治和文化建设的核心地区，而天津是我国北方的重要城市。另外，在河北境内，有25条铁路干线和27条国家干线公路。这些都是河北省的区位优势，也是河北省发展冰雪文化产业的基础。

河北省还拥有丰富的旅游资源。河北是全国唯一一个兼有海滨、平原、湿地、丘陵、山地、高原的省份，地形地貌较为完整，自然生态景观优美。全省有塞罕坝、驼梁、海坨、武陵山、青衣寨、小五台山、衡水湖、南大港等国家级自然保护区，21个省级自然保护区。其中，秦皇岛黄金海岸、承德避暑山庄、太行山大峡谷、白洋淀、燕山、草原天路这些旅游景区在全国范围内也较为出名，优美的自然生态环境为发展河北省的冰雪产业奠定了基础。

第一节 京张地区冰雪文化产业带发展概况及路径

一、京张地区冰雪文化产业发展历史沿革及发展概况

张家口市滑雪产业起步于20世纪90年代，经过20多年培育发展，在崇

礼区建成了京津冀区域独一无二的雪场集群，培育了一大批滑雪运动消费群体，冰雪运动及冰雪旅游消费市场初具规模，国内外影响力显著提升。目前，全市建有滑雪、滑冰场馆 36 家，建成冰雪运动特色学校 62 所。全市建成万龙、云顶、太舞、多乐美地、富龙、银河、长城岭 7 家大型滑雪场，其中万龙、太舞、云顶 3 家雪场入围“2018 年全国滑雪场十强”。全市拥有雪道 177 条，总长度 164 公里；索道和魔毯 70 条，总长度 45 公里。2018 年至 2019 年雪季，共举办、承办国际雪联自由式滑雪世界杯、首届京津冀冰球邀请赛和“零度以下经济”论坛、“冰雪运动全覆盖”“红红火火中国年”等冰雪体育赛事、群众性冰雪活动 170 项，共接待游客 1288 万人次，实现旅游收入 77.53 亿元。张家口举办的中国崇礼国际滑雪节活动入选 2018 年“冰雪旅游节十强”名单，崇礼区被评为冰雪旅游投资潜力区，并被《纽约时报》评选为 2019 年全球 52 个值得前往的旅游目的地之一，张家口市被评为中国十佳冰雪旅游城市。张家口还组建了河北省冰雪产业技术研究院和张家口市冰雪研究院，高标准举办了“崇礼论坛”、全国冰雪产业发展大会，成立了我国第一个冰雪产业大数据指数平台，发布了“张家口・中国冰雪产业发展指数”，成为全国冰雪产业的风向标。张家口还出台了《张家口市冰雪产业发展规划（2018—2025）》《张家口市冰雪运动发展规划（2018—2025 年）》《张家口市冰雪产业发展三年行动实施方案（2018—2020 年）》《张家口市支持冰雪装备产业发展若干措施》，规划建设了张家口高新区冰雪运动装备产业园、宣化冰雪产业园两个承载平台，与美国、法国、意大利、瑞士、芬兰等国家开展了项目合作，冰雪产业体系已初具雏形。但从全市冰雪产业发展总体来看，还存在一些短板：冰雪装备产业基础比较薄弱，滑雪装备产业刚刚起步，没有形成品牌和集群效应；冰雪运动普及程度不高，群众对冰雪运动的认知度和参与度有待提高；冰雪场馆供应不足，特别是缺少综合性的冰雪训练中心；冰雪人才供需矛盾突出，冰雪装备研发、运动培训、场馆运营、现代服务等人才短缺，无法满足全市冰雪产业快速发展需要；冰雪文化旅游产业发展不充分，旅游产品单一，四季旅游发展亟须提速提质。

二、京张地区冰雪文化产业发展路径探索

（一）京张地区冰雪体育运动的发展

近年来，我国冰雪运动快速发展，2022 年冬奥会的成功举办更是为冰雪运动的繁荣发展带来了新的契机。发展冰雪运动有利于满足人民群众对于体育运动多样化的需求，丰富人民日常生活，对于建设体育运动强国具有重要意义。

1. 国内冰雪运动资源梳理

近年来，国家越来越重视冬奥会及冰雪运动升温给冰雪产业带来的重大发展机遇。2016 年，国家层面以及京津冀地区都相应出台了冰雪产业发展规划。国家的《冰雪运动发展规划（2016—2025 年）》《全国冰雪场地设施建设规划（2016—2022 年）》和《群众冬季运动推广普及计划（2016—2020 年）》提出：2020 年，我国冰雪产业总规模要达到 6000 亿元，2025 年要达到 10 000 亿元；2025 年，全国直接参加冰雪运动的人数要超过 5000 万人，并带动 3 亿人参与冰雪运动。直接参加冰雪运动的人群主要是指以运动竞技、健身休闲等为目的，进行冰雪运动的人群，如冰雪项目运动员、教练员、裁判员，冰雪运动爱好者，参加学校冰雪运动课程的学生，等等。

河北省发布的《河北省冬季运动发展规划（2015—2022 年）》提出：到 2022 年，力争把河北省打造成冰雪运动大省，建成以冰雪体育旅游为主导，以冰雪大众休闲健身和竞赛表演业为基础，冰雪体育服务业初具规模的产业体系；2022 年，全省冰雪产业规模要达到 1000 亿元，经常参加冬季健身人口比例要达到 40%、3000 万人次以上，张、承等基础较好地区要达到 50%、450 万人以上。

借北京冬奥会的“东风”，冰场与雪场数量逐渐增多，参与滑雪运动的人员逐渐增加，冰雪人才缺乏现象日益严峻。到 2025 年，滑雪、滑冰教练人才需求量将达到上万人，每年需增加的专业项目技术人员最少为 350 人，场馆经

营与管理人员也是较为缺乏的。① 培养冰雪人才是支持冰雪运动可持续发展的关键环节，冰雪人才培养包括竞技类人才培养和非竞技类人才培养。竞技类冰雪体育人才指由中等专业及以上各类大学、培训机构培养出来的能胜任冰雪体育竞赛工作的人，主要包括运动员、教练员等。② 非竞技类冰雪体育人才是指除去冰雪体育竞赛人员之外的相关人员，包括冰雪体育运动服务人员、冰雪体育经纪人、冰雪体育产业工作者、冰雪体育运动策划管理人员。

不论是竞技类冰雪体育人才还是非竞技类冰雪体育人才，其教育和培养都需要一套完整、可行、有效的体系。人才的培养离不开学校这个强大的依托，学校不仅可以提供科学化、规范化的人才培养体系，还具有促进人才全面发展、提高综合素质的功能。目前，国内有 14 所独立设置的高等体育类院校，分别是北京体育大学、上海体育学院、武汉体育学院、首都体育学院、天津体育学院、哈尔滨体育学院、沈阳体育学院、吉林体育学院、河北体育学院、广州体育学院、成都体育学院、山东体育学院、西安体育学院、南京体育学院。这 14 所院校专业设置情况见表 10。其中，北京体育大学和上海体育学院入选首批“双一流”建设高校名单，武汉体育学院入选湖北省“双一流”建设高校名单。据“软科全球体育类院系学术排名（2018）”显示，目前我国有 5 所体育类高校上榜，上海体育学院排名位于世界第 51 名～100 名区间，北京体育大学、首都体育学院、天津体育学院、武汉体育学院位于第 201 名～300 名区间。③

---

① 孟令峰、李寒冰、王睿岩：《冬奥背景下体育院校冰雪专业人才培养探究》，《文化创新比较研究》2020 年第 15 期。

② 刘禹辰：《北京冬奥周期非竞技类冰雪体育人才的培养》，《哈尔滨体育学院学报》2020 年第 3 期。

③ 陆晓雨：《新形势下体育类高校办学定位分析》，《北京教育（高教）》2020 年第 7 期。

表 10　高等体育类院校专业设置情况表

院校	专业设置
北京体育大学	体育教育、运动训练、社会体育指导与管理、运动人体科学、武术与民族传统体育、公共事业管理、体育经济与管理、新闻学、广告学、应用心理学、英语、表演、舞蹈表演、运动康复、休闲体育、汉语国际教育、教育学、经济学、网络与新媒体、德语、法语、葡萄牙语、西班牙语、俄语、旅游管理、马克思主义理论、体能训练
上海体育学院	体育教育、运动训练、民族传统体育、表演（武术表演方向）、运动人体科学、运动康复、应用心理学（运动心理学方向）、新闻学（体育新闻方向）、英语（体育英语方向）、公共事业管理（体育产业管理方向）、信息管理与信息系统、市场营销（体育市场营销方向）、休闲体育、社会体育指导与管理、舞蹈编导（体育舞蹈方向）、运动训练（乒乓球方向）
武汉体育学院	经济学、休闲体育、教育技术学、特殊教育、体育教育、运动训练、运动人体科学、英语、新闻学、广告学、信息与计算科学、应用心理学、机械设计制造及其自动化、康复治疗学、信息管理与信息系统、公共事业管理、舞蹈表演、舞蹈学、表演、广播电视编导、播音与主持艺术
首都体育学院	体育教育、运动训练、社会体育指导与管理、运动康复、体育旅游、运动人体科学（健康管理方向）、运动康复（奥林匹克冰雪方向）、体能训练体育教育（师范）、体育教育（奥林匹克冰雪方向）（师范）、社会体育指导与管理（奥林匹克冰雪方向）、休闲体育（奥林匹克冰雪方向）、新闻学（奥林匹克冰雪方向）、（体育新闻方向）、体育经济与管理、体育经济与管理（奥林匹克冰雪方向）、公共事业管理（体育管理方向）、舞蹈表演
天津体育学院	特殊教育、学前教育、教育技术学、运动康复、社会体育指导与管理、武术与民族传统体育、运动人体科学、运动训练、体育教育、英语、新闻学、应用心理学、康复治疗学、市场营销、体育经济与管理、公共事业管理、舞蹈学、舞蹈学（中国舞）、（体育舞蹈）、（健美操）、（啦啦操）、社会体育
哈尔滨体育学院	体育教育、武术与民族传统体育、社会体育指导与管理、休闲体育、运动康复、运动人体科学、运动训练、冰雪运动、英语、新闻学、体育经济与管理、舞蹈表演
沈阳体育学院	运动训练、运动康复、武术与民族传统体育、运动人体科学、社会体育指导与管理、体育教育、休闲体育、新闻学、网络与新媒体、应用心理学、体育经济与管理、公共事业管理、舞蹈表演

续表

院校	专业设置
吉林体育学院	运动训练、体育教育、社会体育指导与管理、武术与民族传统体育、运动人体科学、体能训练、冰雪运动、公共事业管理、舞蹈表演
河北体育学院	体育教育、运动人体科学、武术与民族传统体育、体能训练、冰雪运动、运动训练、休闲体育、英语、物业管理、舞蹈学、播音与主持艺术、民族传统体育
广州体育学院	学前教育（幼儿体育与健康方向）、体育教育、运动人体科学、运动训练、体育教育（足球）、运动训练（足球）、体育经济与管理、社会体育
成都体育学院	经济学、体育教育、运动训练、运动人体科学、英语、新闻学、文物与博物馆学、中医学、康复治疗学、体育经济与管理
山东体育学院	特殊教育、教育技术学、武术与民族传统体育、运动人体科学、社会体育指导与管理、运动训练、体育教育、运动康复、休闲体育、电子竞技运动与管理、体能训练、英语、新闻学、应用心理学、计算机科学与技术、数据科学与大数据技术、体育经济与管理、公共事业管理、健康服务与管理
西安体育学院	特殊教育、运动训练、运动人体科学、社会体育指导与管理、武术与民族传统体育、体育教育、休闲体育、运动康复、新闻学、应用心理学、康复治疗学、体育经济与管理、公共事业管理、舞蹈学、舞蹈表演
南京体育学院	运动训练、体育教育（师范类）、社会体育指导与管理、休闲体育、运动人体科学、运动康复、武术与民族传统体育、体能训练、体育教育、新闻学（体育新闻）、生物医学工程、康复治疗学、体育经济与管理、舞蹈表演、表演（体育艺术表演）

通过对全国 14 所独立设置的高等体育类院校专业设置的梳理可以发现，明确设有冰雪运动专业的院校只有首都体育学院、哈尔滨体育学院、吉林体育学院和河北体育学院这 4 所，其中首都体育学院对于冰雪运动相关专业的设置偏向服务管理等非竞技类方向，并且涉及面较为全面，包括运动康复、体育教育、社会体育指导与管理、休闲体育、新闻学和体育经济和管理；而哈尔滨体育学院、吉林体育学院和河北体育学院开设的冰雪运动专业侧重于竞技类冰雪体育人才培养。在这 14 所院校中，大部分院校除体育运动相关专业外，还开设英语、新闻学、应用心理学、管理学的课程，这避免了在人才培养的过程中只看重体育专业能力的提升从而忽略了综合素质培养现象的发生。

总体来说，冰雪运动人才的社会需求量很大，但是相关人才供给处于匮乏阶段，体育类院校在冰雪运动人才培养方面的开发力度仍需加大。因此，加快冰雪运动人才的教育和培养是发展冰雪运动亟待解决的问题。

2. 京张地区发展冰雪运动的路径探索

《张家口市冰雪产业发展规划（2019—2025 年）》对于张家口的冰雪人才培养是这样描述的："以张家口市内大中专院校为依托，以普及冰雪运动和服务 2022 年冬奥会和冬残奥会为目标，优化专业布局，调整学科结构，强化师资队伍建设，建立冰雪运动普及人才、冰雪运动竞技人才、冰雪场馆服务型人才、冰雪装备产业人才及赛会志愿者相结合的综合人才培养培训体系。聚集国内外优质教育资源，与国内外知名体育运动院校广泛开展交流与合作，创建专业化、高水平的张家口国际冰雪学院，打造张家口冰雪教育和人才培养基地。"

张家口还规划构建"111N 冰雪运动培训体系"，即创建一批冰雪运动特色学校，在全市中小学校开展冰雪运动课程，培训冰雪运动技能，到 2025 年建成 100 所冰雪运动特色学校；搭建一批冰雪运动学历教育平台，支持全市大中专院校开设冰雪运动专业，建立健全人才培训体系，开展冰雪运动学历教育；建设一批冰雪运动培训基地，规范整合滑雪场现有培训学校，开展雪上运动培训，充分利用全市水系，开展冰上培训；打造 N 个国际一流冰雪运动综合培训中心，依托北方学院滑冰馆、奥体中心速滑馆和崇礼滑雪场，建设滑冰运动综合中心和滑雪运动综合中心。

冰雪运动人才的教育培训大体上要从建设综合培训中心、非竞技人才培养、竞技人才培养、倡导全民参与冰雪运动四个方面来展开。

（1）建设冰雪运动综合培训中心

目前，张家口市建有滑雪、滑冰场馆 36 家，建成冰雪运动特色学校 62 所。建成了万龙、云顶、太舞、多乐美地、富龙、银河、长城岭 7 家大型滑雪场，其中万龙、太舞、云顶 3 家雪场入围"2018 年全国滑雪场十强"。张家口依托滑雪场和滑冰馆来建设冰雪运动综合培训中心，为发展冰雪运动提供场地支持。为确保 2022 年冬奥会的冰雪项目比赛基地的全面建设，京张地区全力打造具备承接大型国际化赛事的冰雪项目场馆，积极建设与竞技体育相关联的配套保障设施，如住宿、餐饮、医疗、安保、交通等；2022 年京张冬奥会期间，张家口赛区共设置 8 个场馆（4 个竞赛类场馆和 4 个非竞赛类场馆），承办 51 个冬奥冰雪项目的比赛，共产生 51 枚金牌，约占全部冬奥比赛项目的 47%。

张家口市崇礼区位于河北省西北部，地处内蒙古高原与华北平原过渡地带，全区总面积 2334 平方公里，海拔从 813 米延伸到 2174 米，冬季平均气温 −12 ℃，降雪早、积雪厚、存雪期长，冬季累计积雪量可达 1 米，山地坡度适中，被国内外专家誉为“中国发展滑雪产业最理想的区域之一”。崇礼作为 2022 年冬奥会雪上项目主赛场，承担冬奥会雪上 2 大项、6 分项、51 小项的比赛项目。云顶、万龙、太舞、富龙、多乐美地、长城岭、银河以及新建的国家越野滑雪中心、国家跳台滑雪中心、国家冬季两项中心，以太子城冰雪小镇为中心，在 10 公里半径范围内形成国内最大的雪场集群。

2019—2020“大好河山 激情张家口”冰雪季暨第二届零度以下经济发展大会在北京举行。仪式上，河北省体育局副局长为张家口市职教中心授牌，“张家口市冰雪运动综合培训基地”正式落户张家口市职教中心。冰雪运动综合训练基地的成立将统一雪上运动培训教学体系和等级认证标准，大幅提高雪上运动培训从业人员业务水平、加速培养青少年雪上运动人才，为本地的冰雪运动培训体系建设提供支撑保障，发展壮大张家口雪上运动培训产业。

（2）冰雪运动非竞技人才培养

非竞技类冰雪体育人才培养体系是借助高校与社会培养机构等多方资源，打破体育专业院校设置，充分利用体育与非体育教育资源，从社会需求出发，对现有人才培养体系的重新设计与思考。① 前文曾提到，非竞技类冰雪体育人才是指除去冰雪体育竞赛人员之外的相关人员，大致包括冰雪体育运动服务人员、冰雪体育经纪人、冰雪体育产业工作者、冰雪体育运动策划管理人员。具体来说，冰雪体育运动服务人员包括冰雪运动场所的大众教练员、导滑员、导游员、冰雪器材维修员、电器设备维修员、机械操作员等；冰雪体育经纪人是

① 刘禹辰：《北京冬奥周期非竞技类冰雪体育人才的培养》，《哈尔滨体育学院学报》2020 年第 3 期。

指从事冰雪体育赛事、冰雪体育的品牌包装、经济策划，及冰雪运动员的转会、参加比赛等一系列中介活动的人员；冰雪体育产业工作者是指从事冰雪产业市场营销、广告策划与冰雪品牌设计等的人才，这一类人才的主要任务是科技攻关与战略运筹；冰雪体育运动策划管理人员是指从事冰雪运动相关的工商管理、场地管理、酒店管理等的人才，这类人才是发展冰雪经济、制订产业营销战略和创造效益的主体。[①]

①借鉴德国“双元制”人才培训模式，增强校企合作

“双元制”职业教育模式，是在德国实行的一种校企合作的职业教育模式。这是一种成功的职业教育模式，这种模式下，学生既要在职业学校学习理论知识，又要在企业接受职业实践技能的培训。“双元制”教育模式得到德国法律法规的支持和确认。据相关资料统计，1993 年至 2006 年，德国有 14%具备大学入学资格的年轻人首先选择职业培训，而不是急于进入高校学习。[②] 在这种模式中，学习的地点为学校和企业，学习时间为两年到三年半，并且只有三分之一的时间是在学校，剩余的三分之二时间都在企业进行学习。

冰雪运动非竞技类人才的培养需要借鉴德国“双元制”职业人才培训模式，建立校企合作机制，学校开设轻重装备制造、设备维护等专业，采取订单培养、联合培养、共建实践基地等方式，为冰雪装备企业培养专业技术性人才，加强冰雪装备制造人才的教育与培养。张家口学院、张家口职业技术学院等多所大中专院校共开设冰雪运动和冰雪产业相关专业 20 余个，其中张家口学院成立的冰雪学院是河北省唯一一个被北京冬奥组委确定为 2022 年北京冬奥会和冬残奥会的培训基地的院校，为 2022 年冬奥会提供大批专业人才。2020 年 8 月 3 日，张家口学院冰雪学院与崇礼富龙文化旅游有限公司签订《关于大学生滑雪实践基地校企双方战略合作框架协议书》。富龙文化旅游有限公司有冰雪运动场地及设备设施，能够为冰雪学院提供教学及实践场地，满足学生的实践需求。

---

① 朱佳滨：《北京冬奥会效应下非竞技冰雪体育人才问题研究》，第十一届全国体育科学大会论文摘要汇编，2019 第 4292—4294 页。

② 马宇：《德国“双元制”职业教育发展特点新论》，《教育评论》2012 年第 6 期。

②整合国内外冰雪教育资源，增加培训机构

国外一些国家如俄罗斯、加拿大、芬兰、美国等因其地理环境以及自然环境有着极为丰富的冰雪资源，张家口的一些设有冰雪运动专业的大中专院校、冰雪运动联盟或者培训机构应有目的、有计划地加强与国际、国内知名的冰雪运动机构、组织、院校合作，进行资源整合与互惠，与俄罗斯、加拿大、芬兰、美国等国家的高校、俱乐部建立留学培养机制。

国内已有不少尝试合作的范例，河北大学就是其一。作为省部共建的大学，为更好地服务河北省冬奥会工作，河北大学下属的新闻传播学院于2018年7月开始筹备“冬奥体育解说通道班”，并于2019年3月正式成立。成立以来，先后派出两批学生分别前往芬兰恺撒卡里奥学院和日本长野县进行冰雪相关专业的学习。该班开设有“冬奥体育技战术分析”“冬奥专业英语基础”两门课程，举办了“冬奥体育解说大讲堂”，先后组织学生赴芬兰参加2018世界残疾人冰壶锦标赛志愿者活动、赴北京实地观看2019年国际冰联冰球世界锦标赛。该班通过形式多样的教学活动，大大提升了项目学生对冬奥冰雪运动的认识，激发了学生学习冬奥、参与冬奥的热情。冬奥会期间，河北大学与北京延庆、张家口的一些冰雪赛事举办场馆对接，使河北大学的同学参与到服务冰雪赛事工作当中，为2022年北京冬奥会服务。这一做法实现了国内、国际冰雪教育资源的开发、利用与整合。与此同时，在雪场运营、酒店管理、餐饮卫生、应急救援、安保服务等领域还可通过承办冰雪体育赛事来组织相关人员参与系统培训并切实参与到体育赛事当中进行学习观摩，开展国际化、标准化的培养培训。

张家口市已面向法国、美国、瑞典、意大利、芬兰等10多个欧美传统冰雪体育强国开展合作交流。截至2022年9月，全市累计签约冰雪产业项目111项，总投资达561.6亿元，51个项目投产运营，累计实现产值10.31亿元，初步形成冰雪产业集群。

(3) 冰雪运动竞技人才培养

根据竞技特点，一般冬季项目的人才培养周期较长。我国冰雪运动专家认为，速度滑冰运动员没有10年的基础不太可能达到高水平，冰壶运动员需要

6～8 年的训练才有可能参加正式比赛。[①] 冰雪运动竞技后备人才的培养是一个复杂且漫长的过程，同时也需要专业化、合理化的系统培训。对于冰雪竞赛而言，后备人才的培养至关重要，决定着一个项目能否保持着优势地位。河北省在冰雪运动发展的道路中要找准发展突破口，合理布局冰雪运动竞技项目，精心培养冰雪运动后备人才。张家口作为河北省冰雪资源最为丰富的城市之一，同时也是 2022 年北京冬奥会的比赛场地之一，肩负着培育冰雪运动竞技人才的重要责任。

《张家口市冰雪产业发展规划（2019—2025 年）》中提到："采取体教融合方式，培养冰雪运动竞技人才，组建冰雪运动专业队伍，组织参加国际性、全国性的冬季项目比赛。研究制定冰雪人才引进优惠政策，吸引国内外现役和退役优秀运动员、教练员到全市各级各类学校执教，提高全市冰雪运动项目竞技水平。高等院校建立高水平运动队，到 2025 年，培养冰雪运动竞技后备人才 200 人以上。"

学校是冰雪运动后备人才培养的基地，构建初具规模的省、市、中等专业学校、业余体校的冰雪竞技项目后备人才梯队势在必行。河北省张家口市已批准 32 所中小学创建冰雪运动特色学校及组建冰雪运动队。[②]

张家口市可借助宣化区第二中学（张家口市青少年冬季奥林匹克运动学校）、张家口市职教中心、崇礼区职教中心、张家口市业余体校，开设体育教育、体育休闲、运动训练等相关专业，通过与省内外高水平体育院校或冰雪特色院校开展跨区域联合办学，借助其高水平师资及场地条件进行人才培养。依托当地各大雪场和冰场等训练场地，采取教育与训练相结合的方式进行实战训练，同时鼓励学员参与各级各类冰雪赛事，提高后备人才的竞技水平。

习近平总书记针对北京冬奥会的筹办工作曾专门强调："要开拓选人用人视野，遴选优秀人才参与冬奥会筹办，加快培养一支专业化、国际化的人才队伍。"为了适应冬奥会的需求，着眼于国家青少年冰雪运动培养的长远目标，

---

① 赵晶、闫育东：《我国冰雪运动人才资源储备与发展规划研究》，《山东体育学院学报》2015 年第 1 期。

② 刘若群：《河北省冰雪运动进校园工作开展情况汇报》，《中国学校体育》2018 年第 1 期。

从2015年起，张家口市每年选拔10名优秀滑雪人才赴奥地利学习滑雪技术；2016年，河北省开始组织优秀冰雪运动员和教练员赴俄罗斯、奥地利、韩国、日本等国家开展专项训练与交流，以加强冰雪人才的国际交流和培养。学习国外先进的训练理念和训练方法，能够使训练趋于科学化、规范化。

推动青少年冰雪运动普及，深入开展“冰雪运动进校园”活动。将中小学冰雪运动特色学校建设与高校高水平运动队建设同步推进，是教育部推进冰雪运动进校园的一项主要任务。① 为了配合教育部冰雪运动进校园的行动，也为了实现省委省政府号召的到2022年河北省3000万人次参与冰雪运动的目标，河北省积极组织中小学推进《冰雪运动》普及读本进校园活动。同时，省体育局联合省教育厅开展了“双百双万”（在全省范围内选择100所学校，举办100场冰雪运动普及公开课，覆盖1万名学生，影响1万个家庭）、轮转冰、冰雪体验、“迎冬奥”征文等系列活动，以“小手拉大手”的方式，吸引更多家庭参与、享受冰雪运动。河北省落实“校园冰雪计划”，依托高校冰雪师资和社会企业资金优势，共同培育青少年冰雪运动人才，到2022年，初步形成冰雪运动人才库。河北省在普及冰雪运动文化、加强冰雪运动后备人才的文化教育方面迈出了实质性的一步，对推进冰雪运动进校园、在中小学组织开展冰雪活动起到了示范作用。

2017年3月7日，由人民教育出版社、课程教材研究所体育课程教材研究开发中心共同研发的“中小学校园冰雪运动丛书”出版发行，为推广普及冰雪运动知识提供了很好的专业指导。在借助“中小学校园冰雪运动丛书”进行冰雪运动推广普及活动中，张家口市被列为示范区，张家口市第21中学被列为示范校。② 与此同时，张家口也在全面开展“奥运知识进课堂”“冰雪运动进校园”活动，努力建设一批冰雪特色学校，逐步将冰雪运动项目列入中小学冬季体育课教学内容，广泛普及奥林匹克知识和冰雪体育运动；切实推行“阳光冰雪计划”“百千万冰雪工程”，优化特色学校冰雪体育课堂教学内容，促进

---

① 王登峰：《抓好机遇明确任务共谋校园冰雪运动新发展》，《中国学校体育》2018年第1期。

② 赵晶、闫育东：《首套“中小学校园冰雪运动丛书”在京发布》，《中国学校体育》2017年第4期。

学生熟练掌握滑冰、滑雪运动技能；采取政府购买服务方式，支持学校与社会培训机构合作开展冰雪运动教学活动，促进青少年冰雪运动普及发展；鼓励引导社会力量创建青少年冰雪运动俱乐部、培训基地和课外活动中心，有计划地培养一批青少年冰雪专业人才。

张家口市不断积极推进青少年运动的发展。张家口宣化区第二中学作为“张家口市青少年冬季奥林匹克运动学校”，借力冬奥成为全国唯一一所“体教结合”的冬奥冰雪运动学校。该校通过跨界、跨区域选材，2015～2017 年共招收 900 余名学生，其中专业滑雪运动员 150 人。同时，聘请了 8 名顶级滑雪教练员全程督训。该校还牵头北京理工大学附中、天津第十四中学、河北衡水中学等 7 所学校成立京津冀冰雪教育联盟，并于 2016 年 12 月举办了第一次联盟校体育教师滑雪培训。在河北省冬季运动管理中心的领导和支持下，学校加强科学合理的专业训练，重视运动员的文化学习，做好为省队、国家队输送人才的工作，逐渐形成体教结合的学训体系。在国家体育总局有关领导的关心和支持下，该校正在为建设全国一流的高标准青少年冬季奥林匹克运动中心而努力。

张家口市还不断加强对大众冰雪运动的专业性指导和培训，建设冰雪运动社会体育指导员队伍。张家口支持社会力量兴办冰雪运动俱乐部或冰雪运动培训学校，开展大众冰雪运动健身培训服务；支持冬季运动体育社团发展，逐步在中小学校创建青少年冰雪运动队和冰雪轮滑社团。预计到 2025 年，培养校园辅导员和社会体育指导员各 2000 名以上。

（4）倡导全民参与冰雪运动

2018 年至 2019 年雪季，河北省参与冰雪运动群众总计 1300.37 万人次，首次超过千万，比上一雪季增长了 51.77%。其中直接参与者 407.98 万人次，间接参与者 892.39 万人次，直接参与人群占比 31.37%，间接参与人群占比 68.63%。直接参与人群中，滑雪者为 292.95 万人次，滑冰者为 103.88 万人次，分别占直接参与人群的 71.80%和 25.46%。可以看出，冰雪运动在逐渐向人民群众的生活不断渗透。

《张家口市冰雪产业发展规划（2019—2025 年）》中提到：“到 2025 年，

建成世界级滑雪场3个以上，全市滑雪场（馆）达到20个，其中大型综合滑雪场13个；滑冰场（馆）80个，建成1个世界级滑冰馆，打造3个冰上运动中心。丰富群众冰雪活动，冰雪运动校园覆盖率达到100%，每名在校生带动2个以上家庭成员参与冰雪运动，冰雪运动普及度明显提升，参与人数大幅增加；拓展冰雪竞赛表演市场，培育和打造6个以上具有国际影响力的冰雪品牌赛事活动。”

提高全民参与冰雪运动的积极性，就要从开展群众性冰雪活动入手。张家口应积极开发雪橇、冰上自行车、雪地摩托、雪地拔河、雪地足球等群众喜爱的冰雪运动项目，精心组织冰雪运动进机关、进校园、进部队、进厂矿、进农村、进社区、进家庭等活动，大力普及群众冰雪活动。利用崇礼区冬奥赛场、沽源县五大连湖等冰雪优势资源，怀来、下花园等县区文化创意产业园，促进体育文化、体育旅游深度融合。加大对全市冬奥、冰雪和特色文化宣传力度，提升冰雪运动的普及度。

除此之外，也要结合自身情况积极探索发达国家发展冰雪运动的经验，并不断与之进行对比，发现自身不足，找到发展的突破口。加拿大大众冰雪运动兴起于20世纪60年代，在政府的扶持和社会经济发展水平不断提高的环境下形成热潮。将我国的冰雪运动发展现状与加拿大进行比较，可以取其精华，发现不足。

与我国把大部分体育经费都用到竞技体育上不同，加拿大政府把绝大多数资金都投入到大众体育上，并通过大力发展学校体育和社区体育来实现“体育为人人”的体育事业发展目的，大众体育永远是加拿大体育事业的核心。① 在这种理念之下，政府通过法律和政策手段来规范和保障体育事业的发展，尤其在体育公共服务事业上做得非常到位。在加拿大，无论是城市还是乡村，学校和社区都建有滑冰场，大部分都是福利性质，免费开放。在温哥华市内许多社区文化体育中心里还设有冰球场地，免费向青少年开放，只收取租用冰鞋的费用。这一点我国远远不及加拿大，现在我国冬季浇筑冰场的单位或学校不多，

---

① 赵艳、夏洪海、王大力：《对开展群众性滑雪运动的对策研究》，《冰雪运动》2002年第4期。

对外开放的力度更是远远不够，社会上专门为大众提供的免费滑冰场地更是屈指可数。拿河北省张家口市为例，整个城市拥有 468.56 万人口，通过在“百度”“大众点评”和“携程旅游”平台查询可以发现，张家口没有户外免费的滑冰场。

滑雪运动亦是如此，考虑到滑雪人口的需要，加拿大政府不惜斥资修建从市内通往雪场的公路，开通公交车，为滑雪者提供便利。而在我国，出行不便向来是令滑雪场经营者与滑雪旅游爱好者苦恼的一个问题。

从社会体育指导员队伍的发展情况也能看出加拿大大众体育公共服务事业的水平。加拿大的社会体育指导员大约分为三类，即无偿服务的社会体育指导志愿者、少量收费的兼职社会体育指导员和以收费为生的职业社会体育指导员，前两类为公益性的。[①] 志愿者主要由运动项目协会支持和推荐，指导的人群主要是儿童和青少年。这部分志愿者大多数有稳定的专业收入，出于对社会体育事业的热爱，愿意将自己的体育专长奉献他人，并以此为生活乐趣。加拿大社会体育指导员一般由社区指派或在健身场所有一定的配额，指导员配置的情况与场所的设施和设项有关。练习者可以有计划、分时段、按项目选定指导员。相当一部分加拿大人的滑雪、滑冰技能的获得都是从接受社会体育指导开始的。

我国社会体育指导员培养起步较晚，1993 年 12 月 4 日，原国家体育运动委员会颁布了《社会体育指导员技术等级制度》，1994 年 6 月 10 日开始实施。截至 2006 年底，我国公益性社会体育指导员数量达到 50 万人，被批准为国家级公益性社会体育指导员的有 2709 人。[②] 这一数据反映了我国社会体育指导员培养工作发展步幅很大，但仍然无法满足我国广大人民的健身指导需求，尤其是大众冰雪运动缺少专业指导的问题已日益突出。滑雪运动在我国起步较晚，滑雪指导员培养也相对落后。我国自 2005 年开始正式培训滑雪指导员，

---

① 赵燕、夏洪海、王大力：《开展群众性滑雪运动的对策研究》，《冰雪运动》2002 年第 4 期。

② 《在美国加拿大感受社会体育（下）》，http://sports.sina.com.cn/s/2008-03-10/09591380806s.shtml。

至 2008 年，通过资质认定的滑雪社会体育指导员只有 40 多人①，这与我国目前快速增长的滑雪人口明显不成正比。

大众冰雪运动水平是冰雪运动整体实力的基础。大众冰雪运动的发展更有利于我国冬季竞技项目整体实力的提升，二者之间是一脉相承的关系，不应在发展中割裂二者的有机联系。参考加拿大冰雪运动发展的经验可知：树立以人为本的大众体育观念、培养冰雪体育人口、完善大众体育管理体制、打造高品位的冰雪体育文化是我国大众冰雪运动发展的出路，也是我国实现成为冰雪运动大国目标的必经途径。② 张家口亦是如此。

（二）京张地区冰雪休闲旅游的发展

1. 整合冰雪资源，丰富冰雪旅游产品

根据《中国冰雪旅游发展报告 2020》测算：2018 年至 2019 年冰雪旅游季我国冰雪旅游人数达到 2.24 亿人次，冰雪旅游收入约为 3860 亿元，分别比 2017 年至 2018 年冰雪季增长 13.7%、17.1%。放眼全世界，加拿大、芬兰、日本、韩国等国家在冰雪旅游方面都取得了一定的成绩，与中国临近的日本和韩国都曾成功举办过冬奥会，在冰雪产业发展以及冰雪旅游发展方面形成了各自的优势与特色。

以瑞士为例，整个国家的滑雪体系颇为健全。譬如，交通方面，瑞士根据自身山国的特点，提出“瑞士——山的故乡”主题旅游口号，在瑞士全境推出“瑞士卡”，持卡人可以实现飞机、火车、缆车“一卡通”，16 岁以下青少年购票可以享受相当大的优惠。而且，贯通欧洲的公路标识清楚，公路每间隔一段都设有休息区。小的休息区提供桌椅和公共卫生间；大一些的设有加油站，附设小卖部，提供酒水、纪念品、餐饮服务、旅游咨询和公共卫生设备。滑雪场的票价体系也根据市场需要，方式十分灵活。

日本被誉为“雪国”，得益于优越的地理环境和丰富的冰雪资源，冰雪旅游成为日本旅游最受欢迎的项目。日本是我国消费者心中的冰雪旅游首选地之

---

① 罗胜天、张新宇：《我国冬季体育可持续发展的对策》，《冰雪运动》2009 年第 6 期。

② 宋嘉林、阚军常、刘石：《中、加两国大众冰雪运动发展的比较研究》，《冰雪运动》2010 年第 5 期。

一。自从札幌和长野举办冬奥会后，两地成为日本最著名的冰雪文化旅游胜地。作为亚洲第一届冬奥会举办城市，札幌在冬奥会结束后不仅承接了大量冬季运动赛事，还引入圣诞集市、白色灯饰节、世界著名的札幌冰雪节等庆典活动，吸引众多海外游客前来旅游。其中，札幌冰雪节每年吸引 200 多万游客，成为世界四大冰雪节之一。① 众所周知，日本老龄化问题突出，一些滑雪场就这一现象做出了相应的改变，将原本功能简单的滑雪场发展成为大型综合性度假区，打造除滑雪以外老少咸宜的四季休闲旅游项目。山地度假村开始突破冬季单季的限制，有些甚至将整座山打造成“迪士尼模式”。除了奥运文化，日本结合山雪祭、雪屋节等传统文化，在冰雪场景下进行诸如雪屋点灯、星空夜滑等多种独特有趣的体验式营销，使日本的雪场逐渐吸引越来越多的国外游客前来参观。据日本观光厅统计，赴日外国游客中，有两成以上想要体验滑雪。日本每年的滑雪人次在 3000 万左右，其中，国外滑雪者约占 10%。日本政府还向成功吸引外国游客的滑雪场提供补助金，并为一些已经倒闭的滑雪场提供重建资金，从而促进冰雪旅游项目的发展。

韩国平昌郡位于首尔以东的江原道，是韩国著名的度假山城，也是 2018 年冬奥会的举办地。在冬奥会后，借助大力发展冰雪文旅，平昌成功升级成为高品质休闲型国际旅游城市。平昌冬奥会的 3 个举办地平昌、江陵及旌善，各自结合当地的自然资源和民俗文化进行文旅特色宣传。例如，有着大关岭秀丽景色的平昌、韩国阿里郎的故乡旌善以及江陵美丽而又浪漫的海岸线。江原道的滑雪度假村星罗棋布，每个滑雪度假村的设置各具特色。距离首都首尔近一些的滑雪场一般 1 小时内就能到达，如大明维瓦尔第公园度假村不仅有 12 条滑雪道的滑雪场，更有海洋世界水上乐园、骑马俱乐部、高尔夫球场，以及购物中心、电影院和超市等设施；远一些的度假村则设置了更加丰富和完整配套的体验设施。如江原道旌善郡的 High1 度假村总共有 18 条滑雪道，还有高尔夫俱乐部、音乐剧剧场和火车主题公园，现代化的酒店设施也让人印象深刻。此外，韩国美食文化、影视文化和民俗文化等也交叉融入冰雪旅游中，如以冰

① 石祥、王贵东：《后奥运时代我国大众体育发展研究——兼谈日、韩经验对中国的启示》，《体育成人教育学刊》2009 年第 1 期。

钓鳟鱼和冬季故事为主题的江原道平昌鳟鱼节、因《冬季恋歌》等韩剧拍摄走红的南怡岛、以点灯仪式和许愿为主题的华川仙灯文化节等吸引了络绎不绝的国内外游客，强力带动游客对冰雪旅游和文化旅游的联动消费。①

2022 年北京冬奥会的举办无疑给张家口冰雪旅游的发展带来了新的契机。通过总结瑞士及日本、韩国冰雪旅游发展经验，我们发现，张家口发展冰雪旅游最主要的还是要结合自身实际，利用现有文化资源形成独特的品牌特色。

赫伯特西蒙提出："随着信息的发展，有价值的不是信息，而是你的注意力。"2022 年的冬奥会对于张家口来说无疑是一个前所未有的发展良机，冬奥 IP 可以为张家口吸引来全国乃至全世界的注意力。张家口要乘奥运之风、借奥运之势，塑造一个具有中华民族韵味、深厚历史底蕴、趣味冰雪文化的北方城市形象，向中国、世界展现今日河北张家口的独特魅力。② 张家口要以"大好河山·激情张家口"冰雪季品牌活动为主线，开发冰雪嘉年华、欢乐冰雪季、冰雪马拉松等群众参与度高的冬季活动项目，打造提升崇礼国际滑雪节、"雪原探险"系列活动及国际冰雕雪雕大奖赛、国际户外滑雪装备博览会等品牌活动。按照"一县（区）一品""一县（区）多品"思路，引导各县区依托本地自然资源和人文资源，开展蕴含本地民俗特色的冰雪健身项目，打造特色鲜明的冰雪活动品牌。

将独具区域特色的冰雪文化与旅游产业相融合是发展冰雪旅游的有效途径之一。日本北海道"雪节"时，各家各户会制作出形态各异、种类繁多的雪雕作品放在家门口，这一冰雪文化经过发展后孕育了国际雪雕比赛，世界各地游人闻讯而来欣赏这一奇观。加拿大的冬季狂欢节，不仅有雪雕和雪雕建筑，还有各类冰上娱乐比赛（如冰上赛马、冰上芭蕾、冰上速滑赛、冰球对抗赛等），为期 10 天的冬季狂欢节已成为加拿大别具冰雪文化特色的节日庆典。美国佛蒙特州的特比镇，于每年 2 月中旬举办一次国际性的狗拉雪橇比赛，吸引了大批游客前来观赏。俄罗斯北部地区，生活在那里的民族自古以来以狩猎或捕鱼为生，进入冬季，每逢节假日或农闲，他们往往组织各种与冰雪相关的竞技活

① 胡慧璟、郭万超：《借鉴日韩经验发展首都冰雪产业》，《前线》2020 年第 6 期。
② 王润卓：《奥运经济下张家口冰雪文旅发展探究》，《文化产业》2020 年第 15 期。

动，如雪地逐鹿、套鹿比赛，30 公里长跑，射箭，摔跤，雪橇越野赛，等等。国外冰雪旅游产业相对发达的国家，当地传统冰雪文化一直在民间得以传承与保护，经过改良与加工后，传统冰雪文化与冰雪运动及冰雪娱乐相结合，进而促进冰雪旅游产业发展形成一定的规模，使其成为别具一格的冰雪旅游产业，并产生一定的国际影响力。冰雪文化的融入，在推动了当地冰雪旅游产业发展的同时，也带动了当地消费经济增长，打响了城市特色名牌。

我国冰雪旅游产业的发展可借鉴外国冰雪文化产业发达国家的发展经验，从传统冰雪文化入手，经过创新与改良，增加冰雪娱乐及冰雪运动项目，突出文化特色；积极发展现有冰雪文化活动，如民间组织举办的冬泳比赛及冬季捕鱼比赛等，扩大民间冰雪文化活动的影响力；加强冰雪文化与各产业间融合发展，形成符合我国国情的冰雪文化产业发展模式。

对于张家口来说，要发展冰雪旅游产业，还需要利用品牌的影响力，对地区文化进行宣传。在张家口，可以借助中原文化的鲜明特色发展冰雪旅游，一方面可以吸引更多人关注张家口，关注冰雪产业；而另一方面，也可借机宣传张家口的传统文化，丰富冰雪文化的内涵。

崇礼区域内现存有多处古长城遗址，东面有燕、北魏、明长城，西面接赵长城，南面为北魏、明长城，北面为罕见的秦汉长城，长城分布广泛、内容丰富。长城的文化象征意义及其国际化吸引力不可替代。崇礼长城遗址的长度长、密度大、修筑朝代众多，文化积淀与文明内涵极为丰厚，可称为“长城文化的典型缩影”。曾经有一份对美国、德国、俄罗斯、印度 4 个国家受访者的调查结果表明，“长城”毫无争议地成为最能代表中国、最受国际喜爱的中国文化符号。① 张家口可通过将长城形象与冰雪旅游相结合的方式，推出“长城＋冰雪”旅游产品，塑造国际形象。

崇礼区有历史悠久的边贸资源，互市影响深远，在清代时张家口为主要的互市之所，由张家口至库伦（今蒙古国）形成了繁荣的商贸大道——张库大道，世称“北方丝绸之路”。长城防线附近的崇礼在历史上一直是民族交流的

① 王丽雅：《中国文化符号在海外传播现状初探》，《国际新闻界》2013 年第 5 期。

前线和通道，尤其明清时期的蒙汉互市最是浓墨重彩的一笔。古张库大道与长城相交于崇礼区的黄土坝村。蒙汉互市承袭了许多独特的民俗传统，留下了丰富的非物质内涵，同时也影响了崇礼人民的生产和生活，形成了大量的文化建筑，如喇南营戏楼等。① 将这些悠久的历史文化资源融入冰雪旅游中，有助于丰富冰雪旅游的文化内涵，提升张家口的旅游文化形象。

2. 建设冰雪小镇，加大冰雪旅游宣传

关于河北省冰雪小镇建设整体规划方面的内容，在多项省级政府文件中有不同程度的涉及。《支持冰雪产业发展的政策措施》提出：大力发展冰雪文化和旅游、冰雪休闲健身、冰雪教育培训等产业，促进冰雪关联产业融合发展，对符合特色小镇申报条件的冰雪文化和旅游小镇，优先纳入河北省特色小镇名单。②《河北省人民政府办公厅关于创新冰雪运动发展体制机制的实施意见》中指出，河北要坚持创新、协调、绿色、开放、共享的发展理念，创新场地设施运营管理模式，大力发展特色旅游、培训、酒店等相关产业，打造一批集运动、餐饮、娱乐、休闲、度假于一体的冰雪特色小镇，建成国家级冰雪特色小镇 2 至 3 个，省级冰雪特色小镇 10 个。③《河北省冰雪产业发展规划（2018—2025 年）》中提到：形成“两核”（张家口、承德）、“三带”（京津张冰雪旅游带、承秦唐冰雪旅游带、太行山冰雪旅游带）、“四基地”（张家口装备制造基地、廊坊装备制造基地、雄安技术研发基地、石家庄综合服务基地）、“四品牌”（奥运品牌、国际会议品牌、国际培训品牌、国际赛事品牌）的发展布局，并确定冰雪旅游重点建设项目，包括冰雪特色小镇 39 个，冰雪旅游度假区 23 个。

对《河北省冰雪产业发展规划（2018—2025 年）》确定的冰雪特色小镇和冰雪旅游度假区进行分析我们发现，河北省冰雪小镇数量最多的为张家口市，数量为 20 个［分别是崇礼太子城（冬奥村）国际冰雪小镇、崇礼黄土嘴

---

① 王赵坤：《冬奥会与国际旅游目的地相关设施共建共享研究》，河北建筑工程学院，2019。

② 河北省发展和改革委员会等六部门关于印发《支持冰雪产业发展的政策措施》的通知，http://hbdrc.hebei.gov.cn/web/web/zcfg_szcfg/2c9473846b8e35ea016c0462c1b9491c.htm。

③ 《关于创新冰雪运动发展体制机制的实施意见》，https://www.hbrc.com.cn/Article/content/id/55899/code/b65d.html。

冰雪小镇、崇礼窑子湾冰雪小镇、崇礼翠云山奥雪小镇、张北县占海冰雪小镇、赤城县独石口冰雪小镇、赤城县镇宁堡冰雪小镇、沽源县盘道沟冰雪小镇、崇礼狮子沟冰雪小镇、崇礼区马丈子村冰雪小镇、宣化江家屯冰雪产业特色小镇、沽源雪绒花特色小镇、蔚县草沟堡冰雪小镇、蔚县张家店冰雪小镇、蔚县东庄子冰雪小镇、涿鹿县上梨园冰雪小镇、涿鹿县卧佛寺冰雪小镇、下花园区段家堡冰雪小镇、宣化区碾子沟冰雪小镇、东胜集团体育特色小镇]，占河北冰雪小镇总数的 51.2%；其次为承德市，数量为 10 个，占总数的 25.6%。冰雪旅游度假区最多的依然是张家口，数量为 7 个［分别为崇礼滑雪旅游度假区（万龙、云顶、太舞、多乐美地、银河、富龙等）、赤城新雪国旅游度假区、赤城温泉滑雪养生旅游度假区、冰山梁滑雪旅游度假区、沽源湿地冰雪城堡乐园、张北草原滑雪动感旅游度假区、蔚县年俗滑雪度假旅游区］，占总数的 30.4%；其次是秦皇岛和承德，分别为 4 个，各占总数的 17.4%；邢台、保定各 2 个，石家庄、沧州、唐山、衡水各 1 个。

太子城国际冰雪小镇位于张家口市崇礼区，是 2022 年北京冬奥会的主赛区之一，于 2018 年开工，于 2022 年冬奥会前落成。崇礼太子城国际冰雪小镇作为京张冬奥会张家口赛区的核心区，总占地面积 2.89 平方公里，总建设规模 1.2 米×106 米。张家口市崇礼区太子城作为 2022 年冬奥会的第三个主赛场，其地理位置良好，气候适宜，周边已有许多知名度很高的雪场，并且设施达到了国际标准。崇礼太子城以我国北方山地风格的冰雪特色旅游小镇为建设目标，其会展酒店片区承担冬奥会赛时的会议、展览、酒店等功能，并提供辅助性活动场所空间；赛后将打造成以国家级冰雪运动基地为核心竞争力的世界级国际旅游目的地、以冬奥会遗产保护利用为平台的国家绿色生态文明建设示范区。

太子城冰雪小镇的发展可通过学习借鉴国外冰雪小镇的成功案例进行不断优化升级。例如，可借鉴瑞士的达沃斯小镇、法国沙木尼小镇和新西兰的皇后镇等。

（1）瑞士达沃斯小镇

达沃斯小镇位于瑞士东南部格劳宾登州格里松斯地区，是阿尔卑斯山系最高的小镇，常住人口仅有 13 000 人。小镇的对外交通主要靠汽车和火车，对内交通以公共交通为主。达沃斯早期因洁净清爽的空气而闻名，有着丰富的冰雪资源和独特的地形地貌资源，并相继建设了欧洲最大的天然冰场和世界闻名的冰雪体育馆，各种冰雪国际赛事选择在达沃斯举办。随着当地雪橇、滑雪索道、雪地高尔夫等活动的逐步开展以及相关场地的积极建设，达沃斯很快便成为世界上著名的国际旅游目的地。

达沃斯小镇的户外运动丰富多彩，相关旅游设施完善健全。设有专门的自行车环形线路和徒步旅行游览线路，在夏季游人可以进行徒步旅行、自行车环游；达沃斯冬季的运动主要是滑雪和滑冰，四周雪山环绕的达沃斯小镇拥有欧洲最大的高山滑雪场、各类冰雪运动场地，还拥有世界上最先进的高山铁路传送系统，是滑雪者的天堂。达沃斯小镇每年要接待来自世界各地的游客 200 多万名，这里的宾馆酒店等住宿设施较多，类型丰富，可满足不同游客的需求。达沃斯小镇内的空间尺度较小，建筑多为四五层的多层建筑。达沃斯的休闲娱乐设施众多，电影院、舞厅、酒吧、游戏场所、购物商店都临近两条主要的街道布置，可满足各类不同品味游客的需求。小小的达沃斯还有多个世界闻名的旅游景点，如基尔希那美术馆、木偶和玩具博物馆、冬季体育运动博物馆、乡土博物馆等，都是游客到访量较多的地方。

达沃斯小镇和崇礼区有许多相似之处，两座城市都人口较少、规模较小，在地形地貌上都属于多山多沟壑的地貌，城镇周边都有丰富的冰雪资源，且冰雪产业都是其城市的主要产业。另外，达沃斯曾举办多次大型国际赛事，崇礼也承办了 2022 年冬奥会的大部分雪上项目。达沃斯小镇经过长期的发展，已成为世界著名的国际旅游目的地，而崇礼正在朝着国际旅游目的地而努力，因此达沃斯的许多发展经验都很值得借鉴，对崇礼国际旅游胜地的建设有很大的参考价值。崇礼太子城冰雪小镇同样可通过从交通、娱乐、户外运动等多方面着手，完善各项功能，打造一流冰雪小镇。

（2）法国沙木尼小镇

沙木尼小镇坐落在现代登山运动发源地阿尔卑斯山脉的一个山谷里。这里开展户外登山运动、建设滑雪乐园再合适不过了，每年有近 300 万名登山客慕名而来。登山运动在沙木尼镇是主要产业，当地依托登山运动而衍生出许多其他服务业，如赛事、登山休闲、登山相关艺术产业等。多元化的项目吸引了更多的游客，也使得这里形成运动休闲产业，从而使沙木尼的知名度也相应增加。

第一，沙木尼积极承办相关赛事，增加自己的知名度。第二，沙木尼把登山玩出了专业水准，除了教练等培训业务外，还开发有登山滑雪相关的特色纪念品，有着专业的医疗团队处理突发事件，而且周围的配套设施非常完善。无论选择酒店、青旅，还是野外露营，都可获得相应的优质服务。第三，沙木尼将艺术资源融入小镇之中，从多样化的建筑风格到每年 8 月的山顶音乐节，都给这个平凡的小镇带来艺术之感，这其中的艺术体验已经不像是在一个冰雪小镇中能够拥有的。

崇礼太子城冰雪小镇同样可以通过建筑风格、节日设置来丰富小镇的艺术气息，提高人气。

(3) 新西兰皇后镇

新西兰皇后镇是蹦极运动的发源地。依托蹦极这项极限运动，皇后镇一跃成为新西兰的户外运动胜地。此外，小镇还开展了一系列户外极限运动，如激流勇进、登山、山地自行车、漂流、滑翔伞、跳伞等项目，这里被人们称为探险家的乐园。同时，这里离瓦卡蒂普湖很近，自然风景非常优美，也使得这里成为一个户外休闲度假场所。

著名电影《魔戒》就是在这里取景拍摄的，由此该地开发了“魔戒”旅游路线，并刺激了当地的婚庆产业。另外，皇后镇还每年开办许多庆典活动，使得这个地区一直非常的热闹，其打造的梦幻乐园也是当地的一大特色。皇后镇依托蹦极运动发展多种产业，使这里成为一个著名的特色小镇。

新西兰皇后镇带给崇礼太子城小镇的启示是：可以通过增加丰富多彩的户外运动项目吸引游客，并且可依托影视文化 IP 打造品牌形象。

(三) 京张地区冰雪场馆及展览馆的建设与规划

1. 冰雪场馆及展览馆建设概况

目前，全球共有 6000 多个滑雪场，每年大约产生 7000 亿美元的收益。欧美发达国家冰雪运动参与率高达30%，而我国民众的参与率还不到1%，参与深度也不够。但近年来，冰雪产业在我国的发展步伐却是非常快的。20多年前，我国的滑雪场不到10家。据统计，2019年，国内滑雪场新增28家，包括5家室内滑雪场，总数达到770家，同比增幅3.77%。新增的28家雪场中，有5家建设有架空索道，另有1家已开工建设雪场架空索道。截至2019年底，全国770家雪场中，有架空索道的雪场达到155家，相比2018年的149家增长4.03%。国内滑雪场的滑雪人次由2018年全年的1970万，上升到2019年的2090万，同比增幅为6.09%。770家滑雪场分布于全国28个省、自治区、直辖市。其中，滑雪场数量排名前5的为黑龙江、山东、新疆、河北以及山西。2019年，湖北和新疆新增雪场数量最多。其中，河北省滑雪场数量位列全国第四。

河北省张承地区冬季平均气温－10 ℃，雪季时间长，从每年的11月到次年4月。尤其是现有滑雪场集中的坝上及坝中地区，年降雪量约70厘米，累计积雪量达1米，存雪时间长达150天，这种气候条件非常适宜滑雪场的建设。此外，由于地形优势，雾霾难以在此长期停留，张家口空气质量明显优于周围其他城市，在长江以北排名第一，为冰雪户外运动提供了舒适环境。张家口被专家和权威人士誉为“我国发展滑雪旅游产业最理想的区域之一”①。张家口作为2022年北京冬奥会的联合举办城市，不论是从气候还是区位方面都拥有着一定的优势。崇礼、赤城是华北地区最大的天然滑雪场，被誉为东方达沃斯。《张家口冰雪产业发展规划（2019—2025年）》中指出，2018年张家口拥有9个滑雪场，2020年的滑雪场规划值为11个，预计到2025年增至13个。2018年、2019年我国主要滑雪场建设省份滑雪场数量如表11所示。

① 冯文丽：《大力推进京津冀冰雪产业发展》，《经济与管理》2017年第2期。

表11　2018年、2019年我国主要滑雪场建设省份滑雪场数量

单位：家

省份	2018年数量	2019年数量	2019年新增数量
黑龙江	124	124	0
山东	65	67	2
新疆	60	65	5
河北	59	61	2
山西	48	49	1

（资料来源：《中国滑雪产业白皮书（2019年度报告）》，华经产业研究院整理）

从滑雪人次来看，2019年河北、吉林、北京增长态势明显，超越黑龙江，成为前三甲，其中河北、吉林两省全年滑雪人次突破200万大关。并且，2019年河北省的滑雪人次位居全国榜首，可见河北省的冰雪运动正处在蓬勃发展的上升期。2019年我国主要滑雪场建设省份滑雪人次情况如表12所示。

表12　2019年我国主要滑雪场建设省份滑雪人次情况

省份	2019年滑雪场数量/家	2019年滑雪人次/万人	2019年滑雪人次增幅/%
河北	61	243	15.62
吉林	45	215	16.85
北京	25	189	7.27
黑龙江	124	186	−16.06
新疆	65	122	26.88

（资料来源：《中国滑雪产业白皮书（2019年度报告）》，华经产业研究院整理）

以上数据显示，河北省的冰雪运动发展存在着巨大的潜力。张家口作为河北省冰雪资源最为丰富的地区，可通过以下几个方面来扩大冰雪运动发展的知名度和影响力：

根据人口规模、自然资源、经济社会发展水平，科学规划冰雪运动场地建设。重点规划建设以山地、河湖为主的室外冰雪体育场地，因地制宜规划建设

人工冰雪场地。冰雪运动场地布局点情况如表 13 所示。

表 13 冰雪运动场地布局点

场地类型	布局点
山地冰雪体育场地	阴山、燕山、太行山区域的红花梁、冰山梁、桦皮岭，协同蔚县小五台山、尚义大青山，重点对应崇礼区、赤城县、蔚县、涿鹿县、尚义县
河湖冰雪体育场地	滦河和桑干河流域，五大连湖及水库库区，定位在张家口市区、康保县、沽源县、张北县
人工冰雪场地	按人口集中度布局，重点在张家口市区内建设室内滑冰馆，各县区按人口比例浇筑自然冰场、建设室内滑冰馆，逐步达到一县一馆、一校一场

2020 年 1 月 6 日，由北京冬奥组委和北京奥运城市发展促进会联合主办，故宫博物院协办的“迎冬奥冰雪艺术展”在故宫博物院开幕。此次活动旨在更好地普及、推广冰雪文化，激发人们对冰雪运动的热情，进一步营造全民迎冬奥、参与冬奥的良好氛围，助力 2022 年冬奥会筹办。

此次“迎冬奥冰雪艺术展”是“相约北京”国际艺术节系列活动之一，是我国首次以冬奥运动与冰雪艺术为主题举办的展览。展览共展出作品 176 件(套)，其中影像作品 93 幅，绘画作品 26 幅，雕塑作品 16 件，装置作品 41 件(套)。作品突出冬奥元素和冰雪元素。此次活动通过展示雪花清韵、冰彩神奇、窗花梦幻、雪国圣境等冰雪艺术作品，传播冰雪的自然之美、艺术之美、人文之美，通过摄影、绘画、装置等艺术门类的优秀作品全面展示冬季运动和冰雪的独特魅力。

目前在我国，除了哈尔滨冰雪艺术馆外，没有其他以冰雪艺术为主题的博物馆或是展览馆。在故宫博物院举办的“迎冬奥冰雪艺术展”这类活动意义非凡，并且有着借鉴学习价值。以展览这种形式呈现冰雪艺术、冰雪文化是一种可操作性强、现实意义重要的举措。冰雪艺术展览不仅是一种艺术表现形式，还可作为一种媒介，将冰雪艺术、观众、冰雪艺术创作者联结在一起。而对于张家口来说，冰雪艺术展览馆是一个空白的领域，目前搜集到的资料中没有显示张家口有开展这方面的工作。

2. 冰雪场馆及展览馆建设规划

《张家口市冰雪产业发展规划（2019—2025 年）》对加快冰雪体育场馆建设是这样描述的："依托全市冰雪自然资源，突出冰雪运动基础特点，按照 1 个滑雪运动大区、3 个冰上运动中心、1 个重点冰雪运动休闲特色小镇进行布局。1 个滑雪运动大区，即积极推动以崇礼为中心，辐射赤城、沽源等雪资源丰富区域，加快形成滑雪运动大区，打造全国高水平雪上运动赛事门户区、多梯度滑雪运动度假目的地等独具特色的冰雪运动相关产品。3 个冰上运动中心，即打造宣化青少年后备培育中心（冰球特色）、沽源湖冰主题运动体验中心（速滑特色）、康保-尚义户外冰原运动中心（速滑特色）三大冰上运动中心。1 个重点冰雪运动休闲特色小镇，即打造崇礼冰雪运动休闲特色小镇，挖掘丰富小镇服务功能，扩大小镇资源辐射效应，丰富冰雪运动产品供给，并推动室外滑冰场、冰雪乐园、戏雪乐园、冰雕世界等多种群众冰上运动场地设施建设。"2018 年至 2025 年张家口规划滑雪场、滑雪道数量及雪道总长如图 2 所示。冰雪体育场馆建设工程情况如表 14 所示。

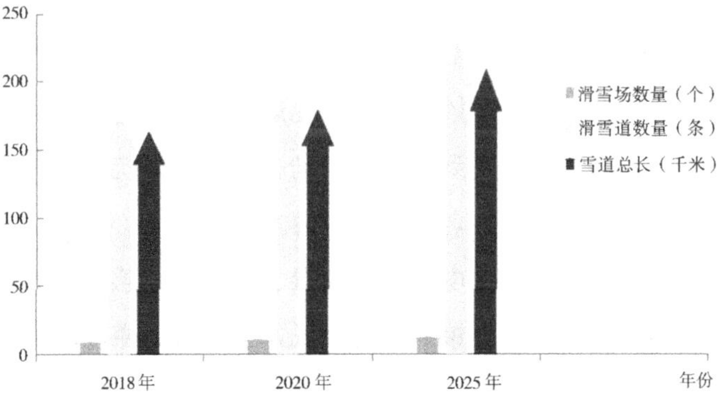

图 2　张家口规划滑雪场、滑雪道数量及雪道总长

表 14　冰雪体育场馆建设工程情况

建设区域	冰雪体育场馆
张家口市主城区	建设张家口奥体中心，桥东区、桥西区分别在学校和清水河上共建设 3 个室外滑冰场，经开区在明湖公园建设 1 个室外滑冰场，在奥林匹克公园建设 1 个国际标准滑冰馆
崇礼区	建设云顶滑雪公园场地 A、B，冬季两项中心，北欧中心越野滑雪场，北欧中心跳台滑雪场，张家口奥运村等赛区。打造崇礼国家综合训练基地，丰富完善万龙、云顶、太舞、银河、富龙、长城岭、多乐美地滑雪场，建设 1 个大型室外滑冰场
坝上地区	建设张北塞纳都滑雪场、沽源湖冰主题运动体验中心（速滑特色）、康保-尚义户外冰原运动中心（速滑特色），在沽源县体育学校建设 1 个高标准室内滑冰馆和 2 个大型室外滑冰场，在张北县、康保县、尚义县各建设 1 个大型室外滑冰场
坝下地区	建设赤城新雪国滑雪场、宣化区青少年后备人才培育中心（冰球特色），在宣化区、下花园区、怀安县、阳原县、蔚县、涿鹿县、赤城县、万全区和怀来县各建设 1 个室外滑冰场

哈尔滨冰雪艺术馆于 2001 年 6 月 24 日正式对外开放，在哈尔滨市人民政府直接参与和领导下，多次组织省内著名冰雪艺术专家、学者对作品进行论证。每次都由上百名具有高超艺术水平的冰、雪雕艺术大师进行细致的规划设计，而后利用松花江的天然冰、人造雪、人造彩冰等材料，运用砌筑、堆垒、雕刻、镶嵌、浇冻等技术，巧妙地配以各色灯光、舞台艺术照明，同时辅以声控效果，进行艺术品塑造，达到形、光、动、声的和谐统一。艺术馆内部设有精雕区、儿童天地、大滑梯、名著名篇、佛文化等单元。

冰雪艺术馆给以前只能在电视里看冰雕、看冰灯、感受雪的魅力的人提供了一个直观体验的场所。虽然馆内气温很低，会给游客寒冷的感觉，但它冷得有味道，冷得有情趣，冷得更让人流连忘返。哈尔滨冰雪艺术馆吸引着世界各地的游客，受到了广泛的赞誉。哈尔滨冰雪艺术馆是世界冰雪艺术发展史上的一座里程碑，它弥补了冰城 3 个季节无冰雪景观的空白，使哈尔滨常年有了冰雪旅游产品，吸引着游人。哈尔滨冰雪艺术馆以它独特的冰雕作品向世人展示着这个城市独特的魅力。

随着信息化时代的来临，人们的行为模式和思维方式在计算机和网络的影响下发生了巨大的转变。以新媒体为主要手段的一种新兴艺术形式越来越多地出现在大众视野。技术的革新使得艺术与受众之间的交互性增强，加之展览本身就是一种交互性很强的形式，若能实现“展览＋冰雪艺术”，抑或是“科技＋冰雪艺术”一定能呈现出令人赞叹的效果。2022 年北京冬奥会的成功申办，将张家口崇礼推上了举世瞩目的国际舞台。张家口应多多规划建设像哈尔滨冰雪艺术馆这类的以冰雪文化、冰雪艺术为主题的博物馆、展览馆，并且注重运用新媒体技术，不仅能够有效使冰雪存留在一年四季，展示冰雪的魅力，还能提升整个城市的形象。

第二节　京东地区冰雪文化产业带发展概况及路径

一、京东地区城市发展概况（资源优势）

（一）唐山

唐山，简称“唐”，河北省省辖市，地处渤海湾中心地带，位于河北省东部、华北平原东北部，南临渤海，北依燕山，隔长城与承德市相望，东隔滦河与秦皇岛市相望，毗邻京津，地处华北与东北通道的咽喉要地，是京津唐工业基地中心城市、京津冀城市群东北部副中心城市。东距秦皇岛 125 公里，南距渤海 40 公里，西南距天津 108 公里，西北距北京 154 公里。

唐山市地处交通要塞，地理位置重要。铁路、公路、港口相互交织，京哈、通坨、京秦、大秦 4 条铁路干线和京山、大秦、七滦、迁曹、滦港铁路纵横穿越全境。京沈、津唐、唐港、唐承高速公路及沿海高速公路、环城高速公路、国道相交连接，形成网络，四通八达。唐山港、京唐港区东望秦皇岛港，曹妃甸港区西邻天津港，曹妃甸港位居天津港、秦皇岛港之间，为国际通航的重要港口。铁路、公路、港口交织成网成为唐山市出行十分便利的重要条件。唐山市建设有我国第一个科学发展示范区，其将成为中国环渤海经济区联系东北亚蒙古国、俄罗斯、朝鲜、韩国、日本等国的重要地区。唐山致力于大力建设公路、高速公路、铁路、地铁轻轨、管道、航空、港口等综合性的交通运输设施，目标是把唐山建设成为北方经济中心城市、东北亚门户城市、国际航运物流贸易中心。

近年来，唐山深入贯彻习近平总书记提出的城市建设发展思路，以建成京津冀地区中心城市为目标，坚持城市建设、城市经济、城市管理齐抓，城市面貌发生了巨大变化，城市经济快速发展，城市生态环境明显改善，城市功能逐步完善，城市建设取得了阶段性胜利。①

唐山作为河北省的港口城市，2019 年 GDP 总量 6890 亿元，人均 GDP 8.72 万元，在河北省各市排名第一。《河北省冰雪产业发展规划（2018—2025 年）》中提到，将规划重点装备用品展会 3 个，分别为中国（张家口）国际冰雪装备博览会、中国（廊坊）国际体育用品展、中国（唐山）国际健身休闲产业博览会。因此，唐山可利用自身经济发展带来的优势办以冰雪为主题的博览会，吸引更多的冰雪爱好者，提升城市知名度，扩大冰雪文化影响力。

唐山教育资源也较为丰富，拥有华北理工大学、唐山师范学院、唐山学院、华北理工大学轻工学院、华北理工大学冀唐学院 5 所本科院校和河北能源职业技术学院、唐山职业技术学院、唐山工业职业技术学院、唐山科技职业技术学院、唐山幼儿师范高等专科学校 5 所专科学校。因此，唐山可借助本科、专科院校资源来普及冰雪知识，培养冰雪产业人才。

唐山历史文化内涵丰富，共有国家级非物质文化遗产 7 项，如表 15 所示可作为冰雪文化发展的资源基础。

① 齐慧：《体育赛事承办对唐山城市建设发展的影响研究》，《国际公关》，2019 年第 8 期。

表 15　唐山国家级非物质文化遗产

名称	申报单位	批次	分类	编号
评剧	滦南县	第一批	传统戏剧	1-0195-4-051
皮影戏（唐山皮影）	唐山市	第一批	传统戏剧	1-0235-4-091
乐亭大鼓	乐亭县	第一批	曲艺	1-0244-5-008
唢呐艺术（唐山花吹）	唐海县	第一批	传统音乐（民间音乐）	2-0068-2-037
泥塑（玉田泥塑）	玉田县	第二批	传统美术（民间美术）	2-0346-7-047
秧歌（乐亭地秧歌）	乐亭县	第三批	传统舞蹈	3-0105-3-002
皮影戏（乐亭皮影）	乐亭县	第四批	传统戏剧	4-0235-4-091

（二）秦皇岛

秦皇岛南临渤海、北依燕山、西接唐山，地处华北与东北咽喉地带，位于我国环渤海经济圈中心地带和沿海开放前沿，与京津相伴，人脉相通，是举世闻名的避暑胜地与滨海休闲旅游目的地。秦皇岛背靠燕山山脉，是东北与华北两大区域的接合部，相比东北冬无严寒，相比华北冬季较长，气候舒适，景色宜人，具有发展大众冰雪运动的优越自然条件和群众基础。而东北地区又是我国传统的冰雪运动强区，冰雪人才培养体系完善，对秦皇岛的大众冰雪运动以及冰雪旅游产业的可持续发展具有重要帮助作用。

秦皇岛交通便捷，秦沈、京哈、京秦、大秦四大铁路干线交汇于此，102、205 国道和京沈高速公路穿境而过；民航、海运连接多个国内主要城市以及近邻国家。秦皇岛港目前是世界上最大能源输出港，是国内货物吞吐量仅次于上海港的第二大港，与世界 130 个国家和地区有贸易往来，每年吸引着大量的商务、观光、考察的游客。秦皇岛已成为陆、海、空三位一体的交通便捷之所，极为发达便利的旅游交通运输条件，使秦皇岛成为河北省重要的旅游接待地。这些优势条件为秦皇岛开发冰雪体育旅游资源提供了重要的基础。

秦皇岛位于燕山山脉东段的丘陵地区与山前平原地带，地势北高南低，形成了北部山区—低山丘陵区—山间盆地—冲积平原区—沿海区的布局，因此秦皇岛具有了山地、丘陵、平原、海域等多种地貌类型，这使秦皇岛既可以建成适合专业性冰雪运动的高山滑雪地带，也可以建设适合旅游者滑雪娱乐的低山地带，还有建立大型滑雪、溜冰场的丘陵台地。特别是，秦皇岛山地分布于抚宁县、卢龙县北部和青龙满族自治县全境，总面积达 4537 平方公里，海拔高度多在 200～1000 米。① 其中，海拔在 1000 米以上的山地有 4 处，其气候类型在一定程度上与寒温带具有相似的特点，冬季寒冷漫长，结冰期三四个月，这样的地貌特征为秦皇岛冰雪旅游的开发提供了优越的自然地理条件。

秦皇岛市主要有老君顶、燕塞山、集发观光园和紫云山几大滑雪场或游乐场；建有初级道、中级道和划圈滑道。雪场除滑雪板项目外，还设有雪地摩托、狗拉雪橇、雪上飞碟、雪地自行车、戏雪城堡、雪地悠波球等项目。室外冰场主要集中在老君顶、汤河一带及人民公园内，室内冰场有奥体中心室内冰场。这些都说明，秦皇岛具有发展大众冰雪运动的资源与良好条件。

秦皇岛开展旅游业起步较早，素有“京津后花园”之称，作为享誉世界的旅游目的地，秦皇岛市境内旅游资源丰富，且与之配套的公共交通、自驾线路以及接待服务等比较完善，并且酒店、餐饮、娱乐等旅游服务设施建设也较为完善，能满足开展大众冰雪运动的需求。秦皇岛也是国家首批优秀旅游城市之一。总之，作为国内重要的旅游目的地，秦皇岛量丰质优的旅游资源为其冰雪旅游的开发提供了优势条件和基础，多年来吸引了大量的国内外旅游者，这将为秦皇岛冰雪体育旅游市场提供大量现有的和潜在的客源。

二、路径探索：以承德为依托，建设秦唐冰雪精品旅游带

《河北省冰雪产业发展规划（2018—2025 年）》中提到：依托承德冰上产业核心区，沿燕山山脉秦皇岛、唐山等自然条件适宜的地带，重点建设承德冰上运动中心、承德避暑山庄湖面冰场、承德金山岭国际滑雪运动小镇、秦皇岛渔岛滑雪温泉旅游度假区、唐山玉龙湾体育休闲旅游度假区等项目，通过四季综合运营和差异化特色发展，形成京东冰雪精品旅游带。

承德、秦皇岛、唐山 3 市位于河北省东北部、渤海湾北部，西与京津相

① 曾庆龙：《秦皇岛自然地理条件与自然旅游资源系统分析》，《高师理科学刊》1998 年第 3 期。

连，北与辽蒙接壤，是东北与华北的连接地。三市地缘相连、文脉相承，自然风光独特秀美，名胜古迹闻名遐迩，民俗风情淳朴浓郁，旅游资源差异互补，同属于我国优秀旅游城市。京哈、承唐、承秦 3 条高速公路构成了三地 2 小时旅游环线网络，使三地旅游运行成本低、方便快捷、途程舒适。线路方面包含承德的坝上草原和驰名中外的避暑山庄、外八庙，包含秦皇岛海滨风光与长城东起点山海关老龙头，还有唐山现代与历史交融的工业文明、海岛湿地、震后新城等多样化旅游资源。

长期以来，旅游业都是承德、秦皇岛的支柱产业，随着唐山产业结构调整、转型升级的步伐不断加快，唐山市委、市政府对旅游业投入不断增加，对旅游业的发展加大重视程度，承、秦、唐三地的旅游发展速度不断加快。进一步促进旅游业发展，使其成为国民经济的支柱产业，对于三地政府来说至关重要。三地唯有走区域旅游合作之路，摆脱单打独斗局面，构建区域旅游圈，才能提高在国内外市场上的知名度和竞争能力，走向世界舞台，实现旅游收入的不断增长及城市影响力的不断提升。

承、秦、唐三地旅游资源能够做到差异互补。承德除了拥有丰富的冰雪资源外，还拥有美丽迷人的皇家园林、寺庙、森林草原风光，秦皇岛除了一些冰雪小镇和休闲度假区外，还有着轻松浪漫的海滨风光和悠久的长城文化，唐山则有着现代与历史交融的工业文明、海岛湿地、震后新城等多样化的旅游资源。可以说，承、秦、唐三地线路产品集合了北方大部分旅游资源类型，内容丰富，吸引力强。

如图 3 所示，承、秦、唐三地共拥有 A 级景区 96 家（承德 25 家、秦皇岛 34 家、唐山 37 家）、5A 级景区 2 家（承德避暑山庄及周围寺庙景区、唐山清东陵景区）、4A 级景区 37 家（承德 8 家、秦皇岛 16 家、唐山 13 家）。

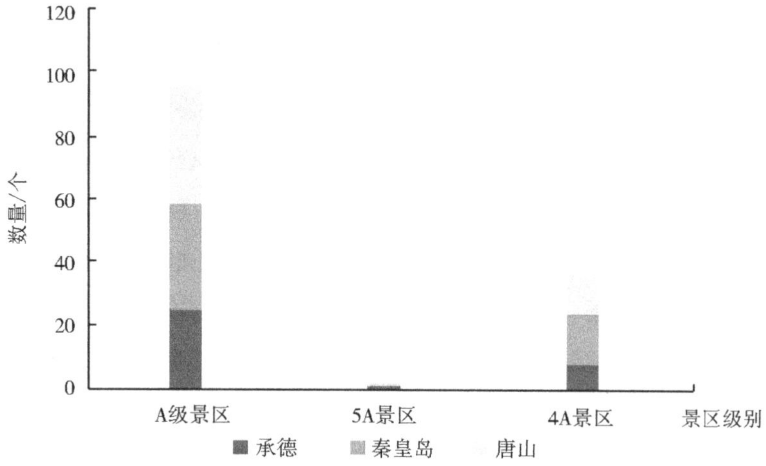

图 3 承德、秦皇岛、唐山 A 级、5A 级、4A 级景区数量

承秦唐地区应对现有资源进行全面整合利用，全力塑造整体旅游形象，提升“京东旅游环线”这一品牌在客源市场的吸引力和竞争力；多渠道、多举措积极筹措宣传资金，充分利用各种展览会和专题推广活动，以统一的形象开展区域旅游目的地协作，以统一的设计共同开发“一程多站”旅游线路；同时鼓励旅游企业发挥自主创业、活跃市场等方面的优势，发展自主品牌，走特色化、专业化发展道路，积极开展自主营销推介活动；成立跨区域、多层次、多类型的旅游宣传推广联盟，向外地有合作关系的旅行商宣传推介承秦唐旅游产品，注重“新面孔”的宣传，开展“一程多站”的旅游线路踩线，将旅游目的地形象宣传与企业销售产品相统一，实现互利双赢。

第三节 冀中南地区冰雪文化产业带发展概况及路径

一、冀中南地区城市发展概况（资源优势）

石家庄作为河北省省会，是京津冀城市群中南部中心城市，全国重要的战略性新兴产业和先进制造业基地，国家级综合交通枢纽和国家级商贸物流中心。石家庄市地处广袤辽阔的华北平原中南部，北靠首都北京和港口城市天津，东临渤海和华北油田，西依巍巍太行山脉，并与全国煤炭基地山西省毗邻，古称“京畿之地”，素有“南北通衢、燕晋咽喉”之称，地理位置十分优越。公路交通发达，京石、石安、石太、石黄 4 条高速公路在这里交汇，客货运输辐射京、津、晋、内蒙古、辽、陕、豫、浙、苏、鲁等 10 个省、市、自治区。从都市旅游发展方向上来看，石家庄市处在北京大旅游圈内，旅游发展拥有着一定优势条件。

经济发展水平是旅游业发展的重要基础。石家庄市经济发展近年来取得了一定的进展，第三产业的发展水平不断呈上升趋势，旅游业收入在第三产业中所占的比例逐渐上升。石家庄市旅游资源丰富，既有历史文化名城、现代革命纪念地等人文资源，又有风光秀美的自然资源。全市现有国家级重点文物保护单位 18 处，省级重点文物保护单位 105 处，市、县级重点文物保护单位 240 余处，各类文物点多达 1200 余处。“十五”末全市共建成开放的景区达 50 余处，其中 A 级景区 17 处（国家 4A 级景区 9 处，居全省首位），国家历史文化名城 1 处，国家级风景名胜区 3 处，国家级森林公园 1 处，国家地质公园 1 处，全国农业旅游示范点 1 处，省级历史文化名城 1 处，省级旅游度假村 4 处，省级森林公园 6 处，国家级和省级爱国主义教育基地 6 处。①

冬游石家庄市可体验激情四溢的山地滑雪，领略冬季北方山区风景。积极开发冬季冰雪产品是实现石家庄市旅游“淡季不淡”目标、延长旅游时段的重要手段之一，石家庄各类旅游资源在开发为旅游产品时也都应考虑到冬季旅游的潜在优势与可能性。石家庄冰雪产品的开发应与山地、森林、水域等综合规划，形成四季的系列产品。例如，冰雪产品开发中观赏类产品：欣赏山中冰瀑、观看滑雪表演；参与类产品：山地滑雪、狗拉雪橇。

---

① 刘文军：《石家庄市旅游产品研究分析》，河北师范大学，2008。

二、冀中南地区冰雪文化产业发展路径探索

（一）以石家庄为依托，发展冰雪相关产业

发挥国家体育用品质量检验检测中心设在石家庄的优势，积极整合各类检验检测机构资源，搭建国际一流的冰雪器材质量检验检测和认证平台；利用石家庄省会城市雄厚的教育体育人才资源，以河北体育学院和河北师范大学体育学院等为依托，联合其他教育科研机构，开设冰雪相关课程和培训，开展冰雪体育运动科研，培养冰雪相关的经营管理、教育培训、医疗科研、运动康复等方面的综合性人才。

（二）以邢台、保定为依托，发展冰雪相关产业

1. 建设雄安技术研发基地

立足于提高河北冰雪装备制造的科研水平、打造冰雪装备产品核心竞争力，充分利用北京高等学校、科研院所、专家人才向雄安新区集聚的优势，积极引进国内外知名品牌，在雄安新区设立研发基地，与省内现有骨干企业和科研机构合作，开展装备产品等关键核心技术研发，推出更多自主高端产品。

2. 重点发展冰雪装备制造业

积极引入高端冰雪装备制造项目。通过制定招商引资优惠政策，积极引进国内外冰雪产业龙头企业、战略投资者，重点对接国际知名冰雪装备生产企业和知名品牌国内代工企业，争取奥地利阿托米克、美国 SMI、北京卡宾滑雪、北京中索、山东泰山体育等企业在河北投资建设高端冰雪装备生产项目。

鼓励省内有实力的企业采取收购、合资等方式，实施跨地区、跨行业、跨所有制兼并重组，打造跨界融合的产业集团和产业联盟，形成主体多元、竞争充分、机制灵活、效益显著的新型发展模式。

鼓励冰雪装备器材制造企业借势借力用力，结合自身技术优势，引进国外先进工艺、制造技术和先进的经营管理方法，在消化吸收的基础上，研发适合我国消费者的冰雪装备器材产品。

3. 推进装备制造企业改造升级

扶植本省企业从传统装备制造业向冰雪装备制造转型，推动国有和非国有

企业混合、部门和区域联合、相关产业融合，实现冰雪装备制造专业化、市场化、规模化发展。

按照“低能耗、高产出”的发展思路，着力推动以中煤张家口煤矿机械有限责任公司、河北宣化工程机械股份有限公司等为代表的制造企业开展冰雪装备制造转型，支持以河钢集团宣钢公司为代表的原材料生产企业开展新材料和高附加值产业配套转型。

着力培育一批冰雪产业中小企业和新兴企业，对冰雪装备领域成长性强的企业给予重点扶持，通过对接金融支持、促进技术合作、整体营销推广等方式，采用降低企业用能综合成本、提供贷款融资担保等措施，促进企业做大做强。

4. 提高产业自主创新能力

落实河北省人民政府印发的《关于支持工业设计发展若干政策措施的通知》（冀政字〔2017〕36 号）要求，重点推进冰雪装备器材产品设计工作，鼓励工业设计单位积极参与企业的产品开发工作，重点对冰雪装备器材功能集成、冰雪运动服装设计优化、生物类防护用品研发、新材料产品化应用等领域加大扶持力度，使企业从工业设计角度提升产品附加值，增强竞争力；在数字化车间和智能化园区遴选评估活动中，加强对冰雪产品生产企业的帮扶力度，以评促建，推进企业开展生产技术和生产线智能化改造，降低生产成本，提升生产效率。充分发挥各级“创客空间”和“孵化器”作用，鼓励冰雪装备器材产业领域创新型小微企业发展。到 2022 年，规模以上企业智能化冰雪装备器材产品（研发、投产和转化）项目不少于 30 项；通过产品定型（技术评审和形式评价）的智能化产品项目不少于 100 项；扶持冰雪装备器材技术研发创新型小微企业不少于 30 个。

积极与国际冰雪装备研发制造机构对接，在冰雪装备技术创新、产品改造以及冰雪装备人工智能技术等领域进行合作，联合建立冰雪装备技术研发、咨询机构。

依托高等学校、科研机构、骨干企业、用户等建立河北省冰雪装备产业创新联盟，支持雄安新区进驻及省内高等学校等建设冰雪装备技术实验室，鼓励企业、科研机构开展自主研发中心建设和技术攻关交流，打造技术创新的强力支撑点。

加快推进冰雪装备科研技术成果转化，积极推广多传感器数据融合技术、VR（虚拟现实）和 AR（增强现实）技术、物联网技术、沉浸式数字仿真技术、人工智能技术等新技术的应用，重点对冰雪装备功能集成、新材料产品化应用等领域加大扶持力度，助推研发生产更多具有市场竞争力的创新产品。

5. 建设冰雪装备制造业集群

加强冰雪装备器材产业园区（基地）建设。按照弥补短板、发挥优势、地域协同、优势互补的原则，在京津冀体育产业集群布局下，统筹规划“张—廊—雄—石”联动发展的河北省冰雪装备器材制造产业基地布局，针对冰雪装备器材产业基地和园区建设优先给予政策支持。在张家口，依托现有装备制造业基础和市场区位优势，引进国际高端冰雪装备器材品牌企业和用品制造企业，统筹规划建设高新区冰雪运动装备产业园和宣化冰雪产业园，建设国际高端冰雪装备器材基地；在廊坊，依托天冰、多贝玛雅和道沃等国际国内冰雪装备器材品牌企业，加大招商引资力度，通过吸收国外先进技术，扩大生产规模和企业数量，建设国内高端冰雪装备器材制造基地；在雄安，充分利用京津冀高等院校、科研院所的专家人才向雄安新区集聚的优势，鼓励国内外知名品牌在雄安新区设立研发基地，开展冰雪装备器材核心技术研发、仿真冰等新材料研发，并进行 AR、VR 技术在冰雪装备器材领域的转化应用，形成冰雪装备器材研发和创新基地。

到 2025 年，在雄安、张家口、廊坊、石家庄、唐山、秦皇岛等地建成冰雪装备研发生产基地或园区 5 至 8 个，形成以冰雪产业为特色的体育装备制造聚集区。

（三）依托冀中南历史文化资源，建设太行山冰雪旅游带

冀中南区域于 2011 年被国家发展和改革委员会出台的《全国主体功能区规划》列为国家重点开发区。冀中南区域位于京畿地区南部，是北京至广州、北京至哈尔滨铁路相交的地点。河北省的石家庄、邢台、沧州、保定、衡水、邯郸 6 个城市组成了冀中南地区，该地区是河北省的工业基地，同时是河北省

经济上较发达的地区。冀中南区域中的石家庄市是河北省的省会城市，也是该区域的政治、经济、文化、交通中心，起到枢纽的作用。6 个城市以省会石家庄为中心，地理位置相近。整个区域呈柱状分布，占地面积约 7.37 万平方公里，是全省面积的 59.9%，人口数量是全省人口数量的 39%左右，约为 4 367.5 万人，涵盖 6 个市、18 个县级市以及 67 个县。

冀中南区域工业基础较好、门类齐全，交通便利，6 个城市空间分布连接紧密。石家庄作为河北省省会城市，占据得天独厚的地理位置，作为全省的核心，联系全省的多方面发展，既是冀中南地区的贸易往来口，也是全省重点科学技术单位所在之地。沧州市位于华北环渤海区域的核心地带，是首都北京和天津南下通往东部沿海发达地区的交通要冲。保定则被冠以“首都南大门”的名号。邢台有着丰富的太行山文化资源，承载着浓厚历史色彩和文化底蕴的古寨坐落在邢台西部山区。

冀中南地区地理位置优越，地貌类型丰富多样，平原、山地、峡谷、湖泊、丘陵等多种地形并存。区域内的石家庄、保定是全国知名的优秀旅游城市。冀中南区域包括 3 个国家级历史文化名城，其数目占河北省的 60%，同时区域内还拥有 8 个国家级风景名胜区（著名的野三坡风景区、位于太行八陉之一井陉的苍岩山风景区等），其中包括 3 处国家 5A 级风景区（即西柏坡风景区、野三坡风景区、白洋淀风景区）以及多个全国知名旅游景区。区域内还有国家森林公园、地质公园等多个自然保护区。冀中南地区还坐落有正定古城和永年广府古城这两个历史文化古城。

冀中南地区自然风光秀美、资源类型丰富、历史文化独有特色，虽然由于地理位置的原因冰雪资源不够充足，但是各个城市也都在响应着“三亿人上冰雪”的号召，积极开发冰雪资源。

《河北省冰雪产业发展规划（2018—2025 年）》中也提到：依托冀中南深厚历史文化资源，将河北省太行山沿线的保定、石家庄、邢台、邯郸等市连接成带，谋划建设一批以发展冰雪产业为主的运动休闲特色小镇，改造提升易县狼牙山、西柏坡温泉（滑雪场）、涉县五指山等一批重点滑雪场，形成与传统文化、红色文化、民俗节庆、品牌体育赛事活动等相结合的冰雪旅游产业带；

支持保定以涞源、涞水、易县、阜平等地的丰富旅游资源为依托，加快建设涞源七山、涞源白石山、阜平神仙山等一批高档次滑雪场和冰雪小镇项目，努力打造涞涞易京西南滑雪大区。

因此，冀中南各市政府应从长远性、整体性、规范性方面来制订区域协调发展规划，把区域内各项资源进行有效整合，发挥自身优势的同时与区域内其他各市进行合作，优势互补，避免资源浪费，丰富区域旅游整体形象，增强区域旅游竞争力。①

① 张琳：《基于数据包络分析法的冀中南区域旅游协调发展研究》，燕山大学，2014。

第六章　河北省冰雪文化产业发展保障体系

第一节　河北省冰雪文化产业发展保障体系概况

一、河北省冰雪文化产业发展保障体系内涵

冰雪文化产业发展保障体系即产业内、外各个相关因素经过统筹协调，共同构成的互相关联、相互作用的整体，在冰雪文化产业发展中发挥着支柱性作用。根据挪威、芬兰等冰雪文化产业发展强国的发展经验，完善、高效的保障体系是保障产业长远发展的必要条件。河北省冰雪文化产业发展保障体系作为我国冰雪文化产业发展保障体系的分支，不仅肩负着解决本省冰雪文化产业发展中问题的责任，同时肩负着传承中国特色冰雪文化的使命。而冰雪文化产业的发展与省内的自然、历史、人文等资源分割不开，各省具体发展情况都存在差异，相对应的保障举措也各有特色。所以，河北省冰雪文化产业发展保障体系要在贯彻落实党和国家政策方针的前提下进行构建，必须与省内发展实际情况、发展特点等相适应，因地制宜走出一条具有本省特色的冰雪文化产业发展道路。

二、河北省冰雪文化产业发展保障体系特征

（一）地域性

河北省冰雪资源独特。从地形地貌上看，河北省是全国唯一兼有山地、海滨、平原、盆地、湖泊、丘陵、高原的省份。在分布上，西北—东南方向，依

次为高原、山地、平原。不管是利用高山冰雪地带发展高山滑雪运动，利用低山地带发展滑雪旅游项目，还是利用丘陵台地资源建立大型滑雪场、溜冰场，丰富多样的地形地势使河北省具备发展专业性冰雪运动的天然优势。此外，太行山、燕山两大山脉形成的山地，以及位于内蒙古高原南缘的高原地区，海拔高，占地面积大，气候类型大致与寒温带相近，冬季寒冷漫长，结冰期三四个月。河北省冰雪资源独特，地貌类型丰富，这是河北省冰雪文化产业发展保障体系的地域性特点。

（二）多样性

首先，河北省冰雪文化产业尚未形成完整产业链和规模，参与主体多样。从构成主体来看，除政府、企业、产业协会、传播媒介之外，分散的冰雪文化产品生产者、小商户等也是不可或缺的一部分。从客体来讲，冰雪文化产业本身具有多样性、综合性特点。特色冰雪活动创办及策划、民俗冰雪文化产品制造与传承、冰雪活动场地管理、冰雪竞技培训与推广、冰雪文化创意产品生产与创新、非物质文化遗产传承与发展等多样化的产业活动构成冰雪文化产业体系。

从冰雪文化种类来看，就民俗冰雪文化产业来讲，河北省作为民族大省，以汉族、满族、蒙古族、回族为主体，多民族融合，省内民俗冰雪文化资源类型多样。因各民族文化传统存在差异，各民族冰雪文化产业发展历史各不相同，各地区冰雪文化产品也各具特色。从冰雪文化产业地区发展差异来看，各地经济发展水平存在多样性，不同的经济发展水平、不同的产业结构下，导致各地区冰雪文化产业多样化发展，从产品设计到营销、从产业兴起到成熟发展都呈现出多样性。从冰雪文化传承来看，在河北省冰雪资源地域性、民族性特点的影响下，各地区冰雪文化存在差异，对传统冰雪文化、非物质文化遗产传承的程度呈现多样性。

综合来看，河北省冰雪文化产业发展保障体系具备多样性特点，体系内部的保障措施需要结合地区多样性特点，考虑多方面因素。

（三）发展不平衡性

基于冰雪资源的地域性特点，河北省因地制宜发展冰雪文化产业。以张家口市崇礼区为例，崇礼滑雪产业开始于1996年，发展至今各方面条件基本完备。据统计，现有多家大型滑雪场，各级雪道82条，年接待能力300万人次。此外，崇礼承办了全国高山滑雪锦标赛等一系列大型赛事和冰雪文化节，从2001年开始连续举办了14届滑雪节，“崇礼国际滑雪节”已经成为一个响亮的品牌。2014年至2015年雪季，崇礼接待游客167万人次，实现旅游综合收入11.7亿元。省内其他地区冰雪文化产业发展则并不与崇礼相一致，气候、地势、经济发展水平无一不是影响冰雪文化产业发展的重要因素，因此在设立保障措施时，必须考虑省内各地区冰雪文化产业发展的不平衡性，并以此为依据调整冰雪文化产业发展保障体系结构和内容，在具体应用时力度、举措“不平衡”，从而推动全省冰雪文化产业的全面发展。

（四）冰雪资源分散性

冰雪产业发展较为成熟的地区，冰雪旅游、冰雪文创产品等文化产业也相对成熟，冰雪产业与冰雪文化产业发展之间存在正相关关系。据资料显示，截至2018年底，河北省通过经营高危险性体育项目许可的滑雪场达37家，居全国第三位，雪道272条，总长度186.62公里；建立各类冰雪运动协会18个，活跃冰雪运动俱乐部25家。37家滑雪场分布于10个地级市，张家口市滑雪场有8家，占据全省滑雪场数量榜首；保定市有7家，位居第二；石家庄市有6家，秦皇岛、唐山各有4家；沧州、邢台、邯郸各有2家；承德、衡水各有1家。从场馆规模、口碑、影响力来看，张家口市万龙、云顶、太舞、多乐美地、富龙、银河、长城岭7家大型滑雪场在省内影响力较大，其中万龙、太舞、云顶3家雪场入围“2018年全国滑雪场十强”，万龙滑雪场、太舞滑雪小镇等跻身“中国滑雪旅游度假区十强”，中国崇礼国际滑雪节跻身“中国十大最具影响力冰雪旅游节事”。冰场资源方面，河北省共有室内冰场6家，分布在石家庄、唐山两地，均为近5年新建；嬉冰场所6家，露天冰上场地31家。6家室内冰场总面积56 163平方米，冰面总面积6781平方米，以开设在人流聚集的购物中心为主，配套交通便利，便于市民前往。嬉冰场所6家，主要分布在承德、张家口两地。露天的冰上运动场地31家，集中分布在承德、张家口、秦皇岛3个地区。综合分布情况，河北省11个地级市中10个地级市拥有滑雪场，但是数量上出现了地区分散的特点。①

从冰雪文化产业发展状况来看，以张家口市为例，依托得天独厚的地理条件与多年大力度的培育发展，在崇礼区建成了京津冀区域独一无二的雪场集群，培育了一大批滑雪运动消费群体，冰雪产业发展相对于省内其他地区较为成熟，与之相联动的冰雪运动、冰雪旅游、冰雪文创等产业发展也相对于省内其他地区成熟，具备较高的影响力。

地域差异、经济发展水平差异等多重因素影响下，河北省冰雪文化产业在分布上存在差异，具备典型地区集中性、非典型地区分散性的特点。

三、河北省冰雪文化产业发展保障体系构成分析

河北省冰雪文化产业发展保障体系具有特殊性，如何使河北省冰雪文化产业发展保障体系处理好自身特殊性与国家冰雪文化产业发展保障体系的普遍性规律之间的关系是我们重点研究的问题。一套全面、高效的文化产业发展保障体系离不开各组成要素间的相互配合与相互作用。

（一）河北省冰雪文化产业发展保障体系的核心要素

分析河北省冰雪文化产业发展保障体系的核心要素，主要是讨论冰雪文化产业发展保障体系中各方因素在有效发挥作用领域中的占比，即分析“提供保障中谁的力度占据主要方面”“谁是发挥作用的主体”。冰雪文化产业发展保障体系核心要素可以根据保障对象保障范围大致分为四个部分。当保障对象主要保障范围是单独某个企业或单位时，这属于冰雪企业的自我保障，它构成了保障体系的内核，负责产品创新，推动产业革新，增强市场活力；当保障对象主要保障范围是国家或地区时，这种保障的提供主体就是政府，在保障体系中起主导作用，负责承担冰雪文化产业发展的制度支撑、法律支撑和促进资源合理配置作用；当保障对象保障范围涉及多数企业或行业整体长远发展规划时，这种保障离不开行业协会第三方力量的支撑，行业协会为保障体系提供行业发展的实时信息，便于政府和企业及时调整发展规划与策略，同时根据行业发展规

① 《全省十市共 37 家雪场 本雪季赛事活动达 265 项 河北向冰雪运动强省持续迈进》，https://www.sohu.com/a/283986604_505634? _f=index_pagerecom_12。

则维护行业发展秩序；当保障对象保障范围关乎社会公共影响力时，传播媒介承担了这一部分的主体责任，发挥着环境监测、信息整合、宣传等作用，通过传播媒介可以发现、挖掘产业创新思路，提高产业发展知名度，为保障体系作用于实践提供最直观的分析和最及时的监测。政府、冰雪文化产业相关企业、行业协会及传播媒介互相补充、相辅相成，形成河北省冰雪文化产业发展保障体系的核心要素，四者之间相互传导、层层延伸，为河北省冰雪文化产业发展保障体系发挥最大效用提供了基础。

1. 冰雪文化产业相关企业

冰雪文化企业关乎文化产品创新、生产、经营与推广，是河北省冰雪文化产业永续发展的决定性因素，众多的冰雪企业组成了冰雪文化市场的创新动力核心。冰雪文化产业的长远发展依靠每一家冰雪企业的有序经营，冰雪企业是冰雪文化资源与经济价值、文化价值之间的转换器。在当今市场经济条件下，冰雪企业可以从内部自我调节、外部自我营造两个方面为企业发展提供基础性条件。

内部自我调节包括从冰雪企业的组织构成、发展定位、企业文化等多方面开展自我调节。冰雪企业内部自我调节是企业在行业内生存发展的关键要素，及时、准确、合理的内部自我调节能够为冰雪企业明确发展目标，增强企业内部发展凝聚力，为推动行业整体有序发展提供核心动力。外部自我营造即冰雪企业通过行使自己的权利，或积极参政议政，或及时与政府部门对话沟通，及时反馈发展中的实际情况，或自身进行体制和产业发展制度、产品生产技术、营销策略等方面的创新改革，吸引政策关注，或通过财务收支与政府有关部门构建联系等。冰雪企业外部自我营造为政府对冰雪文化产业发展政策的制定提供精确、及时的信息。另外，社会舆论支持也间接影响政府决策。这就要求企业在外部自我营造方面充分发挥现代媒介的作用，发扬企业优势，宣传企业文化，打造良好口碑，为企业发展造势。

2. 政府

冰雪文化产业发展关乎省内政治、经济、文化等方方面面的发展，有效的宏观调控是产业长久发展的保障。市场经济的探索历程早已经证实单纯依靠市场机制对于解决冰雪文化产业在发展过程中遇到的问题是不够的，政府积极参与冰雪文化产业发展保障体系建设才能达到使产业长久发展的效果。冰雪文化产业的竞争力强弱由冰雪文化产品、文化服务质量决定，但是政府的保障和扶持也是重要的影响因素。在冰雪文化产业发展的各个阶段，除了冰雪企业自身的经营和产品创新与推广外，政府提供财政、金融、交通、市场准入等政策支持；营造良好有序的市场环境，履行市场监管职责；完善立法，使冰雪文化产业发展有法可依、产业维权有法可查；根据发展实际制订发展规划，履行经济调控职能，调节资源结构，推动产业资源优化配置，使得社会主义市场经济体制的作用得以发挥，从而推动冰雪文化产业形成良性循环，助力经济增长。

党的十八大以来，以习近平同志为核心的党中央从全局出发，把转变政府职能作为深化行政体制改革的核心，把简政放权等改革作为供给侧结构性改革的重要内容，至今已有明显成效。政府角色发生较为明显的转变，在对文化产业发展的把控方面，从办文化转向管文化，从管制型政府向服务型政府转变。河北省在政府职能转变方面也取得显著成效，作为在冰雪文化产业发展保障体系中的核心要素，在产业发展中为文化产业拟定战略、制定政策、完善法律、提供公共服务，助力产业发展，为打造具有河北特色的国际冰雪品牌、努力把河北建设成为冰雪产业强省和世界级冰雪旅游胜地提供保障服务。

3. 行业协会

冰雪文化产业发展保障体系中的核心要素中，第三方力量，也就是政府和文化企业之外的推动河北省冰雪文化产业发展的力量。按照第三方与政府和文化企业的相关程度由强至弱可大致排列为：行业协会、人力资源、法律机构、传播媒介；高等院校文化产业研究人员、教育人员、高校培养的文化产业专业人才。行业协会是企业对外制度的延伸，是企业之间为维持行业永续发展、维护行业集体利益、保护行业发展规则的规模性企业集合体。由于我国冰雪文化产业发展处于初级阶段，各方面发展相对不成熟，所以行业协会的建设与发展相对受政府的影响大，独立程度较低。

随着国家对冰雪文化产业创造价值与发展前景认识程度的不断加深，支持力度不断增大，地方根据国家发展规划对冰雪文化产业发展提供了符合地方发展特色的冰雪文化产业发展的政策，全面推进冰雪产业在全国范围内的发展。基于市场经济的不稳定性，行业内部在市场竞争过程中不可避免地会出现问题，而在对市场的监管中，政府不可能做到面面俱到。此外，冰雪文化产业侧重社会效益，以文化带动经济，满足人民群众的文化需求是推动冰雪文化产业高质量发展的第一要务。市场在发挥调节资源配置的作用中会出现失灵的情况。在政府、市场两大手段共同调节资源配置、平衡行业发展均出现不足时，运用第三方力量填补配置空白尤为重要。第三方力量运用独特的优势，联合政府、企业、媒介共同组成河北省冰雪文化产业发展保障体系核心，为河北省冰雪文化产业的发展提供更为全面的服务。

4. 传播媒介

河北省冰雪文化产业发展中存在产品相对单一、地方和民族特色传统文化产品知名度低、生产与经销不成体系、文化特色濒临消亡的问题，这些问题对河北省冰雪文化产业的发展来说亟待解决。而这些问题产生的原因，除了产业本身发展时间短、经验不足之外，营销闭塞、宣传不足也是直接原因。宣传不到位、传播受阻使冰雪文化产业发展相关信息无法有效传递给受众，导致冰雪文化产业知名度、影响力不够，这对于处于初级阶段亟须大量受众和关注度的冰雪文化产业来说严重影响发展进程。现代传播媒介是河北省冰雪文化产业发展保障体系的核心要素之一，其强大的舆论引导力和文化影响力是政府宏观调控冰雪文化产业的重要助力，是发现文化特色、发扬文化气质、推进冰雪文化产业品牌建设的重要力量，是冰雪文化产业走向成熟发展的重要环节。其作用具体表现为：通过传播媒介，可将冰雪文化产业发展信息进行广泛传播，提高产业知名度，让受众了解冰雪文化产业中的产品、文化内涵等多方面信息，挖掘潜在受众，稳固已有受众；通过传播媒介，可开展文化内涵发掘工作，以传播媒介为平台，对具有地方特色的冰雪文化元素进行征集和调查，发掘地方冰雪文化特色和文化传统，了解有关冰雪文化的非物质文化遗产的传承情况，发现隐藏在人民生活中的冰雪文化艺术，从而能有效推动冰雪文化产业创新和传统冰雪文化的传承；通过传播媒介，可与国际成熟冰雪企业之间构建沟通与合作交流的桥梁，推动河北省冰雪文化产业学习先进、成熟的发展经验，为将来走向国际奠基；通过传播媒介，可宣传河北省冰雪文化产业的优势，宣传冰雪企业的形象，宣传冰雪文化创意产品，推动多元融资，为政府制定产业发展规划和政策提供信息资源；通过传播媒介，可公开向社会招募专业性人才，为人才流动、创新创业、就业提供全面信息平台。

在河北省冰雪文化产业发展保障体系中，传播媒介利用自身优势，推动产业文化内涵的传播，发现文化遗产中符合产业发展、受众需求的优质传统文化产品，发掘省内特色冰雪文化产品，为冰雪文化产业融合发展、企业创新、文化传承、品牌建设提供支撑。

（二）河北省冰雪文化产业发展保障体系的评价标准

保障体系是否能对产业发展起到显著作用，设计是否合理，需要通过对保障体系进行前期综合评估，在实践中总结规律，最终结合前期评估与预判、实践中后期所产生的实际效应来判断。河北省冰雪文化产业发展保障体系的预估与评价在推动产业发展前期筹备中尤为重要。具体评价标准可分为以下三个方面：

1. 河北省冰雪文化产业发展规模

冰雪文化产业发展规模是冰雪文化产业发展情况的直接呈现，冰雪文化产业总产值与冰雪文化产业的发展规模总体上是正相关关系，产值越高，规模越大。虽然我国文化产业呈现“稳增长”“新业态”的发展趋势，综合文化产业总产值逐年上升，“文化＋旅游”“文化＋科技”等以“文化＋”为核心的“新文创”模式发展迅速，文化产业规模呈现扩张性发展，但是，河北省在文化产业发展上本身存在的短板影响其整体发展。

多年来，河北省经济发展一直以第一、第二产业为主，文化产业开发程度相对较低，文化资源体系推广范围小，受众影响力较低。在供给侧结构性改革的影响下，河北产业结构有所优化，第三产业、新兴产业比重提高，但是在处于京津冀协同发展初级阶段，河北省承担京津地区的部分传统产业，传统一、二产业在省内发展中仍然占据重要地位，其是满足人民物质资料需求、支撑日常发展的重要基础。根据国家统计局发布的数据，截至2018年第三季度，河北省文化及相关产业增长速度同比下降2.1％，增长态势放缓；文化产业营业收入774.9亿元，仅占全国的1.22%，整体排位靠下。[①] 此外，河北省文化创新研究层面对文化产业的形成、现代化发展研究较为集中，对河北地区性特色文创方法论研究出现空白。河北冰雪文化产业虽然依托省内冰雪产业的稳步发展、政策支持、冬奥会场馆以及赛事建设，具备稳步发展的“软件”条件，但是由于产业自身缺乏独特性、产品单一、发展规划科学性低，加之缺乏专业运营管理、装备研发制造、运动技能培训、文创产品创新、传统冰雪文化传播等方面的人才资源，河北省冰雪文化产业发展相对迟缓，省内冰雪文化创新力量薄弱。

河北省冰雪文化产业的发展需要对本省历史发展进程、特色民族文化底蕴深刻挖掘，需要根据基本文化理论开展创新，需要寻找较为成熟的冰雪产业资源并与之开展融合发展。河北省的现行产业结构以及不成熟的冰雪产业现状使得冰雪文化产业发展在初级阶段就遇到壁垒，冰雪文化项目缺乏可以凭依的最优产业载体，产业消息、传统文创信息、优质产品信息闭塞，快速发展产业融合困难较大。

由此可见，河北省冰雪文化产业在提高总产值、形成规模、扩大产业影响力上任重道远。

2. 河北省冰雪文化产业发展程度

冰雪文化产业发展程度是对冰雪文化产业发展状况的综合考量，冰雪文化产业发展水平的判断标准包含产业总量和规模、人均发展程度、对经济的贡献程度、消费能力、投资主体和影响力等方面。目前，我国冰雪产业在“冰天雪地也是金山银山”的指导思想下，把握承办冬奥会的发展契机，全面发展冰雪经济，加快国际交流协作，发展规模扩大，发展水平有所提高。但是，冰雪文化产业区域发展不平衡、冰雪资源分散性导致人均发展程度低，冰雪运动场馆和周边建设不平衡、不成熟使得市场供给不足，消费总量受到影响。

河北省冰雪产业虽依托地势优势、发展历史、发展机遇有所成长，但是发展水平较低。河北省滑雪、滑冰场馆数量稳步增长，但是大型、成熟场馆数量

---

① 《河北文化创意产业发展现状和趋势研究》，https://www.fx361.com/page/2020/0407/6538939.shtml。

少，设备简陋，滑雪硬件条件较差；当前消费群体中迅速增长的主要是体验型消费者，这部分消费群体流动性大，而根据目前发展实际，相应的服务水平既无法满足体验型消费者体验性消费的需求，也无法满足长期型消费者需求；文化产品、文创作品更是缺乏对省内冰雪文化特色的发掘，存在产品趋同性。

河北省内目前缺少知名度高的优质冰雪企业，现大多为综合性文化企业；在冰雪文化产品设计、创新、生产、推广方面经验不足，产品受众吸引力不足。比如，冰雪文化产业中的文创产业，基础成本高但资金回笼周期长，营、收呈现不对等关系，导致发展压力大，创新难度大，创新意愿低。要提升河北省冰雪文化产业发展程度，需要做好前期国内外冰雪企业相关调研与学习，利用政策优势和机遇，在稳步提升企业创新实力的同时，协调发展周期与投入之间的关系，保障产品质量与特色，稳扎稳打，避免为完成“建设指标”，盲目追求省内冰雪文化产业发展规模造成投资浪费、资源浪费。

3. 河北省冰雪文化产业发展质量

冰雪文化产业发展质量也就是冰雪文化产业的“优质指数”，包括冰雪文化产业的科技指数、创意指数、文化指数、经济贡献指数等。冰雪文化产业发展质量决定冰雪文化产业能否实现可持续发展。

2018 年至 2019 年雪季，河北省参与冰雪运动群众总计 1 300.37 万人次，首次超过千万人次，比上一雪季增长了 51.77%。“健康河北 欢乐冰雪”系列活动参与人数逐年递增，活动形式呈多样化发展。据了解，“健康河北 欢乐冰雪”2018—2019 河北省雪季系列活动中，群众性冰雪赛事活动占比超过 80%，其中大众冰雪体验活动达 60 项。此外，“冰雪运动进校园”活动在大中小学全面开展，截至 2019 年底，全省已有超 1.5 万所中小学举办了首届冰雪运动会或相关赛事活动，参与人数超 680 万；103 所高校举办了首届冰雪运动会或相关赛事活动，参与人数超过 56 万。①

蓬勃增长的态势对于冰雪文化产业的推广与发展十分有利，通过对举办冰雪文化活动的省内高校进行调研，我们发现，冰雪文化活动的开展确实增进了

---

① 《河北省中小学校参与“上冰雪”人数达 680 多万》，http://hebei.hebnews.cn/2019-12/22/content_7637862.htm。

人们对冰雪运动、冰雪产业、冰雪文化的了解，调动了学生、教师参与冰雪运动的积极性，但是冰雪文化活动的质量并没有完全达到预期效果。

具体原因大致包括以下几个方面：第一，由于河北省冰雪文化产业发展处于初级阶段，项目培训、器材生产、产品创新方面短板明显，各学校初次举办冰雪文化活动，设备不齐全，设备就地取材居多，同时缺少专业活动场地。第二，初次创办冰雪文化活动缺少经验，冰雪文化活动与各学校其他文化活动存在很大差异，即使在活动举办前期已经对参与活动的教师、学生开展过培训，但是因实践经验不足、培训质量差距大，使得实际开展冰雪文化活动时出现理论培训外的问题。第三，在此之前河北省冰雪文化事业发展基本上未达到过像本次冰雪文化活动进校园的规模，所以参与活动的学生、教师对冰雪文化、冰雪项目本身并不了解，经过短暂的训练后直接参与并不能完全达到对冰雪文化活动的体验预期，这也就影响了冰雪文化活动受众体验感，从而影响冰雪文化活动的参与度。

据河北省文化和旅游厅消息，2019 年春节 7 天假期期间，河北省共接待游客 2 200.39 万人次，实现旅游总收入 139.82 亿元，同比分别增长 19.93%和 25.4%。春节期间，河北省冬季冰雪旅游市场升温明显。张家口市崇礼区万龙滑雪场、多乐美地滑雪场、银河滑雪场、长城岭滑雪场、富龙滑雪场等综合性滑雪场吸引了众多滑雪爱好者；承德丰宁中国马镇推出多个冰雪体验项目；保定市推进“旅游＋”融合发展，大力开发温泉、滑雪、运动、养生等休闲度假旅游产品。根据数据可以了解到，河北省冰雪文化产业发展在产品开发、服务开发方面较之前有明显进步，已融合地区发展优势和民俗文化特色开发特色产品。但是，与冰雪强省黑龙江省相比，河北省冰雪企业对冰雪文化重视程度不够；省内特色冰雪文化旅游产品不足；以冰雪文化为主题的相关艺术产品，如冰雪影视、冰雪音乐、冰雪摄影、冰雪书法等，独特性发掘不足；缺少具备代表性的优质文化品牌和文化精品。这些都使游客不能很好地体验到河北省冰雪文化的独特魅力。

建立冰雪文化产业发展保障体系，既要重视量的增长，也要重视品质的提升，要打造具备河北省特色的冰雪文化品牌，让受众切实感受到冰雪文化的魅力，推动冰雪经济发展。

第二节 河北省冰雪文化产业发展保障体系内容

河北省冰雪文化产业发展保障体系的内容，基于核心要素的作用和评价标准，保障核心要素在产业建设中发挥作用，助力提升产业发展水平的组织形式与制度建设，既包括保障产业发展的政策法规，也包括产业内部各要素实行的具体举措。例如，为推动冰雪产业的长远发展，河北省政府出台了《河北省冰雪产业发展规划（2018—2025 年）》《支持冰雪场地设施建设的若干政策》《河北省冰雪场地设施扶持方案》等一系列政策，支持冰雪文化产业发展。为保障冰雪文化市场有序发展，河北省在行政制度、管理上做出突破，严格监管行业垄断行为，放宽冰雪文化产业市场准入条件，激发冰雪企业的创造活力；鼓励各类资本进入冰雪文化市场，推进多元融资，为冰雪企业持续发展提供“绿色通道”；市场监管部门加大执法力度，严厉打击各种不正当竞争行为，规范市场秩序，为冰雪文化产业发展营造良好的发展环境，这些都属于文化产业发展保障体系的内容。河北省冰雪文化产业发展保障体系受众广泛多样，组成要素复杂，需要随着组成要素与受众的需求变化，根据发展实际及时更新。

河北省冰雪文化产业当前处于雏形发展阶段，产业类别相对单一。冰雪文化旅游业依托传统文化旅游资源，对外影响力较大，发展相对较快，在全民冰雪活动号召下，参与人数、活动数量明显提升。但是以创意、技术为核心的冰雪竞技文化产业、冰雪文创产业、冰雪影视产业、冰雪动漫产业等产业发展缓慢甚至还未出现。河北省冰雪文化产业发展保障体系需要关注各类发展状况和影响因素，既要保障发展速度，又要保障发展质量，既要关注当前发展紧迫需求，又要考虑长远发展的规划，为推动冰雪文化产业成为河北省经济社会发展的新兴支柱产业、推动产业结构转型升级、发展创新驱动产业做好前瞻性设计。因此，河北省冰雪文化产业发展保障体系应主要围绕资源、技术、资本和环境四个方面来构建。资源保障机制中包含文化资源保障和人力资源保障。文化资源包括传统建筑、传统器物等有形资源，这些有形资源可再生性差，一旦破坏修复成本高，在文化资源市场中拥有稳定地位。在对有形文化资源进行利用时，由于有形文化资源的稳定性给文化产业发展带来长期固定的经济收入，容易为地方发展提供经济增长的温床，使得当地文化产业模式固化，形成“靠山吃山，靠水吃水”的发展模式。但是，单纯依赖资源本身，忽视文化创新，会使得产业缺少创新力量，活力不足。原有文化资源创新停滞不前，再和冰雪产业融合，发展特色冰雪文化产业会缺乏动力。无形文化资源代表的是文化气质、历史内涵，具体表现为民俗文化、节日庆典、民族气质、艺术审美、技术传承等，这些无形的文化资源是冰雪文化产业创新的源泉动力，是根植于人民群众心中的文化情怀。无形文化资源如果得到有效的保护与传承，可以结合时代特点和发展需要，在新时代迸发新的活力，既展现悠久文化在时间沉淀中从人民群众中体现出的传统风貌，又表现新时代人民群众对历史文化、人文情怀的尊重、敬畏与传承。但是，如果无形文化资源没有得到发掘，拥有者、传承者渐渐消失，这些宝贵的文化资源就会渐渐永久消失。所以，河北省冰雪文化产业发展保障体系文化资源保障机制主要从文化遗产保护、文化资源开发、文化资源整合三方面组织构建。

文化产业属于知识密集型产业和创意密集型产业，河北省冰雪文化产业当前发展特色不明显，急需大量人力资源为产业发展提供智力支持和创意保障。人力资源根据知识储备和工作性质分成不同级别，满足不同岗位的需求。例如，基础劳动力资源支持冰雪文化产业产品生产与流通，高级劳动力资源支持企业管理进步、产品营销等高层次发展需要。河北省冰雪文化产业培养核心竞争力的决定性因素就是人才资源。所以，为保障人力资源充足，河北省冰雪文化人力资源保障机制从人才培养、人才流动、人才引进三方面组织构建。

技术保障机制主要从硬件保障和软件保障两个层面分析。硬件保障主要是考虑场馆建设和技术引进与开发创新两个层面。场馆建设层面的考量是基于场馆建设对冰雪产业、文化产业连锁效应进行分析。当前，冰雪产业场馆不足，全省场馆分布上呈分散性、局部集中性的特点，因此冰雪产业受众参与度很难提升。受众稀少，冰雪文化产业就会失去发展支撑力。技术引进与开发层面的考量是分析文化产业的发展与技术发展之间的关系。冰雪文化产业发展与技术进步相互依存，技术进步为冰雪文化产业发展提供新机遇，促进冰雪文化产业运作模式更新，加快文化产品升级换代，提高产品在市场上的留存周期。技术进步也是影响冰雪文化产业融合发展的重要力量。比如，冰雪文化创意产业、冰雪文化影视产业等对技术依赖较强，技术含量越高，产业市场地位越高，综合竞争力越强。

冰雪文化产业发展中的每一个环节都离不开资金支持，资金充足才能为产业发展提供人才、技术等资源。政府投资，提供财政金融政策支持只能为冰雪企业提供部分帮助，属于“资金输血”。要使产业自身具备“造血”功能，就需要多元融资，利用资本流动实现可持续发展。

良好的发展环境为冰雪文化产业创新与发展提供轻松的氛围，利于企业创新、释放活力。营造良好的市场环境与社会环境成为河北省冰雪文化产业环境保障机制的核心任务。政府宏观调控、实时监测，企业与企业之间加强沟通，行业协会加强管理，多方共同协力才能保障良好市场环境的形成。社会环境营造需要传播媒介的大力宣传与推广，受众接受程度与认知程度得到提高，社会环境越发放松，有利于产业的长久发展。

一、河北省冰雪文化产业资源保障体系

河北省冰雪文化产业资源保障体系是文化资源保障和人力资源保障的总和。河北省是冰雪文化资源大省，但当前对冰雪文化资源的保护、开发与利用程度偏低，造成优质资源流失、传统文化资源失传、地方特色文化资源配置不合理等问题，致使冰雪文化产业链的形成不能满足冰雪文化产业长足发展的需求。

具体表现为以下方面：第一，为盲目追求发展速度和发展规模，片面追求数字业绩和数字增长，地方对有形文化资源施行粗放式盲目开发，未经评估或者草率评估后，对不适宜开展冰雪特色活动的冰雪文化资源进行开采，造成冰雪文化资源浪费和冰雪文化生态危机。第二，当前河北省冰雪文化产业发展正处于学习探索阶段，产业发展不成熟，需要借鉴先进、成熟的冰雪文化产业发展经验。在借鉴过程中，由于各地区发展情况不同，发展薄弱地区容易出现全

盘照搬、缺失文化独特性的情况，不利于冰雪文化产业的品牌建设。第三，在开放的国际、国内环境下，无形文化资源因其本身的时代特点在全球文化交融中受到冲击，众多宝贵的历史文化资源、民间风俗传统、特色文化气质得不到足够的保护，缺少传承的载体，从而日渐衰弱。特色文化资源的消逝使得冰雪文化创意产业的灵感来源极度受损，而当代冰雪文化产业尚未形成文化产业资源库，产业创新能力受到影响。第四，地区冰雪文化产业发展水平参差不齐，发展水平较高的地区拥有更多的资源和政策支持。此外，省内冰雪文化产业发展模式并没有根据地区实际发展情况进行判断，存在“复制”情况，有些地区在发展中没有发挥自身优势，场馆建设、竞技培训、文创产品设计与生产推广各方面并未形成较为完善的生产链条，冰雪文化资源配置并不合理。因此，需要全面考量文化遗产保护、文化资源开发、文化资源整合三方面，为河北省冰雪文化资源的合理开发利用、冰雪文化产业可持续发展提供保障。在人力资源方面，从河北省冰雪文化产业人才资源供需环境来看，供需不平衡，冰雪文化产业对专业人才需求量大，但高素质、高技能和复合型冰雪文化产业人才十分匮乏，人才供给不足，无法满足河北省冰雪文化产业高质量、高速发展的需要，这使得河北省冰雪文化产业拘泥于为受众提供单次体验型服务，导致受众稳定性差，严重制约了河北省冰雪文化产业的发展。因此，对人力资源的保障，需要全面考量人才培养、人才流动、人才引进三方面。

（一）河北省冰雪文化资源保障

河北省冰雪文化资源保障体系在河北省政府制定的相关政策法规与规划的指导下形成，省内各级政府的相关职能部门发挥自身职能，根据各区域发展需求制订符合本地区实际发展水平的具体政策措施，并对政策的执行进行有效监督；基层政府部门、文化企业、旅游协会和媒体各行其职，对具体事务的执行情况进行监督。

冰雪文化资源保障在文化资源保障中难度更大，更复杂。主要原因如下：首先，我国冰雪产业在全国范围内全面发展周期短，河北省虽冰雪资源丰富，但是省内冰雪产业发展分散性强，发展水平不同，产业结构差异大，并且各地区发掘冰雪资源难度相对较大；其次，从当前发展来看，虽然省内对冰雪文化重视程度有了明显提升，但是并未形成具有河北省特色的冰雪文化，普通民众对冰雪文化概念认知不足，容易忽视传统与民俗中蕴含的文化价值，这就可能导致在文化资源发掘过程中特色民俗活动、传统文化不能得到全面发掘，从而使相关文化资源被埋没。因此，冰雪文化资源保障体系需要充分考虑保护传统冰雪文化资源，合理开发冰雪文化资源，有序整合冰雪文化资源。河北省冰雪文化资源保障机制包括以下三个方面：

1. 文化遗产保护

我国文化资源保护法律体系以《文物保护法》《非物质文化遗产法》《风景名胜区管理条例》等为代表，为冰雪文化资源保护和文化遗产保障提供法律基础。河北省依托丰厚的燕赵文化历史底蕴和多民族杂居的文化特色，拥有丰富的文化遗产资源，根据发展需要制定了《河北省人民政府关于加强文化遗产保护的实施意见》等多个政策，为保护文化遗产提供政策支持。但是，政策执行中出现了很多问题，部分地区为求政绩，把申请文化遗产当作“阶梯”，出现强行申请的现象。为追求商业价值，盲目追求文化遗产的名声效应，导致真正的文化遗产得不到应有的保护，“假”文化遗产占据保障名额。冰雪文化遗产作为文化遗产的一部分，面临着相同的困境。

通过文化遗产的开发、利用来发展冰雪文化产业主要分为两种路径，一是发掘独特的冰雪文化遗产，通过合理开发与利用，带动文化产业发展。二是以其他文化遗产为载体，在其他文化遗产中融入冰雪项目和冰雪特色活动，使游客在感受这些文化遗产的同时，感受“冰雪＋文化”的魅力，以其他文化遗产带动冰雪文化产业发展。因此，冰雪文化遗产保护应该从这些方面着手：

从政府层面分析，包括资金保障、政策支持、监督与管理。第一，资金保障，政府通过财政、项目拨款等形式为发掘冰雪文化遗产提供资金支持，加大经费投入，保障发掘和保护文化遗产工作的正常运行。第二，政策支持，主要包括以下方向：对发掘和保护文化遗产的行为大力支持，鼓励民众、企业、媒体参与发掘文化遗产、保护文化遗产，并对在保护文化遗产方面做出突出贡献的个人或团体予以奖励；对文化遗产传承人设立保护机制，为他们提供宣传文化遗产的渠道和资源；对破坏文化遗产的“假性保护”行为进行严惩并严格执行，提高违法、违纪成本，让违法犯罪心理负担、行为负担共同增大；对文化遗产申报审批严格把控，对文化价值严格评估，防止出现“假性”文化遗产；对真正的文化遗产提供及时、有效的保护，简化申报审批程序，为文化遗产保护提供绿色通道，防止因政务拖沓而错失优质文化遗产。第三，监督与管理，对文化遗产的开发与利用进行监督，防止出现为追求商业利益使文化遗产遭到破坏的情况；对文化遗产申报过程进行监督，严防假申请；运用大数据技术建立文化遗产数据库，对文化遗产名录进行定期排查与更新；联合传播媒介、行业协会设立文化遗产联合监控机制，运用舆论监督、社会监督的手段推进文化遗产保障工作“在阳光下”进行，同时及时发现保护过程中的违法违纪行为，及时曝光；对发掘、传承与保护文化遗产的个体或团体进行科学管理，建立责任机制，为文化遗产文化价值最大化提供强有力的支撑。

从企业层面分析，作为冰雪文化产业的创新源泉与发展活力，企业在利用文化遗产时要兼顾社会利益与经济利益。当发掘优秀文化遗产时，及时与有关部门协商沟通，按照正规手续合理申请利用。作为社会发展的中坚力量，企业在发展中要考虑企业的社会责任，在追求经济利益与企业发展的同时，承担社会责任，成为保护与传承文化遗产的载体之一。

2. 文化资源开发

河北省当前大力发展冰雪产业，在全省范围内推行全民冰雪活动，除了冰雪运动参与人数迅速上升之外，部分地区也出现了为了完成指标对冰雪文化资源、冰雪资源不合理的开发，破坏了文化资源的文化内涵和独特性；盲目抄袭与复制其他地区发展模式，忽视冰雪文化资源的价值，造成了资源浪费的现象。

促进文化资源充分发挥价值，推动文化产业发展的过程十分复杂，除了制度保障、立法保障之外，更重要的是高质量的产业化开发。这对冰雪文化传承、文化价值增长起关键性作用，是冰雪文化资源保障工作的核心。科学的保护性开发对文化资源价值最大化起决定作用，这既是符合冰雪文化产业高质量发展的有效途径，也是保护文化资源、保障文化多样性的有效途径。

冰雪文化资源开发的主体是冰雪企业，冰雪文化资源保护工作在冰雪企业层面主要分为以下方面：第一，开发前对冰雪文化资源进行价值评估，通过评估了解资源开发的上限与下限，为各阶段开发提供数据指导。第二，对文化资源开发成本与收益进行评估，既为企业发展提供风险评估和项目可行性分析，又为河北省冰雪文化资源的开发总体规划提供信息支持。第三，根据开发前期的调研结果和企业发展规划，根据文化资源的特点、性质和开发预期成果，确定符合企业发展方向的文化资源开发模式、资源与产品转化模式和开发组织模式，制订阶段性冰雪文化资源开发与宣传方案。第四，与政府相关部门进行交流，根据相关政策的要求，与政府部门联合共同完善冰雪文化资源保护性开发规划工作，明确资源保护性开发指标，确定资源开发责任承担机制，严格按照要求进行开发。

文化资源开发保障工作中，政府层面主要负责为冰雪企业提供良好的开发环境。具体为：其一，文化资源来源除了冰雪企业的自主发掘之外，政府可以运用自身的资源优势为冰雪企业提供智力支持和资源开发评估支持。其二，文化资源开发程度需要政府提供衡量标准和开发红线，明确的开发标准为文化资源开发提供基础屏障。其三，一些文化资源开发需要政府的审批与许可，高效的审批程序为文化资源开发减少时间、空间的浪费。其四，建立文化资源开发责任机制，为冰雪企业开发文化资源发布明确的责任清单以及失责惩处清单，为文化资源开发“上保险”。

3. 文化资源整合

河北省冰雪文化产业地区发展不平衡，这种不平衡也导致了文化资源分配不合理，优势地区文化资源过剩，劣势地区文化资源不足，具备文化特色地区的冰雪文化资源开发与利用程度参差不齐，出现发展错位的情况。出现资源分配不合理现象的具体原因如下：第一，河北省冰雪文化产业在当前发展阶段没有展现出各地的发展优势，在发展模式上为保险起见更侧重于对国际同类产业强势地区早期模式的“复制”，省内各地区对自身优势重视程度低，发扬程度低。第二，河北省文化资源雄厚，各地历史底蕴、文化气质各不相同，对文化资源开发阶段不同，有些地区甚至仍处在发掘阶段。所以，不同的发展水平就决定了冰雪文化资源开发利用程度的不同，现阶段文化特色与冰雪相结合的发展模式并没有在各地全面推行。第三，河北省文化资源种类多样，不同分类标准有不同形式的文化资源。根据城乡特点区分，可分为城市文化资源、乡村文化资源、城乡结合体文化资源；根据冰雪产业发展水平可分为冰雪经济相对发达地带文化资源、相对薄弱地带文化资源、十分薄弱地带文化资源；根据文化特色可以分为红色文化资源、民俗文化资源、民族文化资源、外来文化资源；等等。繁杂的文化资源并没有得到整合，致使发展中出现了信息不足、发展混乱的现象。据此可知，推进文化资源整合对于河北省冰雪文化产业发展来讲十分迫切。

文化资源整合的关键是发现各地优势资源和有利条件、缺乏资源和不利条件，之后开展资源互补、条件互补；调查资源分配过剩和极度缺乏的地区实际发展状态，实行特殊地带分配方案。《河北省冰雪产业发展规划（2018—2025年）》（以下简称《规划》）中，围绕建成冰雪产业强省目标，考虑区位交通条件、资源环境承载能力和经济社会发展水平，统筹推进冬奥会筹办和各地经济发展，明确提出河北省冰雪产业发展“2344”总体战略布局：利用冬奥会场馆建设契机、地理优势、冰雪产业发展经验和资源优势，突出做强张家口、承德两个冰雪产业核心区；利用交通区位优势、京津冀协同发展背景优势、文化底蕴优势，发展壮大京津张、承秦唐、太行山脉 3 条冰雪旅游带；利用经济发展水平优势、冰雪产业发展技术经验优势，发展张家口装备制造、廊坊装备制造、雄安技术研发、石家庄综合服务四大基地，打造冬奥会、会展论坛、教育培训、冰雪赛事四大国际品牌，加快形成“两核、三带、四基地、四品牌”的冰雪产业发展新格局。[①] 河北省通过总体格局设计，充分发挥地区发展的优势，为文化资源整合提供新思路。河北省各市、县，根据《规划》的思路指导，进行符合各市、县发展的“2344”发展布局。河北省冰雪文化产业发展要依托《规划》设计与政策支持，把握发展机遇，制订发展方案，根据核心区、旅游带、四大基地的区位优势、资源优势、发展条件，调动各地区人民群众参与冰雪文化产业发展的热情，发展旅游文化服务、竞赛培训、场馆服务培训、

---

① 《河北省人民政府办公厅关于印发〈河北省冰雪产业发展规划（2018—2025 年）〉的通知》，http://www.hebei.gov.cn/hbszfxxgk/6806024/6807473/6807180/6808598/6810082/6812199/index.html。

文创产品设计等文化产业，形成完备的河北省冰雪文化产业链。

（二）冰雪文化产业人力资源保障

河北省冰雪文化产业人力资源保障概括来讲主要有以下类别：政府、教育部门、培训机构、冰雪企业、人力资源中介组织。具体包括河北省文化厅文化产业处、人事处、人力资源与社会保障厅、教育厅；省级地方政府相关职能部门；高校、具备培训资质的社会培训机构；文化企业、人才中介组织；等等。

河北省冰雪文化产业发展缓慢，主要原因之一是其缺少冰雪文化产业相关的人才资源。例如，河北省滑雪旅游产业缺少优质滑雪培训人才，导致消费者初次体验感差，降低了消费者反复参与滑雪项目的热情，因此消费者多为一次性体验型消费者，这致使滑雪还停留在娱乐项目层面。又如，缺少短期滑雪项目设计人才，像旅游度假基地现有的传统高山滑雪项目，教学周期长，难度大，不能满足体验型消费者的基础意愿。所以，河北省冰雪文化产业要想获得长足发展，必须具备完善的人力资源保障机制，放活冰雪文化人才市场，为冰雪文化产业发展源源不断地输送新鲜血液。

河北省冰雪文化产业人力资源保障机制设立主要从以下三个途径开展：

1. 人才培养

高校、企业、社会机构是河北省冰雪文化产业人才培养的三大主力。具体人才培养规划，根据培养主体的不同分为以下几大方向进行分析：

从政府层面分析，人才培养离不开河北省以及地方各级政府提供的人才培养政策支持和规划。政府为地方开展冰雪文化产业人才培养提供资金、信息、资源等帮助，根据冰雪文化产业人才市场供需情况，为高校、企业、社会机构开展人才培养工作提供精准信息，能够大大提高人才培养的精确程度，助力冰雪文化产业培养适合的高质量人才，从而推动冰雪文化产业市场供需平衡。

从高校层面分析。首先，专业设立上，因冰雪文化产业属于河北省新兴产业中的相对薄弱产业，在发展初期对人才的吸引力略低，所以专业设置上会存在招生不足的风险，同时也会存在现阶段人才培养专业程度不足造成实际应用于冰雪文化产业建设效果差，进而影响就业的问题。解决方案是与国际冰雪文化产业发达国家高校进行互联互通，学习经验，在反复调研与实际考察后进行专业设置。当前，河北省部分高校已经设立冰雪运动、赛事报道等专业，符合人才发展需要，也符合行业发展需要。在后续发展中，冰雪文化产业专业设置可以考虑根据未来就业方向和产业发展性质进行设置，类别更加清晰，方向更加精确。其次，课程设计上，在基础年级，注重冰雪产业知识的全面普及，也就是对冰雪制造业到冰雪文化产业各方面的知识进行普及教育，让学生对冰雪产业有全面了解，为今后就业进行雄厚的知识储备；在提高年级，与冰雪企业联合，形成“理论学习＋实践”的培养模式，根据学生具体研究方向，设置专业理论课程和实践课程，匹配与之相符的企业，使学生可以到企业进行实践演练，真正走进冰雪文化产业。再次，师资力量上，做到引进与培养同步进行。冰雪文化产业对人才的需求量大、要求多，注重人才的综合性和应用性，这也就需要冰雪文化产业相关专业的教师本身具备丰厚的理论知识和丰富的实践经验。高校既要大力引进优质人才资源，又要大力培养自身人才资源，丰富师资力量，提高师资水平。最后，人才就业上，高校与企业建立人才合作培养机制，高校为冰雪企业提供在职员工的在职教育、继续教育理论指导，冰雪企业为高校毕业生提供优质就业岗位和就业资源，高校与冰雪企业联合，共同培养冰雪文化产业高精尖人才。

从企业层面分析，冰雪企业急需大量的高质量人才为企业发展和产业进步创造活力。冰雪企业本身拥有相对成熟的理论支撑和充足的实践经验，在与其他经验成熟的企业进行交流合作时，又具备了人才培养的交流机会。所以，企业自身发展职员教育、员工素质提高教育条件成熟，也能有效培养相关人才。

从社会培训层面分析，社会培训有效补充了校外、企业外人才培养的环节。社会培训以人才培养中介的身份介入人才培养环节，社会机构负责提供专业的学徒培训、岗前培训、在职培训等业务培训，充分利用社会资源，达到低成本、高质量的人才培养效果。

2. 人才流动

冰雪文化产业是文化产业的分支。冰雪文化产业对经营管理类人才的要求最高，需要其全方位掌握冰雪文化、冰雪经济、冰雪文化市场、冰雪产业等与冰雪相关的知识。满足这种复合型人才需求，除了人才培养之外还需要借助人才流动来实现。

人才流动主要包括企业内部流动、全国范围流动、世界范围流动。对于企业内部人才流动，由于河北省冰雪文化产业发展水平较低且并不具备实力雄厚的冰雪企业，所以就实际状况来看，内部流动十分艰难。但是，在冰雪文化产业发展的中后期，内部流动将会变得普遍一些。近年来河北省冰雪产业发展增速较快，对人才吸引力增强，并且河北省通过政策支持等手段，为人才流动提供便利条件，吸引人才，一定程度上对于推动全国范围相关人才流动有一定帮助。世界范围内流动难度相对较大，比起国际冰雪文化产业发达地区，河北省不具备系统化的人才交流服务体系，冰雪文化市场刚刚起步，硬件条件不足，软件设施缺乏，人才流动的基础性设施不足，很难支持国际性人才流动。河北省需要加快发展，建立完整的人才交流服务体系，为人才流动提供全方位的条件支撑，条件成熟后，高效、合理的国际人才流动才会实现。

3. 人才引进

除了人才流动外，人才引进也是扩充河北省冰雪文化产业人力资源的有效途径。当前，河北省冰雪文化产业发展处于起步阶段，发展经验不足，实践经验短缺，发展方向不是很清晰，需要强有力的经验支持和人才支持。人才引进是符合当前河北省冰雪文化产业发展现状，能够有效、快速推进河北省冰雪文化产业兴起、人力资源发展的最佳途径。

人才引进从主体角度进行分类共分为两类，即政府引进、企业引进。政府引进又根据人才应用领域分成为政府规划制订提供智力支持和为辅助企业发展提供智力、技术支持两类。对为政府规划制订提供智力支持类人才的要求侧重于具有行政经验，具备全局观测能力，对冰雪文化产业整体发展方向具有预判能力。对为辅助企业发展提供智力、技术支持类人才的要求是，实践经验丰富，对文化产业先进技术了解与应用熟练程度高，运营管理能力强，业务能力强，专业程度高。政府根据不同的需求，制订具体人才引进规划。

从政府引进人才角度，河北省各级政府需要制定人才引进规划，为人才引进提供科学依据。在规划的指导下，制定人才引进奖励政策，为人才引进来提供相对充足的吸引力。筹划构建冰雪文化产业基地，对冰雪企业提供强有力的扶持与优惠政策，为人才引进提供高质量、高水平的从业环境。既保障人才本身的需求，又保障人才引进后可以及时投入产业发展中，双向保障开展人才引进工作，保障人才合理引进。为高端人才引进提供专有通道，对引进人才进行合理分配，提高人才引进的效率。

从冰雪企业角度，企业需要建立完善的人才引进与利用机制，针对不同层次、不同类别的人才引进工作进行分类管理。比如，根据人才级别制订不同的引进方案，对于中层级别的管理、技术等类别人才引进，既要对岗位设置做好规划，又要制订中层人才后期培养方案；对于高级管理、技术等类别人才，既要注重满足其薪资需求，又要注重满足其情感需求。另外，冰雪企业还要总结发展经验和确立自身发展风格，推进形成独特的企业文化，吸引人才，为人才适应企业发展环境、充分融入企业做足准备。在此基础上，企业还要制订利用高级人才培育新人才的规划，充分发挥引进人才的价值。冰雪企业要时时学习先进的技术和管理理念，更新企业整体发展理念、管理经验，既辅助高级人才快速融入企业，成为产业发展的中坚力量，又要提升冰雪企业自身魅力，以独特的气质牢牢吸引高级人才，减少人才引进后的流失。对高级人才的引进需要制订长期的战略规划，需要企业完善管理机制，针对发展实际需求对内部各个方面开展改革，不断提升。这样才能保障人才稳定引进，同时让人才更好地在岗位上发挥作用，创造最大价值。

二、河北省冰雪文化产业技术保障体系

技术是产业发展的重要支撑，近年来科技发展成果显著，人工智能、大数据、3D（三维）打印技术等发展迅猛，这些技术应用于冰雪文化产业建设，为冰雪文化产业注入时代新活力。比如，3D 打印技术与冰雕艺术展览相结合，大大提高冰雕制作效率和精度；人工智能技术与冰雪旅游文化产业结合，为游客提供最佳游览方案；利用大数据技术可以对受众参与冰雪文化活动的数据进行统计，分析受众偏好，从而为文化产品设计满足市场要求提供科学指导。

河北省冰雪文化产业技术不成熟，从技术研发到应用都存在问题。从技术研发来看，河北省发展冰雪产业，核心技术主要来源于国际引进，研发投入不

足，研发力度不足，研发能力不足，没有研发新技术的条件，缺少专业人才资源，企业创新活力低。从技术应用来看，技术研发后需要进行科技成果转化，使得技术应用于实践，真正适应发展需要。科技成果如果得不到有效转化，技术研发阶段积累的优势条件就得不到利用，造成资源浪费。河北省在技术应用方面短板明显。

据此，河北省冰雪文化产业技术保障机制构建应从硬件设备保障和软件设备保障两个角度考量。

（一）硬件设备保障

硬件设备是技术应用的产物。硬件设备为冰雪文化产业发展提供场地、技术基础性支持。硬件设备保障主要分为以下两个层面：

1. 场馆建设

场馆建设是河北省冰雪文化产业发展的重点建设项目之一，包括冬奥会竞技场馆建设、文化旅游场馆建设、居民冰雪运动场馆建设、特色风情小镇文化场馆建设等多个方面。场馆建设涉及场馆建设用地审批、建筑材料与设计审批、场馆器械配备、专业培训多个方面，需要大量资金、成熟的技术和强有力的政策支持。河北省相继出台多部政策，支持场馆建设。具体支持方案如下：

第一，场馆建设用地规划。首先，各地政府将冰雪场馆建设纳入城市发展总体规划和土地利用总体规划，然后对符合规划的冰雪场馆建设实施项目确立新增建设用地指标。在建设用地选址上最大程度上考虑对生态环境的影响，尽可能利用现有山川、水面建设冰雪场地设施，杜绝侵占土地、破坏地表形态、破坏冰雪生态环境；合理开展土地征收，依法办理相关手续，禁止暴力征收等非法行为。对待场馆选址有特殊要求，需要进行重大冰雪场地设施建设的企业，根据国土空间规划和生态环境影响评估结果，在满足开发条件的基础上，基于项目选址特批用地。对非营利性的冰雪运动项目专业比赛和专业训练场馆、冰雪特色文博场地及其配套设施，在符合用地规划的前提下，可以采用政府规划用地方式为场馆建设提供便利。在河北省发展和改革委员会等 6 部门印发的《关于支持冰雪产业发展的政策措施》中的第七条提到，“企业将旧厂房、仓库改造成冰雪健身休闲场所的，可实行在五年内继续按原用途和土地权利类型使用土地的过渡政策。鼓励通过开展城乡建设用地增减挂钩和工矿废弃地复垦利用试点的方式建设冰雪文化和旅游项目。支持实行长期租赁、先租后让、租让结合的土地供应方式”。

第二，场馆建筑材料与设计审批。冰雪场馆建设是冰雪产业发展的重点之一，工程质量、场馆设计关乎全省经济发展与人民群众利益，必须严格把关。在场馆建设选材时，政府部门要对建设企业资质进行筛查，对材料质量、工程质量定期检查测试，严防环境污染、质量差的工程。冰雪场馆使用年限较长，质量上必须经得起时间的历练，必须达到安全标准。场馆建设企业、设计企业在进行场馆建设时要充分考量生态环保、资源合理利用、安全指数、观赏价值等方面，建设优质场馆。

第三，场馆配套设施、器材引进与制造。在设备引进层面，政府需要为企业提供一定的资金补贴支持，此外，政府可以利用自身优势为企业引进先进器材设施牵线。引进技术，利用本省工业优势开展自主生产，既推动设备引进，又促成“设计—加工”产业链形成。在设备制造层面，要发挥河北省工业发展优势，以及设备建造原料、资源优势，开展自主器材制造与研发项目。政府建立设备制造激励制度，对于生产高质量器材的企业予以资金、政策奖励，对国家级冰雪器材制造园区和企业入住率高的产业园区予以荣誉称号，把政府威信与园区宣传相结合，鼓励企业自主制造高端冰雪设施、器材。

第四，冰雪场馆专业培训。专业培训是冰雪文化产业发展的重要环节，缺少对工作人员的专业培训容易造成有器材但是不会使用的情况，非常影响用户体验。在专业培训方面，可以采取政府购买服务的方式，由培训机构、学校为冰雪场馆提供专业人才培养服务，充分利用社会资源的同时，保持了冰雪文化产业市场的活力，同时也推动了服务型政府的建设。冰雪企业在开展场馆设施建设工作时，可以与引进合作的企业进行交流，由合作企业提供部分专业人员为河北省冰雪企业提供培训服务，同时根据培训效果，探索属于河北省冰雪文化产业场馆专业培训新路径。

2. 技术引进与开发创新

技术引进是在当前河北省冰雪文化产业发展状况下，快速实现技术进步途径中的第一选择；技术开发创新是产业可持续发展的关键，是为产业提供“自主造血”功能的核心手段。河北省冰雪文化产业处于雏形阶段，对于张家口、石家庄这些省内冰雪产业发展水平、经济发展水平、科研水平较高的地区，可以调整冰雪文化产业发展方向，渐渐走向引进为辅、创新研发为主的道路。但是，省内其他地区本身发展基础相对薄弱，发展模式较为单一，发展冰雪文化产业周期短，产品技术含量低，不具备独立进行技术研发的条件，要想在较短时间内具备较高的发展速度和水平就需要引进技术，先解决基础性问题。

技术引进层面，既要考虑技术引进的风险，也要考虑技术引进类型和是否有能力消化吸收。在引进技术前，要对技术本身进行严格的评估与分析，判断技术引进是否存在风险以及风险等级，尽可能规避风险或选择低风险技术。技术引进时，要注重引进软件技术、知识技能等核心技术，充分考虑自身发展优势条件。此外，要考虑消化吸收引进的技术。政府在政策和立法上要为技术消化吸收提供完善的保障，建立较为完善的技术消化吸收机制，提高消化吸收在技术引进支出中的比重，为技术消化吸收提供足够的资金保障和充足的时间，推进技术再创新，创造新价值。

技术开发与创新层面，提高技术研发投入，引进技术开发人才和先进技术经验，加强冰雪文化产业先进技术国际交流与合作。结合技术消化吸收机制，促进产业优化升级。

（二）软件设备保障

软件设备保障不同于硬件设备保障，侧重于技术研发后文化产品、技术成果如何应用、如何转化。硬件设备保障中场馆、技术引进与开发为文化成果的诞生创造了条件，但是文化成果变成推动产业发展的动力，还需要完备的软件保障体系，包括文化产业成果评估机制、文化产业成果转化机制。

1. 文化产业成果评估机制

冰雪文化产业在以技术、创意为核心的基础上，在投入生产中会创作出许多文化成果。对冰雪文化产业成果的价值、市场前景、发展周期等进行评估，根据评估结果决定文化成果是否符合转化为生产力的标准。完备的冰雪文化产业评估机制需要具备严格的评价机体、科学的评价标准、完备的评价结果监管程序。

严格的评价机体也就是由客观、权威的组织或个体组成评价机体对文化成果的价值进行评估。在政府职能转变之前，传统的评价机制以政府为主导。但是随着市场不断发展、科技不断进步，传统政府主导的评价机制显露出弊端。为顺应时代发展，推动政府转变职能，做到真正的“惠民生”，在 2016 年、2017 年，科技部、文化部根据《国务院办公厅关于做好行政法规部门规章和文件清理工作有关事项的通知》《国务院办公厅关于进一步做好“放管服”改革涉及的规章、规范性文件清理工作的通知》，废止了《科学技术成果鉴定办法》和《文化科学技术成果鉴定办法》。废止后，各级行政管理部门不得再自行组织科技成果评价工作，科技成果评价工作由委托方委托专业第三方评价机构进行客观专业的评价，第三方专业评价机构对文化成果的科学价值、技术价值、经济价值、社会价值进行客观、公正的评价，第三方的评价结果作为财政科技经费支持的重要依据。当前，我国建立了全国科技成果评价服务平台，河北省设立了科技成果转化服务中心，全国知名专家共同组成权威评级组织，为文化产业成果评价提供专业、高效、严格的服务。

冰雪文化产业正值发展的新阶段，河北省应在以上机制的基础上，设立冰雪文化产业成果评价专属板块，为冰雪文化产业成果提供专属评价通道；利用大数据对冰雪文化产品进行分类汇总，按照冰雪文化产品价值综合指数，对产品进行分层，设置层级分明的冰雪文化产品资源库。在各层级产品介绍中，只展示产品价值指数各角度的评判标准，不展示独创性极强的创意内核，既方便行业研发团队了解行业优秀文化产品的标准，又减少优质文化产品创新资料在未经研发机构许可的情况下泄露的风险。

2. 文化产业成果转化机制

文化产业成果转化，指的是将文化产业成果从研发环节转向生产环节，最终投入实际应用，转化为生产力的过程。文化产业成果转化是整个技术保障机制当中最关键的部分。文化成果有效转化应用于生产，文化成果的价值才能充分转化为生产力，不会被技术更新淘汰。文化产业成果转化率高，产品整体技术水平也会随之提高。河北省冰雪文化产业成果转化机制建设中，要注重产学研合作链条的形成、成果转化的风险把控、成果转化的国际交流三方面。河北省建立文化产业成果转化机制具有独特优势，河北省科技成果转化服务中心为成果转化提供了便利条件，《关于进一步促进科技成果转化和产业化的若干措施》《河北·京南国家科技成果转移转化示范区建设实施方案（2017－2020年）》为文化科技成果转化提供政策支持。

河北省在产学研合作链条中，应重视第三方科技组织的重要作用，发挥其专业特质，充分利用第三方科技组织的资源。成果转化需要大量的资金和配套设施投入，但是转化效果存在风险，导致企业在科技成果的转化方面担忧过重，影响转化。所以，企业的科技成果转化需要商业银行、担保机构和保险机构的介入，帮助企业提供资金支持、风险保障，最大程度上减少企业对科技成果转化的忧虑。成果转化需要具备长效国际交流的条件，当前我国科技成果转化方面存在短板，需要加强科技成果转化国际交流。这其中包含文化科技成果为企业提供信息基础的转化，也包含科技成果转化交流方为企业提供方法论指导从而进行的科技成果转化，这两种情况双向互动，形成良性转化链条。

三、河北省冰雪文化产业资本保障体系

我国文化产业资金保障方面近年来发展迅速，初具规模。河北省冰雪文化产业发展也需要资本保障，由于冰雪文化产业本身的特殊性以及处在初级阶段的状态，需要更为具体的资本保障体系。资本来源包括“造血”与“输血”，“造血”包括冰雪文化产业通过企业自身优势吸引多元融资与创收，“输血”包括政府财政部门、金融机构、投资公司等机构的支持。具体有以下几个方面：

（一）政策支持

政策支持系统简称 PSS（Policy Support System），分为信息系统、政策咨询系统、政策监控系统、政策评估系统。河北省冰雪文化产业资本保障体系政策支持主要侧重经济支持，共性支持需要河北省财政厅予以全面支持，差异性支持需要根据文化产业类别决定政策制定主体。例如，在冰雪文化旅游产业方向支持主体为河北省文化旅游厅、河北省发展和改革委员会；在冰雪教育培训产业方面，支持主体为河北省教育局、河北省体育局、河北省人力资源和社

会保障厅。资本保障中的政策支持主要是财政支持、金融支持和税收支持。

1. 财政、金融支持

财政、金融支持是河北省冰雪文化产业资金保障体系中政策支持的重中之重。具体财政政策的手段主要包括税收、预算、国债、购买性支出和财政转移支付等。

在打造服务型政府的背景下，推动河北省冰雪文化产业发展，购买性支出在财政支持方面占据较大比重。冰雪服务培训、场馆建设运营培训、冰雪运动培训是河北省冰雪文化产业的薄弱环节，财政运用购买性支出的方式，以政府为保障，以政府购买服务的方式，鼓励青少年接受校外冰雪运动培训，大力支持学校与滑雪场、滑冰馆、冰雪运动俱乐部、冰雪培训机构及其他相关社会机构合作，开设冰雪运动技能课程，培养运营管理、市场营销、安全救护、滑雪教学等各类冰雪专业人才。

此外，为增进河北省人民对冰雪文化和冰雪运动等冰雪事业的热爱，点燃人民群众参与冰雪事业的热情，政府需要转移支付手段，为人民参与冰雪运动、冰雪旅游提供补贴。河北省冰雪文化产业属于新兴产业，人民群众对本省冰雪产业了解程度不足，在本省进行冰雪消费的动力会受到一定程度的影响。河北省利用转移支付手段，为在本省进行冰雪消费的消费者发放体育消费券，或者通过平台注册方式推荐补贴型冰雪企业，予以一定比例的消费补贴。同时，支持企事业单位员工、工会自行或者组织参与冰雪运动、冰雪旅游，以奖金的形式为人民群众参与冰雪消费提供补贴。在人才培养方面，河北省为获取冰雪相关专业职业技能证明的人员，提供稍高于其他职业类别的技能补贴。在冰雪文化旅游方面，对于具备高级别冰雪文化旅游资质的景区予以补贴支持，用于景区建设。在符合相关规定和财政预算允许的基础上，对重大国家品牌冰雪文化和旅游展会、论坛、赛事活动等给予补助，对符合特色小镇申报条件的冰雪文化和旅游小镇提供旅游小镇专项补贴。

河北省金融机构不断加大对文化、旅游产业的金融支持力度，产业信贷规模显著增长。据统计，截至 2018 年末，河北省金融机构支持文化产业信贷余额同比增速为 25.74%，占全省总贷款比重为 0.36%；河北省金融机构支持旅游业贷款余额同比增速为20.01%，占全省总贷款比重为0.67%，两类贷款增速均显著高于河北省贷款平均增速。金融支持文化产业信贷余额中，文化娱乐休闲服务、文化辅助生产和中介服务、内容创作生产、文化传播渠道4个领域信贷余额排名靠前，占金融支持文化产业信贷余额比重分别为41.83%、14.43%、14.17%和7.89%。① 河北省金融机构在对冰雪文化产业支持方面力度也有所提高，但是文化企业本身具备投入高、获得回报周期长、资本模式不具备系统性的特点，而且冰雪文化产业作为一种新兴产业，数量、质量远不如其他类别产业，因此在金融支持方面存在很多困难。现阶段，冰雪文化产业企业规模、产业集群都达不到使政府金融机构提供金融支持的条件，这就导致金融支持方面存在欠缺，从而影响产业整体发展。

金融支持需要商业银行、信贷机构等提供服务，但是前提是需要冰雪文化企业以资产作为抵押，而冰雪文化企业资产多为无形资产，对无形资产单独做评估，很难达到正确、符合该抵押企业需求的估值，估值不足，金融支持力度就会受到影响，银行、担保机构、企业三方达不到高效沟通，从而会导致金融支持意愿不足，影响支持效果。所以，金融支持需要完备的无形资产估值机制，从无形资产登记到评估、质押、托管、流转、变现，建立完备的冰雪文化产业资产评估链条，充分利用文化产权交易所的资源信息优势，为冰雪文化产业资产交易、流通提供专属通道，加快资产估值与抵押效率，建设专业的流转市场。金融支持也需要建立优质的信息共享平台，由政府提供风险可控、具备发展潜力的冰雪企业信息，为金融支持机构提供信息参考。

财政、金融同步支持，为河北省冰雪文化产业资本支持提供坚强后盾。

2. 税收支持

税收支持是财政支持中的一部分，是调节产业经济的杠杆，影响冰雪文化产业生产与消费。在河北省冰雪文化产业发展现状下，税收调节可以为冰雪文化产业发展提供立竿见影的帮助。从生产角度分析，河北省冰雪企业作为冰雪文化产品的生产方，当前发展缓慢，营业额、经济收益没有一定的保障，而之

---

① 刘雷雷、应明：《河北省金融支持文化产业发展的对策》，《观察思考》2020年第5期。

前受新冠肺炎疫情影响，部分规模小的企业被迫转型或破产处理，这对于保持冰雪文化产业市场活力十分不利。

从税收角度来看，河北省财政部门应对冰雪企业降税减税，对于新兴小型冰雪企业提供阶段性免税支持，在企业盈利之前提供免税和补贴支持；企业盈利后，根据对企业账目、经营能力、发展潜力综合评估的结果采取低额度征收税款，随着企业的发展变更税率。对于相对成熟的省内冰雪企业提供降税支持，减少企业税务支出，在企业得到有效恢复后，调整税率，适当回升。

从消费角度来看，冰雪文化产业消费主体大多为经济收入相对较高的群体，但是这部分群体除日常生活支出外，还需要承担税负，河北省可通过政策扶持、发放冰雪运动补贴券，或设置专项消费基金，以福利的形式提供给消费者。

（二）多元融资

如果只是依靠政策支持，形成依赖惯性后，企业会丧失自我“造血”的能力，无法得到长远发展。政策支持只是河北省冰雪文化产业发展资本保障的一小部分，不能支撑产业发展的全部，要获得更多的资本支持就需要企业进行融资，吸引各类社会资金为企业提供发展活力。融资是企业为自身发展向金融机构等筹集资金的方式，企业能否获得稳定的资金来源、及时足额筹集到生产要素组合所需要的资金，在一定程度上对企业的生存与发展起到决定性作用。单一的融资方式容易给企业发展带来更大的风险，为减少风险，当代企业采用多元融资的方式筹集资金。融资方式的选择上大致遵循先“内部融资”后“外部融资”的优序理论。在当前经济发展状态下，企业融资方式大致为两种，内源融资和外源融资。

内源融资是指企业经营活动结果产生的资金，即公司内部融通的资金。它主要由留存收益和折旧构成，是指企业不断将自己的储蓄（主要包括留存盈利、折旧和定额负债）转化为投资的过程。内源融资具有自主性、成本低、风险低的特点，不受外界约束，不需要额外的融资成本，是一种稳健的融资方式。但是内源融资受企业盈利能力的影响，融资规模受到限制。就当前冰雪企业发展现状，很难形成大规模的内源融资。河北省冰雪企业应充分发挥自身优势，提高资金使用率，提高核心竞争力，为企业开展外源融资打好基础。

外源融资是指企业吸收其他经济主体的储蓄，以转化为对自身投资的过程。外源融资分为直接融资和间接融资。直接融资具体形式大致包含股权融资、债券融资。股权融资包括上市融资、风险投资和私募股权融资。上市融资对于冰雪企业来讲难度较大，容易泄露无形资产信息，易引发商业剽窃、信息泄露等问题。私募股权融资风险大，但利率高。冰雪文化产业前景广阔，冰雪企业如果具备较强的独创性、成型的文化创意专利，这将为企业进行私募股权融资提供更多的机遇。另外，企业之间的间接融资多为杠杆收购融资，通过企业之间的兼并、重组提升企业行业竞争力和发展潜力。河北省冰雪企业中，大型企业数量少，中小微企业数量较多，中小微企业在设备、技术等方面远不如大型企业，要想发展长远，必将走向集约化的路线，通过冰雪企业之间的兼并与重组，淘汰效益低下的劣势企业，实现资源重组与合理分配。然而有些中小微企业存在信用观念不足、规模小、内部管理规范性差、人才不足、抗风险能力差等问题，在申请杠杆收购融资时优势不足，不能提供完整、全效的信息，从而不能推进企业兼并与重组。应对这一问题，可以利用大数据、互联网技术建立河北省冰雪文化中小微企业信息共享平台，让冰雪文化产业中小微企业形成联盟，使企业通过信息互通自行“抱团”，优势互补，提升整体实力，提高资质，为企业进行外部融资打好基础，提高抗风险的能力。

债券融资指通过发行公司债券来筹集所需长期资金的行为。政府主导的体育产业债券融资以政府的税收、信用作为担保，可通过发行债券进行场馆建设、赛事运营资金的融资。债券融资成本远远低于股权融资，发行方式和期限结构具有灵活性，因此美国多数体育企业选择债券融资。河北省冰雪文化产业相关企业可通过盘活冰雪文化旅游存量资产，运营结合，在丰富冰雪文化旅游品类的同时，进一步扩大二次消费市场建设，通过补充完善融资工具，助力冰雪产业的良性发展。

四、河北省冰雪文化产业环境保障体系

环境保障包括市场环境保障和社会环境保障两方面。社会环境涉及广泛，既包括社会对冰雪文化产业的认知、参与环境，也包括政策对冰雪文化产业的支持环境。河北省近年来依托冬奥会契机，发展冰雪产业，省内全民参与冰雪运动宣传力度较大，政策支持力度大，当前拥有较为宽松的产业发展环境。冰雪文化产业区别于冰雪产业中的其他类别，涉及文化专利申请与保护、文化市场流通。现阶段，文化产业市场情况为，企业准入标准高，流通渠道存在不足。河北省冰雪文化市场尚未形成完备的链条，文化市场在冰雪文化产业发展环境保障中，作用有限。此外，冰雪文化产业专利申请与保护也存在一些问题。对专利的保障上，专利检测机制不全面，专利申请程序与审批周期长，对文化产业评估能力不足，对于专利与版权侵权执法不严，违法成本低，维权成本高、周期长，这些导致冰雪企业维权有心无力。市场环境维护方面，需要构建完备的市场环境保障机制，设置全面、规范、透明、统一的市场准入标准，根据发展实际情况可适当下调准入标准，提高市场准入程序规范性，打造公平、公开、公正的市场环境。在这样的环境下，政府才能有效发挥引导作用，规范、引导市场行为，从而营造健康、有序的市场运行氛围。

除了稳定的市场环境之外，良好的社会环境也是发展冰雪文化产业的重要保障。社会环境包含人文环境与政治环境。良好的文化氛围，有利于更好地推进冰雪文化产业的发展，完备的政治环境为河北省冰雪文化产业发展搭建保护屏障。河北省冰雪文化产业发展初期需要采取多方面的宣传，在更多人了解和接触冰雪文化产业后，再逐步推广，促进其全面发展；中后期除了有效宣传外还需要规范社会环境，创造有序发展的条件，在保护冰雪文化产业市场多元化的同时，保证发展的质量。所以，社会环境保障方面需要关注社会环境的营造与规范。

（一）市场环境保障

1. 市场准入

市场准入原则是指一国允许外国的货物、劳务与资本参与国内市场的程

度。《服务贸易总协定》第 16 条规定，一成员方给予其他成员方服务和服务提供者的待遇应不低于其在承诺义务的计划表中确定的期限、限制和条件。指在国际贸易方面两国政府间为了相互开放市场而对各种进出口贸易的限制措施，其中包括关税和非关税壁垒准许放宽的程度的承诺。冰雪文化产业作为文化产业的一部分，依托文化市场准入标准与门槛，融入市场，走向发展轨道。而从当前文化市场发展总体态势分析，文化市场针对不同类别的产业标准差异性不够明显，体系不够完善，不能满足产业市场的真实需求。不同类别的文化产业应该在普遍性准入原则的基础上，体现差异性，做到具体问题具体分析。河北省冰雪文化产业作为河北省未来经济发展的支柱性产业之一，要在河北省文化产业市场准入标准的基础上，根据产业特性设立针对性强、专业程度高的准入标准，打破单纯的地缘属地管理限制，形成开放、信息共享、职责明确的符合冰雪文化产业发展特性的准入机制。此外，市场准入门槛也是影响河北省冰雪文化产业市场发展的重要因素。河北省冰雪文化产业市场需要多种类型的企业发挥优势、创造价值，门槛过高不利于冰雪文化有效转化为冰雪经济，因此需要降低准入门槛。政府在这方面也应该通过简政放权，简化审批流程，支持民营企业等多种类型经济实体共同发展，破除在投资金额、产能规模、土地供应、采购招投标方面设置的附加条件，全面排查各类隐性壁垒、地方性保护等门槛；鼓励创业，放活市场，打造公平、公正、公开的市场竞争环境，为各类型冰雪企业提供公平竞争的平台。而降低门槛的标准，秉持在对外开放，不威胁国家文化产业经济安全，不违背法律的前提下，全面放开，鼓励具备资质的个人或团体创办经济实体，进入冰雪文化产业市场，多种主体并存，使河北省冰雪文化产业市场多元化发展。

2. 市场监管

市场准入的放开对于河北省冰雪文化产业市场来讲是机遇，同时存在隐性挑战。市场主体多元化后，难免会出现市场不公平竞争的现象。河北省要建立高效、统一的冰雪文化市场监管机制，法律、宣传、监管主体部门、执法监督等方面规划必不可少。从法律层面，要完善反垄断、反不正当竞争等相关法律与地方法规，明确各类违反市场公平竞争行为的处罚方式，明确各负责监管部门的职责界限，规避过度干预导致出现贸易保护等行为。宣传层面，需要发挥媒体的宣传与监督作用，通过宣传让消费者、生产者共同关注冰雪文化产业发展的状况、原创产品的版权情况、政府监管市场的实时动态，既有利于推广冰雪文化，推进民众版权意识、法律意识的提高，也有利于监督企业行为，弥补政府“有形的手”监管的不足。监管主体部门明确监管目标，明确冰雪文化市场监管职责，严格把控监管质量，杜绝过度干预，杜绝过度放任。执法监督层面，加大执法力度，确定执法重点，严厉打击侵犯冰雪文化版权、制造与传播盗版、破坏冰雪文化资源等违法行为。冰雪文化产业对执法人员的素质要求较高，需要执法人员具备基本的冰雪文化素养与知识储备，了解文化产业相关法律法规。因此，要加强执法队伍建设，提升执法人员素质，通过引进人才与培养人才相结合，引进高精尖知识人才，培养高素质的执法人员，提升执法队伍的整体水平。

3. 市场引导

河北省冰雪文化市场放宽准入、加强监管后还需要辅之引导。冰雪文化产品能否满足人民群众的需求，冰雪企业能否创新与生产高质量产品，除了企业自身的探索创新外还需要强有力的引导。河北省虽具备特色冰雪文化，但是当前并没有完全将本省特色冰雪文化转化为文化产品。涉及传统冰雪文化创意发掘，尚未申报但具备申报文化遗产条件的冰雪文化特色，投资回报周期较长、投入比重大的企业需要市场引导。政府应以补助等手段引导资金流向这类企业，助力特色文化企业发展，提升企业冰雪文化产品的品质。比如，政府可以通过适当采用购买服务等措施刺激冰雪企业生产高质量产品，从而满足人民群众对高质量冰雪文化产品的需求，这也有利于建立冰雪文化产业数据库。政府可以通过信息公开，明确支持或购买服务的招标标准，推进冰雪企业提升自身的资质与产品的品质。此外，政府可以通过发放消费补贴的方式，刺激冰雪文化产业市场需求的增长。

（二）社会环境保障

社会环境保障包括社会环境的培养与规范。河北省冰雪文化产业发展所需要的良好的社会环境并不是“与生俱来”的，要靠后天的培养与规范。在全民参与冰雪运动的态势下，全省兴起冰雪运动学习与体验的热潮，而冰雪文化产业层面的社会环境与冰雪运动参与层面的社会环境存在较大差别，人们对冰雪文化产业了解不足，对冰雪文化产业的具体形式与发展模式认知并不清晰，这对冰雪文化产业创新和发展不利。河北省应营造宽松的社会环境，为冰雪文化产业“造势”，同时对社会环境中出现的相关乱象进行规范，为河北省冰雪文化产业“稳势”。

1. 社会环境培养

社会环境培养从人文环境和政治环境层面分析，可分为以下内容。

人文环境培养方面：首先需要具备完备的冰雪文化公共服务体系，其次需要人民群众的广泛参与，因此要创建优质公共服务提供机制。冰雪文化公共服务体系在当前的主要任务是推广冰雪文化，让更多的人了解到冰雪文化，了解冰雪文化产业的发展态势，增强人民群众对“冰天雪地也是金山银山”的理解，提高人民群众文化素质，从而提高参与度，推进人民群众走向“精神上的小康”。此外，人文环境培养还需要具备完备的媒体宣传机制，通过媒体的作用，依托优质冰雪文化作品，推广冰雪文化精品与文化遗产；引导创作冰雪文化优佳作品，传递精品文化概念，也使人民群众能够维护高品质、优立意的冰雪文化。

政治环境培养方面：需要完备、具体的政策法规为冰雪文化产业发展提供维权凭证。相关政策法规制定要具备前瞻性、稳定性、协调性，面对颇具潜力的冰雪文化产业，政策制定不能只顾眼前，阶段性目标与规划要根据发展动态实时更新调整，调整节奏与力度要权衡发展需要。如果政策更新过于频繁，很可能为资本流入冰雪文化产业造成困难，容易挫伤企业投资、大众参与冰雪文化产业创新创业的信心。河北省冰雪文化产业发展要培养良好的政治环境还需要政府完善立法，严惩破坏冰雪文化产业发展环境的个人或团体；设立冰雪文化产业专属监察机制，打造“社会＋政府＋媒体”的全视角监督体系，监督行政政策实行；推进行政程序精简化，减少程序办理中的过度干预；开创冰雪文化资源公共分享平台，让人民群众参与到冰雪文化产业创新、冰雪文化发掘之中，政府对优质资源的发掘者予以奖励，各方力量共同培育开放、共享、公平、公正的优质社会环境。

2. 社会环境规范

第一，明确社会环境规范的标准细则。统计近年来河北省冰雪文化产业发展情况，分析冰雪文化产业发展中的阻碍问题，如版权保护工作质量差、消费需求不足、产品与实际需求不符等问题，明确环境规范的重点问题，在不影响河北省冰雪文化产业市场走向高质量发展、不危害国家安全的前提下，解决问题，从问题中寻找突破口。在开展冰雪文化资源开发中，加强立法，严格执法，严厉打击非法与过度资源开发，提高违法成本，用法律的威慑力规范社会环境。

第二，建立健全社会环境规范体系。社会环境规范体系的建立需要全社会共同参与。企业是冰雪文化产业发展的核心力量，企业与企业之间可以采取相互监督的方式，既学习彼此的发展实践经验，又相互督促，在竞争中共同提升企业品质；人民群众是冰雪文化产品的消费者、宣传者、监督者，发挥三重身份的作用，对冰雪企业行为、政府行政等多方面进行监督，形成人人监督的社会环境；政府作为冰雪文化产业发展相关政策的制定者，要充分听取人民群众的意见与建议，利用好企业、人民群众提供与反馈的各类信息，制定适时、合理的政策，同时通过这些信息对行政工作进行反思与改进；行业协会作为冰雪文化产业有序发展的重要支持力量，集合各冰雪企业，确立行业发展规范，可以为企业之间交流借鉴提供开放、广阔的平台。冰雪企业、人民群众、政府、行业协会共同组成冰雪文化产业社会环境规范体系，四维共同发挥作用，为冰雪文化产业发展保驾护航。

第三，学习先进社会环境规范方法。在冰雪文化产业发展方面，河北省存在很多不足，在营造与规范社会环境方面前期多以政府为主导，但是产业的长远发展还需要更加丰富、全面、先进、前卫的规范方法。国际上冰雪文化产业发展大国（如挪威、瑞士等）、国内冰雪文化产业大省（如黑龙江省等），其冰雪文化产业发展较快、较成熟凭依的不仅是丰富的冰雪资源、发达的冰雪器材制造业、特色冰雪运动项目，还有持续、稳定的社会环境。它们在多年的探索过程中形成了一套具备地方特色同时又具有普遍意义的社会环境规范方法，能够有效调动社会各方力量，既促进冰雪企业发展，又使得社会环境有序、规范。河北省需要向这些具备先进社会环境规范方法经验的国家、地区学习，结合自身发展需求与地方特色形成自己的社会环境规范方法。这类学习经验方法主要分为引进与再造。引进即人才引进和经验引进，引进具备社会环境规范知识与实践经验的人才，直接为社会环境规范建言献策，或是直接将理论转化为具体的规范细则；引进经验和理论相较于人才引进需要更多的试错，在尝试中将理论转化为社会环境规范的具体举措。再造是在具备理论基础和对社会环境规范模式的了解后，创新出新的社会环境规范方法，是引进的终极阶段。无论引进还是再造，在学习先进的社会环境规范方法时，杜绝盲目引进，杜绝照搬照套。

第四，将新兴科技转化为社会环境规范的助力。社会环境规范在于监测，传统的人工监测存在很多问题，监测中可能会出现贿赂监测人、搭建关系网、垄断等现象，因而需要更加客观、公正的监测机制，而新兴科技可以促进完善监测机制。比如，互联网技术的飞速发展、大数据的全面推广应用使得“万物互联，万物有记录”，在社会环境规范中可以利用这些技术，根据数据信息编创电子网络监测系统，对冰雪企业、行政监管部门同时监测。新兴技术虽然为社会环境监测与规范提供了信息，但是技术应用产生的监测系统并不是万无一失、绝对精确的，技术判断的结果会因为技术本身的特点影响规范效果，因此也要防范因技术漏洞带来的判断失误。在实践过程中，要处理好网络监测与人工监测之间的关系，二者相结合，综合判断，努力达到社会环境规范的最佳效果，助力河北省冰雪文化产业发展。

第五，持续推进政府职能转变。在冰雪文化产业发展初级阶段，为刺激产业发展，宣传与推广产业优势，政府干预比重较大。而产业能否永续发展更多取决于企业本身能否在市场中占据一定地位，是否拥有优秀的资质。所以，河北省要在现有基础上持续推进政府职能转变，引导企业自主遵循发展规则，激励企业勇于创新。职能转变上，要进一步打造服务型政府，对社会环境规范中原则性问题严惩，非原则性问题适度处理；项目审批等需要政府审核的环节要在秉承优质发展标准的同时简化程序，标准不动摇，但审批流程可以缩减，减少时间、金钱等资源的浪费，为保障企业及时投入生产与研发提供便利。

第六，建立完备的冰雪企业信用等级制度。企业信用在企业发展历程中尤为重要，失信的企业终究会被市场所淘汰。将冰雪企业进行信用分级，是规范社会环境的重要举措。河北省可根据媒体纪实报道、人民群众反馈、企业经营状况、产品质量官方与社会调查等多方信息综合，对冰雪企业信用以一年为评估周期进行评估，评估结果在全社会范围公开，对于信用等级较低的企业予以相应的警告或惩处。对于警告或惩处的企业中具备发展潜力的企业勒令整改，实时监测整改结果；对于不具备发展资质的企业，敦促采取破产、清算等方式退出冰雪文化产业市场。对于信用等级较高的企业予以一定的奖励，鼓励企业再接再厉，激励企业为人民群众提供更加优质的冰雪文化产品。信用等级制度可以对市场主体进行分类，及时淘汰劣势企业，减少资源浪费，净化市场，为冰雪文化产业市场发展提供更优质的社会环境。

第三节　本章小结

构建河北省冰雪文化产业发展保障体系是推进冰雪文化转变为冰雪经济的重要力量。当前，河北省已经出台了各类型针对冰雪产业发展的相关政策，从设备制造到产品服务，涉及广泛，在文化产业成果转化方面拥有相对完备的审核机制。本章在各类政策的基础上，根据冰雪文化产业的发展特性，结合河北省发展特点，综合考量影响冰雪文化产业发展的各项因素，分析河北省冰雪文化产业保障体系的内涵与特征，明确河北省冰雪文化产业发展保障体系的主体，最后根据分析结果分别从各类主体角度提出建议。

河北省冰雪文化产业保障体系具备地域性、多样性、发展不平衡性、文化资源分散性特点，是复杂的、综合性的体系。所以，要构建完备的冰雪文化产业保障体系就需要稳定、完备的支持体系，需要企业、政府、行业协会、媒介、受众等多方面共同支持。本章认为，在河北省冰雪文化产业保障体系中，冰雪文化产业相关企业承担着冰雪文化产业产品生产、研发、销售多层责任；政府发挥着对冰雪文化市场的支持与监管作用；行业协会作为企业与政府之外的第三方，在冰雪文化产业保障体系中发挥着重要的桥梁作用；传播媒介发挥着对冰雪文化产业宣传与监督的作用；人民群众直接参与冰雪文化产业发展的每个环节。只有这些主体同时发挥作用，才能为冰雪文化产业发展提供强有力的保障。而实际发展中，每一部分都存在不足，一定程度上制约着河北省冰雪文化产业的发展。因此，构建河北省冰雪文化产业发展保障体系要考虑冰雪文化产业发展中的各个要素，要保护优质冰雪文化资源和文化遗产，引进与培养高精尖冰雪文化人才，形成文化资源保障体系；要完善硬件保障方案，引进先进发展技术，完善软件保障机制，保护冰雪文化产业版权、成果与成果转化，形成技术保障体系；要充分发挥政府与市场的作用，尽力减少发展压力，营造良好的营商环境与投资环境，形成冰雪文化产业资本保障体系；要加强市场监管，放宽市场准入，完善市场引导，打造公平、公正、自由的市场环境，培养与规范冰雪文化产业发展的社会环境，形成冰雪文化产业环境保障体系。资源、技术、资本、环境 4 个子系统共同组建符合河北省发展需要的冰雪文化产业发展保障体系，为河北省冰雪文化产业进一步发展提供高质量的保障。本章从影响冰雪文化产业发展的主要因素着手，根据不同影响因素，分别从企业、政府、行业协会、传播媒介等多方面进行研究，着眼于河北省冰雪文化产业发展的阶段性特点与未来发展方向，提出相关建议，为河北省冰雪文化产业发展助力。

后　　记

北京携手张家口成功举办了 2022 年的冬季奥运会，这也为河北省冰雪文化产业的发展提供了良好的机遇。《河北冰雪文化产业发展策略研究》一书能够顺利出版，可以说是我与河北大学杜浩教授共同努力的成果。杜教授在河北文化产业领域深耕多年，不仅是河北新型智库·河北省文化产业发展研究中心的首席专家，还出版了《河北大运河文化产业带发展策略研究》《河北省文化产业发展蓝皮书（2018）》《燕山—太行山片区文化产业与精准扶贫融合发展策略研究》等一系列与河北省文化产业发展相关的著作。杜教授在文化产业领域的深厚造诣使他很早就关注到了河北省冰雪文化产业的发展。在 2019 年 12 月，杜教授和我探讨了河北省冰雪文化产业的发展状况和发展策略，我对此深感兴趣并打算在他的帮助下完成这样一本专著。

《河北冰雪文化产业发展策略研究》是一本与河北省文化产业发展相关的专著，是我与杜教授多次商讨研究后完成的。本书内容的框架、体系经过了反复打磨，力求详尽地体现河北省冰雪文化产业现状和研究其发展策略。但是，河北省冰雪文化产业发展起步较晚，此前很少有学者对其相关情况进行梳理，所以本书的研究几经周折，历时两年多，倾注了大量心血才得以出版。书中对河北冰雪文化产业发展政策体系、文旅资源、存在问题进行了深入调查和思考，针对不同地市冰雪文化产业发展现存问题提出了对应的解决策略。

本书作为河北省第一部对冰雪文化产业进行系统研究的专著，着重解决河北冰雪文化产业发展过程中存在的实际问题，偏重于为河北冰雪文化产业发展提供实际的应用策略，在学术和理论架构上稍显不足。另外，因为相关角度研究专著比较匮乏，资料收集难度较大，这也增加了研究选题本身的复杂性，因此书中难免会有错漏之处，敬请专家学者和广大读者批评指正。遗憾的是，本书未能在冬奥会举办之前得以出版，这也与以往研究内容较少和资料收集难度较大有关。

另外，本书的出版，也得到了河北省委宣传部、河北大学社科处和河北大学文化产业高等研究院的大力支持。同时，本书也是河北省委宣传部委托课题、河北大学社科培育（重点）项目（项目编号：2020HPY014）的结项成果。

康翠迪

2023.2